Tanja Maljartschuk

Von Hasen und anderen Europäern

Tanja Maljartschuk

VON HASEN UND ANDEREN EUROPÄERN

Geschichten aus Kiew

Aus dem Ukrainischen
von Claudia Dathe

edition.fotoTAPETA

INHALT

Aurelia aurita

(Die Qualle)

1

Bella nimmt zögerlich Platz. Sie fühlt sich unbehaglich. Eine Frau im weißen Kittel, offenbar die Ärztin, isst genüsslich einen Pfirsich, den ihr jemand als Gefälligkeit für die Urinprobe gegeben hat. Eine andere Frau im weißen Kittel, offenbar die Krankenschwester, studiert das Praxisjournal. Die Krankenschwester hat keinen Pfirsich bekommen, obwohl sie es eigentlich verdient hätte. Die Ärztin und die Krankenschwester sitzen sich gegenüber. Bella sitzt auf einem Stuhl daneben.

„Guten Tag", sagt Bella, aber niemand schaut sie an.

Wozu bin ich überhaupt hergekommen, denkt Bella, die können mir sowieso nicht helfen, die kassieren nur ab. Nicht, dass es mir ums Geld leid tut, ich bezahle, aber helfen können die mir hier nicht. Das sieht man doch gleich: Für Menschen haben die Zwei nichts übrig. Und wer andere nicht mag, kann sowieso nicht helfen, selbst wenn er plötzlich den Drang verspürt.

Durch das schmutzige Sprechzimmerfenster fällt brennend heiß die Sonne.

„Diese Hitze!", sagt die Ärztin zur Schwester. Ein Tropfen Pfirsichsaft rollt ihr ins Dekolleté. „Ich will ans Meer."

Bella hüstelt leise, die Ärztin reißt verärgert den Kopf herum und nimmt endlich zur Kenntnis, dass noch jemand im Raum ist.

„Geburtsjahr", sagt sie.

Bella begreift, dass sie gemeint ist, aber sie versteht es nicht.

„Ihr Geburtsjahr!"

Bella klatscht vor Freude in die Hände.

„Ach so: 78."

„Die ganze Zahl, bitte."

„Neunzehnhundert."
Die Ärztin schaut Bella verstimmt an.
Endlich hat sie mich gesehen, denkt Bella. Manche Ärzte können ja mit einem kurzen Blick aufs Äußere die Diagnose stellen.
Was der wohl fehlt, denkt die Ärztin und tilgt mit einer Serviette sorgfältig die Pfirsichspuren von Händen und Gesicht. Wahrscheinlich hat ihr Mann sie verlassen und jetzt tut ihr alles weh. Undefinierbare Kopfschmerzen. Genau.
Die Schwester reicht der Ärztin das Praxisjournal und sagt:
„Das Wasser im Schwarzen Meer hat 27 Grad. Hab ich gestern im Radio gehört!"
„Oh", seufzt die Ärztin theatralisch. „27 Grad! Warm wie im Kochtopf! Wo ist mein Badeanzug? Ich will ans Meer, für einen ganzen Monat!"
„Dann fahren Sie doch", mischt sich Bella zaghaft ein.
„Fahren Sie doch! Fahren Sie mal weg, wenn Ihnen die Leute hier von früh bis spät die Bude einrennen!"
„Haben Sie denn keinen Urlaub?"
Die Ärztin schaut Bella schief an. Verstopfung, denkt sie. Kann wahrscheinlich nicht scheißen. Solche wie die sehe ich hier jeden Tag bis zum Abwinken. Meine Güte, wieso bin ich überhaupt Allgemeinärztin geworden?
„Also." Die Ärztin macht sich an die Arbeit. „Sie heißen?"
„Bella."
„Bella? Sind Sie Ungarin?"
„Nein, nein." Bella ist es unangenehm. „Aber ich war schon zweimal dort."
„Wo?"
„In Ungarn."
Ärztin und Schwester werfen einander ein schiefes Lächeln zu. Diagnose: Klapsmühle, Erdgeschoss, Abteilung 2, Zimmer 6. Noch Fragen?
„Und wie ist es da so, in Ungarn?", flüstert die Schwester freundlich.

„Ist schon lange her, dass ich da war. Kann mich ehrlich gesagt nicht mehr so richtig dran erinnern. Ich habe mir dort eine schöne türkise Jacke gekauft."

Bella seufzt verträumt.

„Die Jacke", fährt sie fort, „ist dann in der Waschmaschine hängengeblieben, und ich musste sie wegschmeißen."

Die Tür geht auf, und jemand steckt seinen kahlen, aber sehr bärtigen Kopf herein.

„Darf ich?", fragt der Kopf.

„Nein, wo sind wir denn hier eigentlich?", poltert die Ärztin. „Warten Sie draußen! Sie sehen doch, dass ich gerade eine Patientin habe!"

Schnell geht die Tür wieder zu.

Die Ärztin wendet sich entschlossen Bella zu.

„Bella, Jahrgang 78. Neunzehnhundert. Warum sind Sie hier? WAS FEHLT IHNEN?"

Bella schweigt. Zögert.

„Also wissen Sie, so, dass mir jetzt direkt … direkt was weh tun würde, das nicht. Ich weiß nicht, ob Sie mir helfen können … ob ein Arzt da … überhaupt was machen kann, keine Ahnung …"

„Sagen Sie jetzt, was Ihnen fehlt und halten Sie hier nicht den Verkehr auf! Draußen warten noch andere!"

„Ja, ja, ich erzähl ja schon."

„Also?"

„Ich sehe im Traum immer einen Mann."

„Ihren?"

„Nein."

„Einen, den Sie kennen?"

„Nein."

„Wie oft träumen Sie von ihm?"

„Jede Nacht."

„Seit wann?"

„Keine Ahnung. Seit ein, zwei Jahren."

„Diagnose: Klapsmühle, Erdgeschoss, Abteilung 2, Zimmer 6."

Bella geht.

Die Ärztin schaut schweigend aus dem Fenster. Draußen sind ein Straßenbahndepot und ein Straßenbahnfriedhof zu sehen.

„Vielleicht hätte ich nicht so …“, brummt sie vor sich hin.

„Grigorowna, jetzt machen Sie sich mal keine Vorwürfe. Wir sind alle nur Menschen!“ Allotschka hat nur darauf gewartet, zu Wort zu kommen. „Wer hat schon eiserne Nerven. Sie sind eben explodiert, kann doch vorkommen …“

„Es ist ja nicht so, dass ich … Es war einfach … Ich glaub, ich kenn sie irgendwoher … Ich hab sie schon mal gesehen …“

„Soll ich Ihnen einen Tee machen? Dass Sie ein bisschen zu sich kommen? Mach ich gleich. Schwarzen oder grünen?“

Die Hryhoriwna ist eine zierliche blutarme Blondine um die 45. Sie sieht aus wie eine Heuschrecke, die jemand in einem dicken Buch gepresst hat.

„Vielleicht ist es sogar gut, dass Sie dieses Jahr nicht ans Meer fahren“, sagt Allotschka und brüht den versprochenen Tee auf.

„Wieso das denn?“

„Ich habe gehört, dass es dieses Jahr auf der Krim gleich mehrere Plagen auf einmal geben soll. Zuerst die Quallen, von denen soll's im Flachen solche Massen geben, dass an Baden gar nicht zu denken ist. Als würden Sie in Quallen baden und nicht im Wasser. Da kann einem richtig angst und bange werden, so viele sind das. Und dann die Heuschrecken. Iiiih. Alles voller Heuschrecken, auch am Strand. Ganze Heuschreckenschwärme. Die sind sogar schon ein paar Mal über Urlauber hergefallen.

„Alla, du bist doch Krankenschwester.“

„Na, und? Was hat das denn damit zu tun?“, empört sich Allotschka.

„Heuschrecken fallen keine Menschen an. Und Quallen sind nichts als Wasser. Neunundneunzig Prozent Wasser.“

„Grigorowna“, sagt Allotschka und stellt die Tasse mit Tee, ohne Zucker und Zitrone, vor sie hin, „ich habe Ihnen nur erzählt, was ich im Fernsehen gesehen habe. Und nur dass Sie's wissen: Quallen habe ich mein Lebtag noch nie gesehen.“

„Jetzt ist mir's eingefallen, wer sie ist", ruft die Hryhoriwna eine Viertelstunde vor Ende der Sprechstunde.
Die uralte Oma, die vor ihr sitzt, sagt:
„Wie? Was sagen Sie? Ich bin Kriegsveteranin, ich muss nicht bezahlen."
„Und wer ist sie nun?", fragt Allotschka gelangweilt und führt die uralte Oma in den Flur hinaus.
„Diese Bella … Sie wohnt im Haus gegenüber. Ganz sicher. Jetzt weiß ich's wieder."
„Also eine Nachbarin von Ihnen."
„Meine Diagnose stimmt." Die Hryhoriwna seufzt erleichtert. „Sie ist wirklich verrückt."
„Und wie haben Sie das gemerkt?"
„Manchmal reicht dem Arzt ein Blick, und er weiß alles über einen Patienten."
Allotschka schickt den Rest der Warteschlage weg. Für heute ist Schluss.
„Sie ist doch nicht etwa gefährlich?", fragt sie und schließt die Tür von innen ab.
„Wer, Bella? Nein. Eine Katzenmutti. Sie füttert alle Katzen weit und breit. Katzen, Hunde, würde mich nicht wundern, wenn sie auch Ratten füttert. Ein richtiger Zoo ist das, da vorm Haus. Die kann keiner leiden."
Die Hryhoriwna macht sich vorm Spiegel zurecht, zieht die Schlappen aus und ihre Absatzschuhe an, schlüpft aus dem weißen Kittel, darunter trägt sie ein dünnes salatgrünes Synthetikkleid, so würde sich eine Heuschrecke kleiden, die sie sich zufällig in einen Menschen verwandelt hat.
„Bella", sagt die Hryhoriwna, „was für ein blöder Name. Passt zu ihr. Egal, wie früh ich auf stehe, sie ist schon im Hof und kippt ihre Pampe in die Plastikschälchen. Da wimmelt's nur so vor lauter Viechern. Am liebsten würde man einen großen Bogen drum machen. Manche Hunde gehen einem bis zur Hüfte. Ich wohne im Erdgeschoss, ich seh ja alles. Die Leute legen sich mit

ihr an, und was bringt's? Nichts. Sie schaut dich an, als hätte man sie gerade vom Kreuz abgenommen, klickert mit den Augen und schweigt. Die Hygiene war schon da und die Leute haben Hundefänger beauftragt und Beschwerden an die Wohnungsverwaltung geschickt – alles umsonst."

„Die sehen immer so nett aus", sagt Allotschka aufgebracht, „weil sie die armen Tiere füttern, aber wenn man mal bisschen tiefer bohrt, sieht man, was Sache ist. Denen fehlt einfach ein Mann. Weiber knallen doch durch, wenn sie keinen Kerl haben."

Die Hryhoriwna starrt die Schwester ungläubig an. So was, hmm … Vulgäres hätte sie Allotschka nicht zugetraut. Laut sagt sie: „Hündchen hier, Kätzchen da, das ist der äußere Ausdruck eines verdrängten Sexualtriebes."

„Genau das wollte ich sagen."

Schwester Allotschka wird dunkelrot.

Zu spät, denkt die Hryhoriwna.

2

Die Hryhoriwna hat vom Krieg geträumt. Sie bekommt kaum die Augen auf. Sie fühlt sich, als hätte sie an Armen und Beinen, an ihrem ganzen Körper fremdes Blut. In ihren Ohren hallen noch die Geschosse, die irgendwo in der Nähe detoniert sind.

„Was das nur ist!", ruft die Hryhoriwna in das morgendliche Dämmerlicht. „Ich habe den Krieg doch gar nicht miterlebt. Und mir auch nie Kriegsfilme angeschaut. Wo kommt das denn her?"

Barfuß stolpert sie ins Bad und macht sich prustend unterm kalten Wasser frisch. Langsam kommt sie zu sich.

„Wieder zu früh auf."

Sie tritt ans Fenster.

Vor dem Haus gegenüber füttert Bella die Hunde und Katzen. Die Pampe wird gerecht auf die bunten Plastikschälchen auf-

geteilt. Jedes Tier hat sein eigenes Schälchen und geht an kein fremdes.
Hat alles seine Ordnung, denkt die Hryhoriwna widerwillig. Sie gehorchen ihr.
Der Wasserkocher brodelt. Die Hryhoriwna brüht sich eine große Tasse Kaffee auf. Der Kaffeeduft kitzelt ihre Nase, zu gern hätte sie jetzt eine geraucht.
Gut, dass ich keine Zigaretten da habe, sonst würde ich schwach werden.
Sie stellt sich mit ihrer Kaffeetasse ans Fenster.
Dort ist alles unverändert – Bella wuselt noch immer um ihre Tiere herum.
Hündchen hier, Kätzchen da, denkt die Hryhoriwna, aber was fehlt, ist der Sex.
Der Sex ist es, was fehlt, sagt sie laut.

Bella streichelt nie die Hunde und Katzen, die sie füttert. Manche besonders dankbaren Tiere streichen um Bellas Beine herum, lecken ihr die Schuhe, aber Bella braucht ihre Dankbarkeit nicht.
Ich füttere sie bloß, denkt Bella und sitzt auf der Rabatte vor dem Haus, füttern heißt, das Leben zu erhalten und nichts weiter. Ich erhalte ihnen das Leben, und was sie damit machen, ist ihre Sache.
Ich füttere sie, denkt Bella, um mein Nichtstun zu rechtfertigen, um wenigstens irgendetwas zu tun.
Es ist halb acht.
Die Hryhoriwna hetzt zur Arbeit in die Poliklinik. Dasselbe salatgrüne Kleid, mit einem dünnen Kunstledergürtel zusammengehalten. Die Beine, dürr und krumm, sehen in den Absatzschuhen noch krummer und dünner aus. Über der Schulter eine große glänzende Umhängetasche. Schwarzer Lidstrich. Die Lippen fest zusammengepresst, als wären sie gar nicht da.
Schnell, mit erhobenem Kopf geht die Hryhoriwna an Bella vorbei.
Ich brauche kein schlechtes Gewissen zu haben, sagt sich die Hryhoriwna, ich habe ihr die Wahrheit gesagt. Für Verrückte

kann es sogar nützlich sein, wenn man ihnen vorbeugend sagt, dass sie verrückt sind. Sie glauben es natürlich nicht, aber sie können sich schon mal an den Gedanken gewöhnen.

„Entschuldigen Sie." Bella berührt die Hryhoriwna an der Schulter. Die Hryhoriwna bleibt wie vom Donner gerührt stehen.

„Entschuldigen Sie", wiederholt Bella, „Sie sind doch die Ärztin aus der Poliklinik?"

„Ich?" Die Hryhoriwna zeigt ungläubig auf sich. „Ähm! Ich. Ja, ich bin die Ärztin."

„Sie können sich vielleicht nicht mehr an mich erinnern", murmelt Bella, „ich war gestern bei Ihnen in der Sprechstunde …"

„Nein, ich kann mich wirklich nicht mehr erinnern, wissen Sie, es kommen jeden Tag so viele Patienten, die kann man sich nicht alle merken …"

„Ja, ja, das macht nichts … Ich wollte mich nur entschuldigen …"

„Entschuldigen? Wofür?"

„Ich habe Sie", sagt Bella, „in eine Situation gebracht, die Sie gezwungen hat, unhöflich zu sein. Aber es ist nicht Ihre Schuld. Meine Schuld. Ich hätte nicht kommen sollen. Ärzte können mir nicht helfen. Entschuldigen Sie. Wahrscheinlich wollte ich bloß mit jemandem reden."

Die Hryhoriwna krümmt sich zusammen, wird immer kleiner, öffnet ihre große glänzende Tasche und schaut hinein, und dann, als hätte sie sich vergewissert, dass es für sie darin zu eng ist, hängt sie sich die Tasche über die Schulter. „Jetzt erinnere ich mich", sagt die Hryhoriwna kaum hörbar, „Sie waren das mit dem unbekannten Mann, der Ihnen im Traum erscheint."

„Entschuldigen Sie", wiederholt Bella und gibt zu verstehen, dass das Gespräch beendet ist. Sie läuft zurück zur Rabatte, wo ihr herrenloser Zoo gerade das morgendliche Mahl beendet.

Die Hryhoriwna schaut Bella noch eine Zeitlang nach.

Unverschämtheit!, denkt die Hryhoriwna, von wegen, Ärzte können ihr nicht helfen … Die Ärzte wissen alles über dich!

Die Hryhoriwna schreit auf und wischt sich den heißen Schweiß von der Stirn.

Sie springt aus dem Bett.

Wirft sich ihren verwaschenen Bademantel über und läuft aus der Wohnung.

Draußen ist es frisch. Still. Bella verteilt das Essen für die Hunde und Katzen auf die Schälchen.

Die Hryhoriwna setzt sich auf die Bank daneben und schweigt. Bella schweigt auch, obwohl sie den Gast sofort bemerkt hat. Der größte Hund, ein roter mit einer weißen Schwanzspitze, knurrt die Hryhoriwna verstimmt an.

„Psst." Bella streicht dem Hund über den Rücken, und er beruhigt sich.

„Und ich träume vom Krieg", sagt die Hryhoriwna aus heiterem Himmel. „Andauernd träume ich vom Krieg. Wenn ich nur wüsste, wieso. Ein Unfug."

Bella setzt sich neben sie. Unglaublich, diese Ruhe, denkt die Hryhoriwna, eine Ruhe strahlt die aus.

„Überall Blut, Leichen, Bomben und Panzer", sagt die Hryhoriwna. „Wo das nur herkommt? Ich habe mich nie mit dem Krieg befasst, bin nicht im Krieg gewesen, habe davon nichts gehört und nichts gesehen. Keiner aus meiner Familie oder von meinen Freunden ist im Krieg umgekommen. In meinem ganzen Leben habe ich keinen einzigen Kriegsfilm gesehen. Höchstens vielleicht *Das Haus, in dem ich lebe*. Aber das war's dann auch schon. Und da kommt eigentlich auch gar kein richtiger Krieg vor. Die Menschen sterben zwar, aber das wird nicht gezeigt."

Die Hryhoriwna schluchzt hilflos.

„Sie brauchen vielleicht einfach mal Ruhe", sagt Bella.

Eigentlich weiß sie nicht, was sie sagen soll, denn mit Träumen kennt sie sich nicht aus.

„Ich habe schon Angst, mich schlafen zu legen … Und Sie?"

„Ich nicht. Ich habe keine Angst. Ich freue mich auf meinen Schlaf."

Bellas Gesichtsausdruck ändert sich. Sie sieht verträumt aus.
Pfui, denkt die Hryhoriwna.
„Und was macht er mit Ihnen im Traum … also, Ihr Mann da?"
„Er bringt mir Schwimmen bei."
„Was?"
„Ich habe immer ein- und denselben Traum: Ich stehe bis zur Hüfte im Wasser, er ist auch im Wasser, und er bringt mir Schwimmen bei."
„Können Sie denn nicht schwimmen?"
„Nein."
„Im Traum können Sie nicht schwimmen?"
„Ich kann überhaupt nicht schwimmen."
Sie ist tatsächlich verrückt, denkt die Hryhoriwna.
„Berührt er Sie?", fragt sie plötzlich.
„Nie. Er steht neben mir und sagt mir, was ich machen soll."
„Komisch."
„Das ist überhaupt nicht komisch. Mir reichen seine Worte. Ich kann schon beinahe schwimmen."
Die Hunde und Katzen haben ihre Schälchen ausgeleckt und sich in der Nähe zu einem Nickerchen hingelegt. Der größte Hund, der rote mit der weißen Schwanzspitze, liegt vor der Hryhoriwna. Als wolle er sie bewachen.
„Wenn Sie endlich schwimmen können, vielleicht ändert sich dann alles?"
„Was soll sich denn ändern?"
„Na ja, vielleicht ändert er sein Verhalten Ihnen gegenüber? Sie wollen doch, also … er gefällt Ihnen doch?"
Bella wird feuerrot.
„Er sieht gut aus", sagt sie. „Sehr gut. Aber wissen Sie, ich kenne ihn überhaupt nicht. Wir haben immer nur übers Schwimmen gesprochen, über nichts anderes. Über nichts Persönliches. Er bringt mir Schwimmen bei, das ist alles. Keine Ahnung, was er für einer ist. Vielleicht ist er furchtbar dumm. Es ist alles so sinnlos."

„Und im wirklichen Leben sind Sie ihm nie begegnet?"
„Nein, nie. Wenn ich ihm begegnet wäre, würde ich mich daran erinnern."
„Komisch."
Der Hryhoriwna kommt es auf einmal vor, als befände sie sich in einem dieser herrlich verzwickten Krimis, die sie als Jugendliche so gern gelesen hat.
„Verstehen Sie, Bella, Sie müssen ihn irgendwo gesehen haben. Ihr Gehirn hat sich das doch nicht einfach ausgedacht."
„Wieso nicht?"
Bella macht eine Faust.
Oho, denkt die Hryhoriwna.
Eine Weile sitzen sie schweigend da.
„Warum sind Sie denn nun zum Arzt gegangen? WAS FEHLT IHNEN, BELLA?"
Bella weiß nicht, was sie antworten soll. Sie rutscht auf der Bank hin und her und kaut an ihren Nägeln.
„Man könnte es mit einer Behandlung versuchen", sagt die Hryhoriwna. „Kommen Sie doch noch mal vorbei, wir machen ein paar Tests, ich schreibe Ihnen eine Überweisung. Und dann sehen wir weiter. Wir schauen mal. Vielleicht ist die Ursache schnell gefunden. Aber ich muss alles wissen. Also, Bella? Was wollten Sie mir noch sagen?"
Bella ist den Tränen nahe.
Nur das nicht, denkt die Hryhoriwna, jetzt macht die mir hier ein Liebesdrama, muss ich mir das antun?
„Ich will mehr", sagt Bella.
„Ausgeschlossen, meine Liebe. Den Mann gibt's doch nur im Traum! Er ist nicht echt!"
„Wieso nicht echt?" Bella reibt sich die geröteten Augen. „Er geniert sich einfach. Er ist schüchtern."
„Bella, es ist ein Traum. Er ist in Ihrem Kopf. Er – das sind Sie."
„Das kann nicht sein", Bella fängt leise an zu schluchzen, „er ist so anders."

Bella steigt bis zur Hüfte ins Wasser und wartet. Das Wasser ist blau und warm. Bella sieht im Wasser ihre Zehen und winzig kleine Forellen. Sie schwimmen um Bellas Beine und knabbern sie an, Bella gefällt das.
„Sind Sie bereit?", hört sie plötzlich seine Stimme irgendwo von hinten.
„Ja", antwortet sie.
„Wie schwimmen wir heute? Kraul oder Hundepaddeln?"
„Wenn's geht, Hundepaddeln. Wissen Sie, ich mag Hunde."
Er lächelt kaum merklich. Aber er darf eigentlich nicht lächeln. Er ist der Lehrer. Ein strenger Lehrer.
Wieder habe ich etwas Dummes gesagt, denkt Bella.
„Gehen wir ins tiefere Wasser", sagt er.
„Ich habe Angst."
„Sie brauchen keine Angst zu haben. Im Flachen werden Sie es nie lernen. Sie werden immer Angst haben. Los."
Bella macht einen Schritt nach vorn. Das Wasser reicht ihr schon bis zur Brust. Noch einen Schritt, dann reicht's ihr bis zum Hals.
„Ich habe Angst. Ich gehe nicht weiter."
„Sie gehen nicht unter. Ich bin doch da."
„Ich habe keine Angst unterzugehen."
„Und wovor haben Sie Angst?"
Vor Ihnen, denkt Bella, sagt es aber nicht laut.
„Na, los!"
Bella macht noch einen Schritt und zappelt hilflos im Wasser. Sie schaut auf ihre wild umherpaddelnden Beine und die ausgewachsenen Forellen auf einer Unterwasserwiese. Die verwunderten Fischaugen glitzern in der Sonne.
„Ich kann nicht schwimmen. Die Fischaugen blenden mich", flüstert Bella panisch.
„Was?"
„Nichts."
„Bewegen Sie die Arme. Vergessen Sie, dass Ihr Körper ein Gewicht hat. Bewegen Sie Arme und Beine. Zerteilen Sie das Wasser."

„Ich gehe unter.“ Bella schluckt Wasser.
„Ich halte Sie. Sie gehen nicht unter. Sie schwimmen.“
Seine Hände brennen an ihrer Taille.
„Lassen Sie mich los! Fassen Sie mich nicht an!“, schreit Bella.
„Entschuldigen Sie, ich dachte, Sie brauchen Hilfe.“
„Ich brauche Ihre Hilfe nicht. Ich brauche nur Ihre Stimme.“
Bella rudert panisch durchs Wasser, um ins Flache zu gelangen.
„Wo wollen Sie denn hin?“
„Ich bin doch geschwommen.“
„Angsthase.“
„Was haben Sie gesagt?“
Bella steht und keucht schwer. Sie spuckt das Wasser aus.
„Hundepaddeln ist schwierig“, sagt sie.
„Ja, stimmt. Sie müssen lernen, wie ein Mensch zu schwimmen. Menschen schwimmen anders.“
„Kann ich nicht.“
Er seufzt. Ich bin ihm über, denkt Bella. Er hat mich satt.
„Sie tun mir leid“, sagt Bella.
„Warum?“
„Weil Sie sich mit mir abplagen müssen, obwohl Sie gar nicht wollen.“
„Wer sagt denn das?“
„Das sehe ich.“
„Das ist meine Arbeit. Ich mache sie gern.“
Bella schaut ihn einen kurzen Augenblick an. Sie denkt: Er mag seine Arbeit, aber mich mag er nicht. Ganz recht. Ich will zu viel.
„Sie sehen gut aus“, sagt Bella plötzlich.
„Danke.“
„Entschuldigen Sie bitte. Ich bin mit einem Stein in der Brust geboren. Ich werde nie schwimmen lernen.“
„Das kommt Ihnen nur so vor. Ich hatte hunderte solche wie Sie. Und alle haben es gelernt. Es ist nicht schwer. Sie dürfen nur keine Angst vorm Wasser haben.“
„Ich habe keine Angst vorm Wasser.“

„Und wovor dann?"
„Vor Ihnen".

Die Hryhoriwna ist sehr nervös.
„Es ist so voll heute", sagt sie zu Allotschka.
„Ich kann die Leute wegschicken, wenn Sie wollen. Ich sage, Sie sind krank."
„Nein, nein. Sag Ihnen, ich habe jetzt Pause. Ich gehe mir einen Pfannkuchen oder so was holen. Ich habe Hunger."
Die Hryhoriwna tritt in den Flur und läuft schnell zur Treppe, damit sie die verärgerten Rufe der Patienten nicht hört. An der Treppe bleibt sie stehen. Sie überlegt.
‚Nur ganz kurz. In einer fachlichen Angelegenheit.'
Sie läuft in den zweiten Stock und öffnet die der Treppe nächstgelegene Tür mit dem Schild „Chirurg".
„Kann ich reinkommen?"
„Hryhoriwna? Natürlich, kommen Sie rein."
Der grauhaarige Mann, ebenfalls im weißen Kittel, steht auf.
„Artem Mykolajowytsch, nur für einen Moment. Ich hab mal eine Fachfrage."
Artem Mykolajowytsch fordert die Hryhoriwna mit einer Geste auf, sich zu setzen. Dabei berührt er absichtlich ihre Hand, und die Hryhoriwna spürt ihn wieder – diesen Kälteschauer, aber in einem ganz anderen Teil des Körpers.
„Hryhoriwna, Sie dürfen nicht nur mit einer Fachfrage, Sie dürfen auch einfach so."
„Ist was Fachliches", murmelt die Hryhoriwna. „Also, es ist nicht furchtbar wichtig, aber vielleicht können Sie mir einen Rat geben."
„Wollen Sie eine Praline?" Artem Mykolajowytsch holt aus einer Schreibtischschublade eine Schachtel Kiew am Abend.
„Ihre sind immer die besten", sagt die Hryhoriwna.
„Für Sie nur das Beste."
„Artem Mykolajowytsch, Sie flirten doch nicht etwa mit mir?"
„Mit so einer schönen Frau muss man einfach flirten." Artem

Mykolajowytsch grinst, und die Hryhoriwna nimmt sich eine Praline aus der Schachtel. „Hryhoriwna, ich bin ganz Ohr."
Die Hryhoriwna räuspert sich.
„Es geht um Folgendes", sagt sie. „Eine Bekannte von mir … also, die träumt immer von einem Mann. Zwei Jahre schon. Die träumt von einem fremden Mann."
Artem Mychajlowytsch ist nicht überrascht von dem, was er da hört. „Nichts Besonderes. Wenn eine Frau keinen Mann hat, wird ihre Phantasie aktiviert. Hryhoriwna", Artem Mykolajowytschs Stimme wird intimer, „ich hab's Ihnen schon immer gesagt: Sie brauchen einen Mann."
„Sie haben mich falsch verstanden", schreit die Hryhoriwna auf und schiebt sich mit dem Stuhl Richtung Tür, „es geht nicht um mich."
„Es muss Ihnen nicht peinlich sein, ich bin Ihr Freund", sagt Artem Mykolajowytsch.
„Es ist mir nicht peinlich. Deswegen bin ich ja zu Ihnen gekommen und erzähle Ihnen das von der Bekannten. Vielleicht haben Sie einen Rat?"
„Ich seh da kein Problem. Soll sie doch von ihm träumen, na und. Tut doch keinem weh."
„Bella geht es nicht gut damit."
„Wem?"
„Meiner Bekannten. Bella. Meine Bekannte heißt Bella."
„Komischer Name. Ist sie Ungarin?"
„Nein, aber sie war schon zweimal da."
„Wo?"
„In Ungarn."
Artem Mykolajewytsch lehnt sich nachdenklich auf seinem Stuhl zurück.
Er ist ein imposanter Mann, denkt die Hryhoriwna, und willensstark. An seiner Schulter fühlt man sich sicher. Der hat alles im Griff.
„Hryhoriwna", sagt Artem Mykolajowytsch schließlich, „das ändert nichts an der Sache. Diese Frau, Bella, wie Sie sie nennen, braucht einen Mann. Das ist das einzige, was hilft. Und zwar je

früher, umso besser. Mangelnde sexuelle Befriedigung kann zu Schizophrenie führen."

„Schizophrenie?"

„Ja. Der Mann springt aus dem Traum in die Wirklichkeit."

„Wie das denn?"

„Sie sieht ihn plötzlich im realen Leben, so geht das. Vielleicht sieht sie ihn schon. Fragen Sie sie doch mal."

„Nein, nein", widerspricht die Hryhoriwna, „er erscheint Bella nur im Traum. Ganz bestimmt. Aber …"

„Was ‚aber'?"

„Aber sie will mehr."

Artem Mychajlowytsch steht auf. Er stellt sich hinter die Hryhoriwna und legt ihr seine Hände in den Nacken. Die Hryhoriwna erstarrt.

„Vielleicht", flüstert sie, „weiß die Medizin eben doch nicht alles. In der Physiologie, ja, da ganz sicher, aber im Seelischen? Das sind doch alles ganz individuelle Dinge. Alles hängt von der Psyche ab, von dem einzelnen Menschen. Bella verhehlt nicht, dass der Mann ihr gefällt. Er gefällt ihr. Aber Bella traut sich nicht, ihm das zu sagen."

„Hryhoriwna", Artem Mykolajowytsch flüstert ebenfalls, „Sie machen denselben Fehler. Sie sprechen von ihm wie von einer realen Person."

„Vielleicht ist er ja irgendwo? Sogar irgendwo hier in der Stadt? Und man muss Bella nur helfen, ihn zu finden. Kann doch sein. Es passieren doch immer wieder ungewöhnliche Dinge. Ich habe mal ein Buch gelesen, da ging's um was Ähnliches … Da hat eine Frau von einem Mann geträumt, und dann hat sie ihn gefunden …"

Artem Mykolajewytsch beugt sich über die Hryhoriwna und küsst ihr rechtes Ohr. Die Hryhoriwna hält den Atem an. Sie weiß, dass sie jetzt alles ganz schnell beenden muss, aber nicht sofort, nicht jetzt. Gleich.

„Meine Liebe", Artem Mykolajewytsch küsst sie auf die Halsgrube, „mich brauchst du nicht zu suchen. Ich bin hier."

„Artem."
„Bella. Nennst du dich so in deinen Phantasien?"
Die Hryhoriwna springt auf wie angestochen.
„Ich phantasiere nicht. Bella ist meine Bekannte. Ich bin nicht Bella."
Artem Mycholajowytsch steckt verlegen die Hände in die Taschen seines weißen gestärkten Kittels.
„Ich muss weg. Ich habe ja gesagt, ich hätte nur eine Fachfrage. Danke, dass Sie mich angehört haben, Artem Mychajlowytsch."
„Keine Ursache."
In der Tür dreht sich die Hryhoriwna noch mal um:
„Und schöne Grüße an Alina".
„Richte ich ihr aus".
Jetzt sieht er nicht mehr so allmächtig aus, denkt die Hryhoriwna, als sie Artem Mychajlowytschs gebeugte Gestalt anschaut. Männer werden hilflos, wenn man plötzlich ihre Frauen erwähnt.

„Ich hab dir doch gesagt, du sollst die Proben abgeben. Warum bist du nicht hingegangen?", fragt die Hryhoriwna Bella.
Sie sitzen auf der Bank an der Rabatte, umgeben von satten Hunden und Katzen.
„Ich weiß nicht", antwortet Bella, „ich glaube, es nützt nichts."
„Sag das nicht. Manchmal hilft's schon, wenn man einfach nur die Proben abgibt. Ich bin Allgemeinärztin. Ich weiß, wovon ich rede. Das kommt öfter vor. Dass ein Patient die Proben abgibt und sofort gesund ist."
„Aber ich fühle mich nicht krank. Eher unglücklich. Das ist doch keine Krankheit, oder?"
„Nein, sicher nicht. Aber ein Bekannter von mir, ein Chirurg, der sagt, dass das zu Schizophrenie führen kann."
„Ja?"
„Na ja, plötzlich siehst du diesen Mann im realen Leben und nicht nur im Traum."
Bella schweigt und streichelt eine räudige Katze, die ihr zuschnurrt.

„Du siehst den doch nicht im realen Leben, oder?" Beunruhigt beochtet die Hryhoriwna Bella.
„Hab ich nicht nötig", murmelt die. „Der Traum reicht mir."
„Pass bloß auf. Wenn du ihn im realen Leben siehst, dann sag mir gleich Bescheid. Sonst kann du wirklich Probleme kriegen."
„Er ist nicht hier."

Sonntag. Die Hryhoriwna schlendert über den Chreschtschatyk, die zentrale Einkaufsstraße von Kiew. Sonntags dürfen hier keine Autos fahren. Die Hryhoriwna läuft direkt auf der Straße, auf dem Mittelstreifen. Sie hat gute Laune. Sie hat 1000 Hrywnia dabei und will shoppen – ein paar Oberteile, vielleicht ein paar kurze Röcke. Sie betritt das Kaufhaus und geht in die Kosmetikabteilung im Erdgeschoss. Kauft sich ein Shampoo, ein Duschgel und ein Deo, denn alles ist fast aufgebraucht. Die Hryhoriwna macht gern einen Einkaufsbummel, wenn sie Geld hat. In solchen Momenten fühlt sie sich sicher. Und schön. Dazugehörig zum aktiven Teil der Welt.
Die Hryhoriwna freut sich aufs Shoppen. Sie stellt sich vor, wie sie nach Hause zurückkommen, die Einkaufstüten aufs Bett legen und alles nacheinander anprobieren wird. Die Sachen werden ihr gut stehen, denn sie weiß, was sie nehmen muss. Sie wählt immer diese bräunlich-grünen-salatfarbenen Töne, die gefallen ihr.
Wenn's einer Frau auch noch so mies geht, denkt die Hryhoriwna, bleibt ihr doch mmer noch das Shoppen.
Die Hryhoriwna probiert viel mehr an, als sie schließlich kauft. Das macht sie immer so. Sie probiert alles an, was ihr gefällt. Auch Sachen, die sie sich gar nicht leisten kann.
Nachmittag. Bis zum Ladenschluss ist noch viel Zeit. Die Hryhoriwna geht langsam, ohne zu hetzen. Die Vorfreude ist das schönste. Vielleicht pfeift sie auch auf alles und kauft sich in der Mutter-und-Kind-Apotheke an der Passage diese unverschämt teure Creme in der blassrosa Tube. Mit der superteuren Creme

im Gesicht wird sie dann die Sprechstunden in der Poliklinik besser durchstehen. Wenn ihr alles trostlos scheint, was oft vorkommt, wird sie einfach an die Creme denken.
Solche Dinge, denkt die Hryhoriwna, machen das gemeinhin öde Leben einer Frau leichter.
An der Kreuzung Chreschtschatyk und Prorizna-Straße stößt die Hryhoriwna auf eine große Menschenansammlung. Sofort befällt sie eine Unruhe. Vielleicht ist es ein Amateurkonzert, um das sich die Hans-Dampf-in-allen-Gassen scharen. Solche Konzerte gibt es sonntags auf dem Chreschtschatyk nicht wenige. Aber diese Leute sehen kein bisschen glücklich aus. Im Gegenteil, je näher die Hryhoriwna kommt, umso sicherer ist sie, dass dort etwas Unangenehmes passiert. In den Gesichtern der Menschen liest die Hryhoriwna Verwirrung und Angst.
Sie bekommt bleischwere Beine, und in ihrem Bauch rumort es. Noch ist es nicht zu spät, sagt sich die Hryhoriwna, geh zurück zum Majdan Nezaleshnosti und verschwinde in der Metro. Noch ist Zeit.
Aber eine unbekannte Kraft, vielleicht der Selbstzerstörungstrieb zieht die Hryhoriwna immer weiter in die Menge hinein.
„Was ist denn passiert?", will die Hryhoriwna wissen.
Sie bekommt keine Antwort. Die Menschen trippeln in der Straßenmitte herum wie blinde Hühner. Sie wissen nicht, wohin sie fliehen sollen, denn sie wissen nicht, woher die Gefahr kommt.
„Uns hat's alle am Arsch!", ruft ein langhaariger Mann mit Gitarre. „Haut ab!"
Mit einem verzweifelten Schrei stürzen die Leute nach allen Seiten davon.
Oh, Gott, denkt die Hryhoriwna, das wird wieder nichts mit dem Shoppen.
Die Frau, die auf dem Chreschtschatyk die blinkenden und bellenden Hunde verkauft, schmeißt die Kiste mit ihren Hunden auf die Straße und rennt zur Metrostation Goldenes Tor. Die Hunde jaulen, als wären sie echt.

Die Armen, denkt die Hryhoriwna.
Auch sie muss fliehen. Aber ihre Beine sind auf dem Mittelstreifen festgewachsen und versagen den Dienst. Die Hryhoriwna will um Hilfe schreien, bingt aber keinen Ton heraus.
Helft mir, denkt die Hryhoriwna, helft mir doch! Lasst mich nicht hier zurück! Ich habe Angst! Nehmt mich und tragt mich an einen sicheren Ort. Versteckt mich unterm Ladentisch in der Mutter-und-Kind-Apotheke, die ist ganz in der Nähe!
Blitzschnell ist der Chreschtschatyk leer. Eine unnatürliche feindliche Stille bemächtigt sich der Hryhoriwna. Sie steht ganz still. Stumm und schlapp. Ganz allein steht sie da mitten auf der übergroßen und überbreiten Straße, mit tausend Hrywnia in der Tasche, und wartet auf ihr Ende wie ein Kaninchen, das von einem Scheinwerfer geblendet wurde.
Auf die Balkone der umliegenden Häuser tritt lautlos ein Uniformierter nach dem anderen. Die Hryhoriwna weiß sofort, dass es Leute von der Armee sind. Sie hat sie im Fernsehen gesehen. Die Hryhoriwna hat gelogen. *Das Haus, in dem ich lebe* ist nicht der einzige Kriegsfilm, den sie gesehen hat. Da war noch der Film *Die Schlacht um Moskau*. Und der zeigte Krieg. Mit Panzern, Bomben und toten Soldaten in Schützengräben. Und mit Hitler und Stalin. Und Shukow. Und mit Soja Kosmodemjanskaja.
„Panfilow ist gefallen“, schießt der Hryhoriwna ein Zitat aus dem Film durch den Kopf. „Panfilow ist gefallen“. „Genosse Rokossowski, Krasnaja Poljana muss eingenommen werden!“
Die Hryhoriwna weint. Die Soldaten auf den Balkonen legen ihre Karabiner an (oder wie die Waffen da bei denen heißen) und zielen direkt auf die Hryhoriwna. Sie stürzt nieder, auf den von der nachmittäglichen Sonne erhitzten Asphalt des Chreschtschatyk, fällt mit dem Gesicht nach unten und schlägt ihre Hände schützend über den Kopf.
Sie können mich gar nicht sehen, redet sich die Hryhoriwna ein. Jawohl! Warum habe ich bloß dieses grasgrüne Kleid angezogen?! Gleich werden sie mich erschießen.

Von allen Seiten fahren Panzer auf den Chreschtschatyk. Die Hryhoriwna spürt am ganzen Körper, wie die Erde zittert. Die Hryhoriwna zittert auch.
„Rokossosowski!“, will sie plötzlich schreien, „Rokossowski!“
Die Panzer haben die Hryhoriwna umzingelt und stellen den Motor ab. Plötzlich ist es wieder still.
Die Hryhoriwna hebt den Kopf. Wie Elefantenrüssel sind die riesigen Panzerrohre auf sie gerichtet.
„Hört mal“, sagt die Hryhoriwna zu den Panzern, „ich habe tausend Hrywnia. Wollt ihr die?“
Die Panzer schütteln verneinend die Rüssel.
„Was wollt ihr dann? Was wollt ihr von mir? Ich bin eine einfache Ärztin mit einem kleinen Gehalt. Ich habe nichts, nicht einmal eine Familie. Ich habe niemandem etwas getan.“
„Niemandem, ach ja?“
Die oberste Luke des nächststehenden Panzers geht auf, und der kleine gefärbte Schopf von Alina schiebt sich heraus.
„Hab ich's doch gewusst“, schreit Alina. „Du bist hinter meinem Mann her! Machst mir Artem Mychajlowytsch abspenstig! Hab ich auf den ersten Blick gesehen!“
Die Hryhoriwna steht auf und schüttelt sich. Sie sieht Alina Serhijiwna, die Frau des Chirurgen, lange an und sagt dann ruhig: „Ach, du kannst mich mal.“
Und verlässt erhobenen Hauptes das Schlachtfeld.

3

Was bin ich für ein Mensch?, denkt Bella.
Sie steigt ins Wasser.
Heute ist das Wasser dunkel, fast schwarz.
Was mache ich hier eigentlich? Was will ich von ihm? Ich muss ihn in Ruhe lassen. Ihn und mich.

„Heute ist das Wasser irgendwie schwarz“, sagt Bella.
„Sie müssen in jedem Wasser schwimmen können.“
Seine Stimme kommt Bella gleichgültig und fern vor wie das gegenüberliegende Ufer.
„Wozu?“
„Wie bitte?“
„Wozu muss ich überhaupt schwimmen lernen?“
„Niemand hat Sie gezwungen. Sie wollten es selbst.“
„Wollte ich nicht.“
Bella dreht ihm das Gesicht zu. Er ist verlegen.
„Ich dachte, Sie wollten …“
Er hat schwarze Augen, stellt Bella fest. Wahrscheinlich hat ihr Schwarz das Wasser infiziert.
Bella überwindet sich und lächelt.
„Es war ein Witz“, sagt sie, „natürlich wollte ich. Das war nur ein Witz. Nicht böse sein.“
„Fangen wir an.“ Er hat den Witz offenbar nicht verstanden. „Rücken gerade. Bleiben Sie locker. Das Wasser tut Ihnen nichts.“
„Wer weiß, vielleicht ist da im Wasser was, und das tut mir was …“
„Seien Sie still. Sie reden zu viel. Schweigen Sie und hören Sie auf zu denken. Schwimmen Sie einfach.“
„Ich muss aber denken. Ich denke pausenlos.“
„Still!“
Er nimmt Bella an der Hand und zieht sie zu sich heran. Bella verliert das Gleichgewicht.
„Stoßen Sie sich vom Grund ab und schlagen Sie mit den Beinen. Ich halte Sie. Keine Angst. Schlagen Sie mit den Beinen, als wären es Flossen.“
„Was sind denn Flossen?“
„Machen Sie, was ich sage!“
Bella hängt in seinen Armen.
„Warum bewegen Sie sich denn nicht, Bella? Das Wasser trägt Sie, Sie müssen nur ein bisschen mithelfen. Sie gehen ja unter wie ein Stein.“

Er hat mich zum ersten Mal beim Namen genannt, denkt Bella.
„Ich lerne das nie. Lassen Sie mich."
„Nein."
„Wirklich nicht?"
Plötzlich hält er inne und sagt, während er mit seinen schwarzen Augen ins schwarze Wasser schaut: „Was wollen Sie von mir, Bella?"

Schwester Allotschka kommt ins Sprechzimmer gestürmt und setzt sich der Hryhoriwna gegenüber.
„Haben Sie schon gehört?", setzt sie vielsagend an.
„Was?" Die Hryhoriwna fühlt sich schlapp und sogar ein bisschen krank. Allotschka und ihr urplötzlicher Überschwang gehen ihr auf die Nerven.
„Erinnern Sie sich noch an die Katzenmutti, die bei uns war? Sie haben noch gesagt, das wäre Ihre Nachbarin. Die hatte so einen komischen Namen, was Französisches oder Italienisches …"
„Ungarisch."
„Ach ja, ungarisch."
„Und? Sag schon, jetzt mach's nicht so spannend."
Allotschka macht eine theatralische Pause.
„Einen Tee, Grigorowna?", sagt sie.
„Alla! Was ist los? Raus mit der Sprache!"
„Heute früh haben sie sie mitgenommen."
„Wer hat sie mitgenommen? Wohin?"
„Na, in die Klapsmühle. Hat mir der Fahrer vom Notarzt erzählt, ich hab gleich gewusst, dass sie das ist."
Die Hryhoriwna steht auf und läuft nervös um Allotschka herum.
„Kann ich mir nicht vorstellen. Warum hätten sie sie denn mitnehmen sollen?"
„Hryhoriwna, wenn ich's Ihnen sage. Das war unsere Katzenmutti, hundertprozentig. Wie Sie's vorausgesagt hatten: Erdgeschoss, Zimmer sechs!"
Allotschka holt zwei Pfefferkuchen aus ihrer Tasche, beißt in den einen hinein und gibt den anderen der Hryhoriwna.

„Hier, essen Sie was. Sie haben doch bestimmt noch nicht gefrühstückt, oder?"
„Alla, jetzt erzähl mir alles genau."
„Was gibt's da groß zu erzählen? Ist splitterfasernackt auf der Straße rumspaziert."
„Wie?"
„Ja, ja. Nackt, vollkommen nackt ist sie auf Ihrer Petropawliwska-Straße rumgelaufen, zwei Dutzend Hunde und Katzen um sie rum. Das muss ein Anblick gewesen sein! Die Hunde haben sie so verteidigt, dass gleich zwei Sanitäter gebissen wurden. Ein Lärm war das, da sind sogar die Alarmanlagen der Autos ringsum angegangen."
„Das gibt's doch nicht, Alla."
„Was es nicht alles gibt … Ich hab's Ihnen doch gesagt: wenn eine Frau keinen Sex hat, dreht sie durch."
Die Hryhoriwna lässt sich kraftlos auf den Stuhl fallen und schlägt die Hände vors Gesicht.
„Hryhoriwna, ist Ihnen nicht gut? Ich will heute ein bisschen früher weg. Meine Tante hat Geburtstag."
„Ja, natürlich."
Die Hryhoriwna atmet die stickige arzneigeschwängerte Luft.
„Hör mal, Alla, kannst du mir dafür auch einen Gefallen tun. Schnorr mir doch bitte bei jemandem eine Zigarette, ja?"
„Hryhoriwna, Sie haben doch zwei Jahre durchgehalten …"
„Fragt sich, wozu?"

In dem weißen Leinenhemd, mit den struppigen Haaren und den vor Angst und Verwunderung geweiteten Augen sieht Bella richtig attraktiv aus.
Wenn ich ein Mann wäre, denkt die Hryhoriwna, könnte ich mich in sie verlieben.
Bella hockt auf dem Krankenhausbett. Im Zimmer stehen noch sechs weitere Betten, aber die Patienten rühren sich nicht und atmen nicht. Sie starren einfach an die Decke.

„Bella! Was ist los?“ Die Hryhoriwna setzt sich auf die Bettkante. „Wie konnte das passieren?“
„Ich weiß nicht“, antwortet Bella.
Zwei breitschultrige Männer in grünen Kitteln schlendern über den Flur und werfen hin und wieder einen Blick ins Zimmer. Das ist also der Unterschied zwischen denen und uns, denkt die Hryhoriwna, wir tragen weiße Kittel, sie grüne.
„Abrupte Bewegungen sind hier verboten“, sagt Bella. „Rennen, springen, rufen, niesen, singen ist verboten.“
„Hm …“, sagt die Hryhoriwna zögerlich, „kann man gut drauf verzichten.“
„Ich beklage mich ja gar nicht. Überhaupt nicht. Ich hab's gut hier.“
Die Hryhoriwna schweigt.
Durchs Fenster sieht man eine Kirche.
„Du hast einen schönen Blick aus dem Fenster“, sagt sie einen Augenblick später.
„Wir können zum Beten in die Kirche gehen.“
„Ist das erlaubt?“
„Der Zaun hat ein Loch. Die Patienten kriechen durch.“
„Und keiner haut ab?“
„Nein. Alle kommen zurück.“
Die Hryhoriwna rückt näher an Bella heran.
„Bella, was ist passiert? Du warst doch eigentlich normal.“
„Normal?“
Ist wahrscheinlich nicht so geschickt, gleich mit der Tür ins Haus zu fallen, denkt die Hryhoriwna. Bloß nicht unter Druck setzen. Sie wird schon mit der Sprache rausrücken.
„Es ist mir so peinlich, es ist mir so peinlich, das alles“, murmelt Bella dumpf. „Ich benehme mich wie eine richtige Idiotin. Geschieht mir recht, dass sie mich abgeholt haben.“
„Red dir das bloß nicht ein. Du bist überhaupt keine Idiotin.“
„Aber von dieser Stille werde ich verrückt.“
Die Hryhoriwna weiß nicht, was sie antworten soll.

„Ringsum Stille und in mir drin auch", sagt Bella. „Ich würde am liebsten ganz laut schreien und kreischen. Damit die hier nicht wissen, was sie mit mir machen und wie sie mir den Mund stopfen sollen."

„Beruhige dich, Bella."

„Ich hasse Stille. Ich hasse alles, was in der Stille passiert. Ich hasse mich."

Erst jetzt bemerkt die Hryhoriwna, dass Bellas Gesicht eine ungesunde bläuliche Färbung angenommen hat.

„Du weißt nicht, was du wert bist", sagte die Hryhoriwna.

„Von Wert kann keine Rede sein. Eigentlich gibt's mich gar nicht. Ein Klumpen Glibberzeug: Keine Farbe, kein Geruch, kein Geschmack."

„Erzähl mir, wie das passiert ist, Bella. Hat es was mit dem Mann zu tun, von dem du immer träumst?"

„Wahrscheinlich habe ich ihn irgendwie falsch angeschaut. Das hat ihn verärgert. Warum soll er sich das mit mir auch antun? Er hat mich gefragt, was ich von ihm will. Und ich habe gesagt" – Bella stockt – „alles. Dass ich alles von ihm will."

„Oh, Bella, warum das denn?"

„Ich konnte das einfach nicht mehr – mit ihm und gleichzeitig ohne ihn sein. Ich habe gesagt, dass ich alles will, und er hat nur schief gelächelt und ist weggegangen, ohne mich anzuschauen. Ohne zu antworten. Nicht mal angeschaut hat er mich zum Abschied."

„Du musst ihn vergessen", sagt die Hryhoriwna streng. „Vergiss ihn, Bella! Himmel noch mal, was ist denn das für ein Mann?! Ein richtiger Mann behandelt eine Frau doch nicht so!"

Der Körper im Nachbarbett bewegt sich, die Hryhoriwna dämpft ihre Stimme.

„Bella, das hast du doch nicht nötig! Vergiss ihn. Weißt du, wie viele da noch kommen? Ein ganzer Haufen."

Um sich nicht festlegen zu müssen, breitet sie die Arme aus, so weit es geht.

„Du lügst doch“, kommt es aus dem Nachbarbett.
Bella legt sich genauso hin wie die anderen. Es sieht so aus, als würde sie nicht einmal atmen, als starrte sie nur an die Decke. Die Hryhoriwna rutscht neben ihr verlegen hin und her. Schließlich traut sie sich zu fragen, was sie schon von Anfang an unbedingt wissen wollte:
„Bella, warum bist du denn nackt durch die Straße gelaufen?“
Keine Antwort.
„Bella, hast du mich gehört? Du kannst es mir sagen. Ich bin deine Freundin. Ich muss es wissen.“
„Weil ich plötzlich gemerkt habe, dass ich keinen Badeanzug besitze“, antwortet Bella ruhig und schließt die Augen.

Zwei ältere Frauen schleppen Bella mit durch das Loch im Zaun. „Du brauchst keine Angst zu haben“, sagen sie, „komm mit. Wir gehen nur hin und wieder zurück. Die tun uns nichts. Wir dürfen das.“
Bella zögert. Ihr gefällt es eigentlich ganz gut hier. Hinter dem Zaun fühlt sie sich in Sicherheit.
„Ich weiß nicht, ob ich da raus will“, sagt Bella.
„Wie, du willst nicht?“ Die Frauen schreien fast. „Du musst! Die Kirche hat früher mal uns gehört.“
„Uns?“
Die Frauen sehen Bella an, als wäre sie verrückt.
„Früher war das Ganze hier ein Kloster. Dann sind die Bekloppten gekommen und haben triumphiert.“
Bella versteht nichts, aber sie versteht, dass sie gehen muss. Sie kriecht durch das Loch im Zaun. Die Frauen klopfen ihr ermutigend auf die Schulter.
„Und wann war das hier ein Kloster?“ Bella fällt auf, dass die Kirche und das Irrenhaus, obwohl sie durch den Zaun getrennt sind, eine ähnliche Architektur haben.
„Wann?“
Die Frage bringt die Frauen aus dem Konzept.

„Vor zehn Jahren etwa, unter Breschnew", sagt die eine überzeugt.
„Vera, was erzählst du für einen Quatsch?", widerspricht die andere. „Das war unterm russischen Zaren!"
„Also, du hast's doch bei uns mit der Geschichte. Los, kommt."
Alle drei gehen in Richtung Kirche. Die Kirche ist riesig, weiß und hat grüne Kuppeln.
„Die Kirche ist ziemlich okay", sagt Vera zu Bella. „Wirst du gleich sehen. Hat sogar eine Galerie. Bin allerdings noch nie oben gewesen, weil sie mich immer zu schnell wieder rausgescheucht haben …"
„Gibt's hier auch einen Priester?"
„Einen Priester? Nein. Die Kirche ist nicht mehr in Betrieb. Da gibt's nur noch Museumsmitarbeiter, die Ratten, die machen uns das Leben schwer. Hetzen uns rum, als wären wir Schweine und keine Menschen. Das dürfen sie nicht! Wenn sie dir dumm kommen, schick sie in die Wüste. Sie dürfen das nicht. Das war alles mal unsers!"
Bella zittert, ob vor Angst oder vor nervlicher Erregung.
Die Frauen öffnen flink vor ihr die massive Holztür, die schmiedeeiserne Ringe statt Klinken hat.
„Na, los", sagen sie, „keine Angst. Kopf hoch wie eine Königin!"
In der Kirche ist es dämmrig. Am Altar brennen Kerzen. Bella tritt ein.
„Der Eintritt kostet zwei Hrywnia", hört sie rechts neben sich.
Die Kassiererin im Museum Kyrill-Kirche schaut Bella fragend an.
„Der Eintritt ins Museum kostet zwei Hrywnia."
Bella ignoriert die Kassiererin und geht weiter. Die Wände sind mit Fresken bemalt, die die Zeit ausgebleicht hat. Körper, Beine, Köpfe, Heiligenscheine.
„Sie da, haben Sie mich nicht gehört?"
„Ich muss nichts bezahlen", sagt Bella, „das war früher alles mal meins."

„Eine Landplage, diese Verrückten", brummt die Kassiererin missmutig vor sich hin und gibt auf.
Bella streift an den Mauern entlang. Eine zeigt eine Engelsfigur mit einem blauen Mantel und einer zur Hälfte aufgewickelten Rolle in der Hand. Darunter steht: „Der Engel, der den Himmel aufrollt".
Bella schmiegt sich an den Engel, und es scheint ihr, als wüchse sie in die Wand hinein, als würde sie ein Teil von ihr, ein Fresko.
Der Engel beobachtet Bella aufmerksam.
„Ich habe gesündigt", flüstert Bella und küsst ihm die Füße. Die Kassiererin, die offensichtlich gleichzeitig die Aufsicht führt, stürzt mit einem Schrei auf Bella zu.
„Ich hab's doch extra für euch schwarz auf weiß aufgeschrieben! Könnt ihr denn nicht mal lesen? Wie bring ich euch das bei?! Bleibt doch auf eurer Station, was wollt ihr eigentlich hier? Diese Verrückten!"
Die Kassiererin zerrt Bella zum Ausgang. Tippt mit dem Finger auf ein kleines Schild an der Tür:

„Sehr geehrte Gemeindeglieder, Museumsbesucher und Patienten der psychiatrischen Klinik!
Bitte die Wände der Kirche nicht küssen.
Vielen Dank für Ihr Verständnis.
Die Museumsverwaltung"
Daneben steht eine weitere Mitteilung:
„Sehr geehrte Gemeindeglieder und Museumsbesucher! Bitte die Patienten nicht füttern."

4

„Wie, Grigorowna, Sie rauchen?"
Artem Mykolajowytsch ist mit einem Plastikbecher Instantkaffee auf dem Weg zurück von seiner Mittagspause in die Poliklinik.

Die Hryhoriwna steht vor dem Eingang, direkt neben dem Mülleimer, und raucht hastig ihre zehnte Zigarette an diesem Tag auf.
„Na und?"
Die Hryhoriwna weicht seinem Blick aus.
„Ärzte sollten nicht rauchen."
„Allgemeinärzte schon."
Artem Mychajlowytsch lächelt und stellt sich neben sie.
„Wollen Sie einen Schluck von meinem Kaffee? Passt zur Zigarette."
„Danke." Die Hryhoriwna nimmt den Plastikbecher.
Als würden wir uns küssen, denkt sie und nippt.
„Wie geht's denn so? Sie lassen sich ja gar nicht mehr blicken …"
„Keine Zeit. Einen Haufen um die Ohren jeden Tag. Ich will Sie nicht verrückt machen, Artem Mykolajowytsch."
„Hryhoriwna, Sie machen mich nicht verrückt, ich verliere höchstens den Kopf, wenn ich Sie sehe."
Wie soll ich das nur ertragen?, denkt die Hryhoriwna.
„Kommen Sie doch nach Ende der Sprechstunde bei mir vorbei! Wir reden ein bisschen. Ich habe Ihre Lieblingspralinen da."
„Weiß nicht … Wird wahrscheinlich nichts draus …"
Artem Mykolajowytsch greift nach der Hand der Hryhoriwna.
„Irgendwie haben Sie abgenommen, oder scheint mir das nur?"
„Scheint nur so. Wo soll ich denn noch abnehmen? Bin doch eh dürr wie eine Heuschrecke."
„Aber eine sehr hübsche Heuschrecke."
Artem Mykolajowytsch streichelt kaum merklich ihre Hand. Die Hand glüht.
„Wie geht's Ihrer Bekannten? Bella?", fragt Artem Mykolajowytsch geheimnisvoll.
„Gut."
„Und träumt sie noch?"
„Wissen Sie, nein."
„Wie schade", sagt Artem Mykolajowytsch enttäuscht.
„Wissen Sie was, Artem Mykolajowytsch." Die Hryhoriwna tritt

eng an ihn heran. „Wissen Sie was? Küssen Sie mich doch einfach jetzt. Jetzt und hier. Küssen Sie mich."
Artem Mykolajowytsch starrt die Hryhoriwna entsetzt an.
„Wieso denn hier", murmelt er, „kommen Sie zu mir ins Sprechzimmer … Wenn die Sprechstunde vorbei ist … Da ist es ruhig, keine Gaffer …"
„Jetzt und hier, Artem Mykolajowytsch." Die Hryhoriwna schließt die Augen und streckt ihm ihre Lippen hin.
„Alles oder nichts."
„Hryhoriwna, was soll denn das? In aller Öffentlichkeit."
„Und wenn schon."
„Also, ich bitte Sie. Das gehört sich nicht."
Die Hryhoriwna tritt zur Seite und zündet sich ihre elfte Zigarette an.
„Wie geht's Alina?", fragt sie ruhig. „Grüßen Sie sie von mir."
„Gerne", sagt Artem Mykolajowytsch und verschwindet Hals über Kopf in der Poliklinik. „Auf Wiedersehen."
Wenigstens einmal im Leben sollte man nein sagen, denkt die Hryhoriwna und zieht den Zigarettenrauch tief ein.
„So ist es, was wir verweigern, macht uns stark."

Die Hryhoriwna läuft schnell über den Chreschtschatyk. Die Sonne blendet sie. Die Hryhoriwna blinzelt und sieht nichts als die Sonne. Etwas treibt sie an. Etwas in ihrem Innern flüstert, sie solle sich beeilen und am Ende des Weges würde sie, die Hryhoriwna, erwartet. Und sie rennt fast.
Ringsum, überall auf der breiten Straße liegen blutüberströmte tote Körper. Die Hryhoriwna steigt mit Bedacht über sie hinweg. Sie schenkt ihnen keine Beachtung.
Haben es nicht geschafft, denkt sie, waren zu langsam.
Bald schon werde ich glücklich sein, denkt die Hryhoriwna, wenn der Krieg vorbei ist, muss doch auch jemand übrig bleiben. Und dieser Jemand wird dann wirklich glücklich sein. Genau, nach dem Krieg kommt das Glück.

An der Ecke Chreschtschatyk und Prorizna-Straße bleibt sie stehen. Eine Mauer aus Soldaten mit Maschinengewehren versperrt ihr den Weg. Soldaten in Helmen. Die Hryhoriwna kann ihre Gesichter nicht erkennen.
„He, Sie!", ruft die Hryhoriwna ihnen zu, „gehen Sie zur Seite, los! Ich kann mich nicht mit Ihnen aufhalten. Ich muss weiter. Ich werde erwartet."
„Dich erwartet keiner", antwortet ein Soldat.
„Sie lügen. Sie haben doch keine Ahnung. Sie sind dumm wie Bohnenstroh."
Die Soldaten flüstern miteinander. Die Hryhoriwna wird nervös.
„Gehen Sie zur Seite", wiederholt sie, „ich muss weiter."
„Und wieso bist du dir so sicher, dass du musst?"
Wie grob sie sind, denkt die Hryhoriwna, duzen mich einfach, als hätte ich mit ihnen Schweine gehütet.
„Ich weiß es einfach, ich muss."
Die Soldaten gehen auseinander, und Artem Mykolajowytsch tritt hervor. Er trägt eine Offiziersuniform. Sie steht ihm unheimlich gut.
„Hübsche Uniform", sagt die Hryhoriwna.
„Grigorowna, was machen Sie denn hier?"
„Ich? Ich geh ein bisschen spazieren."
„Sie lügt", sagen die Soldaten.
„Also gut." Die Hryhoriwna wird rot. „Ich wollte zu Ihnen, Artem Mykolajowytsch. Sie haben doch auf mich gewartet, nicht wahr?"
Artem Mykolajowytsch steckt die Hände in die Taschen.
„Ja, ich habe gewartet, aber so sehr nun auch wieder nicht", antwortet er leise.
„Hauptsache, Sie haben gewartet. Jetzt wird alles anders."
Die Soldaten stoßen Artem Mychajlowytsch in den Rücken, los, sag's ihr, komm zur Sache.
„Grigorowna", beginnt Artem Mykolajowytsch, „das alles, wissen Sie, das war nichts Ernstes."
„Nichts Ernstes? Das finde ich nicht schlimm. Ich liebe Witze,

und ich habe es gern, wenn gescherzt wird. Ich denke überhaupt, dass die Leute mehr lachen sollten."
Artem Mykolajowytsch schweigt.
„Wissen Sie, was ich glaube, Artem Mykolajowytsch? Ich glaube, das Wichtigste ist, dass sich die Menschen füreinander interessieren. Dass sie aufeinander zugehen. Nehmen wir uns beide. Ich finde Sie interessant. Ich will wissen, was für ein Mensch Sie sind. Was Sie über mich denken. Wie Sie sich in verschiedenen Situationen verhalten. Ich kenne Sie noch gar nicht, aber ich bin froh. Denn ich freue mich darauf, etwas zu erfahren, verstehen Sie mich?"
„Ich verstehe Sie nicht ganz, Grigorowna."
„Ist doch alles ganz einfach, Artem Mykolajowytsch! Finden Sie mich interessant? Wollen Sie wissen, wer ich bin?"
„Weiß ich doch eigentlich."
„Nichts wissen Sie!" Die Hryhoriwna spürt, wie ihr ein heißer Schweißtropfen über die Stirn rinnt. „Artem Mykolajowytsch, sagen Sie mal, was wollten Sie von mir, als Sie mich so oft zu sich ins Sprechzimmer gebeten, als Sie mich berührt, mir das Ohr und den Hals geküsst haben? Sagen Sie mir, was wollten Sie?"
„Nichts", antwortet Artem Mykolajowytsch.
Mit einer Geste gibt er seiner Truppe ein Kommando. Die Hryhoriwna versteht es nicht. Sie steht auf der Straße, konfus, mit wirrem Haar, krummen Beinen und hohen Absätzen, und ihr Herz klopft schrecklich laut.
Artem Mykolajowytsch verschwindet hinter den Soldaten. Die nehmen die Brust der Hryhoriwna ins Visier und feuern eine Salve ab. Mitten ins Herz.
„Panfilow ist gefallen!"
Die Hryhoriwna geht in die Knie und sieht aus den Augenwinkeln heraus einen rötlichen Fleck auf ihrem grasgrünen Lieblingskleid. Der Fleck breitet sich immer weiter aus.
„Mein Herz", flüstert die Hryhoriwna, „es tut so weh. So weh."
Auf die Sonne legt sich ein dunkler Nebel.

Wer interessiert sich dann für mich?, denkt die Hryhoriwna.
Wer liebt mich?
Sie hört auf ihr Herz.
Einen Augenblick noch, und ich sterbe.
Aber das Herz, das durchlöcherte, hämmert weiter.

5

„Hryhoriwna, wo sind wir hier?"
Zaudernd betritt Bella das ihr fremde Gebäude. Die Hryhoriwna klatscht in die Hände.
„Wo wohl? Wir wollen schwimmen!"
„Schwimmen?"
Die Hryhoriwna zieht Bella energisch hinter sich her. Sie gehen durch das Foyer, durchqueren dunkle Flure und Umkleidekabinen und stehen vor einem riesigen Schwimmbecken mit tiefblauem Wasser. Das Becken ist in vier Bahnen unterteilt. Der warme Chlordampf kitzelt Bella in der Nase.
„Aber Hryhoriwna, ich … ich habe … ich habe keinen Badeanzug."
„Kleinen Augenblick! Hier!" Die Hryhoriwna holt einen Badeanzug heraus, den sie für Bella gekauft hat. „Nichts Umwerfendes, aber für den Anfang reicht's. Hier schwimmen wir ab jetzt jeden Samstag. Los, wir ziehen uns um."
Bella verharrt verwirrt auf der Stelle.
„Es geht nicht. Ich kann nicht schwimmen."
„Du kannst nicht? Bella, wir beide wissen, dass das nicht stimmt. Und jetzt werden wir zeigen, was wir können."

„Ich habe Sie noch nie gefragt, was das für ein Meer ist, wo wir jetzt sind."
„Ein Meer? Sie glauben, dass das ein Meer ist?"

„Ja. Ich kann das andere Ufer nicht sehen."
„Und jetzt?" Er macht einen Schritt auf Bella zu.
„Ich sehe nichts."
„Und jetzt?" Er ist nur noch eine Armlänge von ihr entfernt.
„Etwas kaum Sichtbares schimmert am Horizont. Aber ich weiß nicht, ob das Land ist. Vielleicht ist das der Schatten des Meeres."
„Und jetzt?" Er tritt ganz dicht an Bella heran. Seine Lippen berühren ihre Stirn.
„Warum quälen Sie mich?", flüstert Bella.
„Weil Sie immer noch nicht schwimmen können."
„Doch. Ich kann schwimmen."
Bella legt sich mit dem Rücken aufs Wasser, stößt sich ab und so, auf dem Rücken, schwimmt sie aufs Meer hinaus. Zwischen den Wasserspritzern sieht sie ihn verwundert und verblüfft stehen. Sie schwimmt immer schneller, bis seine Gestalt hinter den sieben Wellen verschwindet. Das Wasser wird kalt und schwer.
Jetzt bin ich allein, denkt Bella.
Sie schaukelt auf der Wasseroberfläche. Ohne Bewegung. Ohne Schmerz. Ohne Tränen.
Und Millionen von Quallen, große und kleine, rosa und lila, schaukeln neben ihr. Ohne Bewegung. Ohne Schmerz. Ohne Tränen.

Rattus norvegicus

(Der Ratz)

1

Das kann nicht sein, redet sich Tamara Pawliwna ein, das ist unmöglich. Ziegelsteinbau, sechster Stock, das ist zu hoch. Das schafft er nicht. Dafür ist er nicht mutig und nicht clever genug. Schon der erste Stock wäre zu hoch. Wie hat er das nur angestellt? Wie ist ihm das geglückt? Aber alles deutet darauf hin, dass er tatsächlich da ist.

Tamara Pawliwna schaut sich misstrauisch in ihrer Küche um. Nimmt die Küchengeräte aus dem Schrank, beschnüffelt alle Teller und Töpfe, stochert in den Tüten mit Hülsenfrüchten und Nudeln herum.

Das Schlimmste ist, denkt Tamara Pawliwna, dass ich nicht weiß, was ich machen soll. Die Töpfe und Nudeln umzuräumen, das bringt nichts. Noch nie war Tamara Pawliwna in einer ähnlichen Lage. Noch nie war sie ihm so nah. Dem Feind.

Vielleicht ist er auch gar nicht allein, denkt Tamara Pawliwna. Wenn das so ist, dann bin ich verloren. Dann muss ich flüchten. Ich nehme nur das Nötigste mit: Pass, Geld, die Fotos von Sofia Rotaru, und weg bin ich. Mit dem Feind in einer Wohnung, das fehlte noch. Ich habe meinen Stolz. Ich will es ordentlich und sauber. Sauberkeit geht mir über alles. Sehen Sie sich nur meine Wohnung an: alles blitzblank. Nicht das kleinste Stäubchen. Alles ist an seinem Platz. Auf Kante gelegt und akkurat gestapelt, nach Größe und Farbe. Und jetzt hat er – allein oder mit den anderen – alles kaputt gemacht. Jetzt ist er in mein blitzblankes Leben eingedrungen und macht alles schmutzig. Ich stinke. Ja, ich merke, wie ich langsam anfange zu stinken. Gegen diesen schrecklichen fauligen Gestank hilft selbst die gründlichste Desinfektion nichts.

Tamara Pawliwna versucht den Kühlschrank wegzurücken, dann lässt sie es sein und setzt sich auf einen Stuhl vorm Fenster.
Und was, wenn er auf einmal hinterm Kühlschrank hervorgesprungen kommt? Ich kann mich doch gar nicht wehren. Er kommt heraus und fällt über mich her. Zerschrammt mir das Gesicht. Kratzt mir die Augen aus. Beißt mir mit seinen langen und messerscharfen Zähnen die Nase ab. Vielleicht wartet er nur drauf, dass ich den Kühlschrank wegrücke und ihn freilasse. Vielleicht steckt er fest, weil er so einen gewaltig fetten Wanst hat. Nein, den Kühlschrank lasse ich besser an seinem Platz. Soll er ruhig da sitzen wie im Gefängnis, ich lasse mir inzwischen was einfallen.
Tamara Pawliwna spürt, dass sie am ganzen Leib vor Angst und Abscheu zittert. Sie tut sich selber leid. Warum musste ihr das passieren? Hatte sie das verdient? Wie konnte es überhaupt dazu kommen, dass jemand mir nichts, dir nichts in eine fremde Wohnung eindrang und die Ruhe und alles, woran ein anderer Jahr und Tag gearbeitet hatte, worauf er alle Mühe und Anstrengung verwendet hatte, einfach zerstörte?
Ich hasse das, denkt Tamara Pawliwna. Wie sehr ich das hasse.
Sie zieht sich an, legt Pass, Geld und die Fotos von Sofia Rotaru in eine Tasche, zieht die Küchentür fest zu, schließt die Wohnungstür ab und geht nach unten. Auf der Bank vorm Haus sitzt wie immer Oma Alewtyna. Sie ruht sich aus.
„Tamara Pawliwna, meine Beste, wollen Sie fort?“, fragt Oma Alewtyna. „Wenn Sie einkaufen gehen, bringen Sie mir doch bitte Zucker mit. Ich gebe Ihnen das Geld später.“
Tamara Pawliwna hält es nicht mehr aus. Sie fühlt sich so mies. Sie muss jemandem ihr Herz ausschütten. Weinend umarmt sie Oma Alewtyna und sagt verzweifelt:
„Der Ratz hat mich aus meinem Heim vertrieben.“

Oma Alewtyna hat in ihrem Leben schon so einiges gehört. So schnell kann sie nichts erschüttern oder aus der Ruhe bringen. Seit mehr als 30 Jahren sitzt die furchtlose Oma Alewtyna auf der Bank vorm Haus und hat reihenweise Leuten geholfen. Die Leute setzen sich zu ihr, um kurz zu verschnaufen, wie es scheint, aber eigentlich wollen sie ihren Kummer loswerden und sich einen guten Rat holen.

Das mit Tamara Pawliwna wird nicht so einfach, denkt Oma Alewtyna. Du bist also zurück, denkt sie, bist gekommen, um dich an mir zu rächen.

„Meine liebe Tamara Pawliwna, woher wollen Sie denn wissen, dass es ein Ratz ist?", fragt Oma Alewtyna mit einer weichen, sanften Stimme, um Tamara Pawliwna nicht noch mehr zu verschrecken. „Haben Sie ihn denn gesehen? Der Ratz kommt selten in einen hohen Backsteinbau. Eine Maus schon, eine Ratte eigentlich nie."

„Es ist ein Ratz", antwortet Tamara Pawliwna und heult noch lauter los. „Ich weiß, dass es ein Ratz ist. Ich fühle, dass er da ist. Ich rieche ihn. Ich höre ihn hinterm Kühlschrank am Parkett kratzen und zufrieden schniefen!"

„Aber, aber, Tamara Pawliwna, ich glaube Ihnen ja", sagt Oma Alewtyna und streicht ihrer Nachbarin über den Rücken. „Den Ratz kann man nicht mit einer Maus verwechseln, ich glaube Ihnen. Wenn Sie sagen, es ist ein Ratz, dann ist es einer. Nur er kann hinter dem Kühlschrank schniefen."

„Und wie der schnieft", heult Tamara Pawliwna. „Und kratzen tut er, dass ich Gänsehaut kriege! Manchmal schnarcht er sogar! Wenn Sie hören würden, wie er schnarcht. Wie … wie …"

„Wie ein Mann", sagt Oma Alewtyna.

„Genau! Wie ein Mann."

Oma Alewtyna nickt betrübt, ihre Hände fangen an zu zittern, aber Tamara Pawliwna sieht es nicht.

Da bist du also, denkt Oma Alewtyna, nach so vielen Jahren. Hast die Mühe nicht gescheut. Wo du doch immer so faul warst. Aber ich habe keine Angst vor dir, sagt Oma Alewtyna, warum sollte ich. Ich hab nichts falsch gemacht, im Gegenteil, ich hab getan, was ich musste.

„Was soll ich denn jetzt machen?" Tamara Pawliwna ringt hysterisch die Hände. „Ich kann nicht zurück! Ich kann meine Wohnung nicht mehr betreten! Dort sitzt er! Hat sich versteckt! Triumphiert!"

„Zuallererst", beginnt Oma Alewtyna, „müssen Sie sich beruhigen und Ihre Angst überwinden. Angst ist das, was er will. Er will, dass Sie sich fürchten. Aber es ist nur ein Ratz. Ein dreckiger, widerlicher, stinkender, räudiger Ratz. Räudig, aber ungefährlich."

„Ich weiß nicht, was ich machen soll", sagt Tamara Pawliwna, „vielleicht kaufe ich Rattengift! Das Vieh frisst das Zeug und krepiert."

Wie jung und unerfahren sie doch ist, denkt Oma Alewtyna und schaut die vierzigjährige Tamara Pawliwna an. Wie naiv. Glaubt, dass sie so einfach mit ihm fertig wird.

„Wäre eine Möglichkeit", sagt sie, „aber der Ratz rührt kein Gift an. Der frisst das nicht."

„Wieso?", wundert sich Tamara Pawliwna, „das ist doch extra für Ratten. Das kriegt der Ratz doch gar nicht mit. Er frisst es und weg ist er. Warum soll der denn das Rattengift nicht fressen?"

„Weil er schlau ist."

Schlau. Schlau warst du, denkt Oma Alewtyna, aber ich war schlauer. Ich hab dich überlistet. Anders war dir nicht beizukommen. Nur mit größerer Schläue.

„Ich hatte auch mal einen Ratz in der Wohnung", sagt Oma Alewtyna. „Vier Jahre habe ich mich mit ihm rumgeschlagen."

„Vier Jahre?" Tamara Pawliwna wird schwindelig.

„Ja, vier Jahre. Es war ein Spiel. Wer schlauer ist. Und er hat verloren."

Oma Alewtyna richtet sich voller Stolz auf, als würde sie immer noch kämpfen.

„Ich will Ihnen was sagen, meine liebe Tamara, gehen Sie zurück in Ihre Wohnung. Es ist Ihr Heim, also kämpfen Sie drum. Seien Sie stark. Leben Sie mit dem Ratz. Studieren Sie seinen Charakter. Erobern Sie sein Vertrauen. Und dann, wenn er sich nicht mehr vor Ihnen versteckt und arglos wird – dann können Sie zum vernichtenden Schlag ausholen. Wenn er es am allerwenigsten erwartet. Aus der Deckung heraus. Hinterrücks. Wie es sich für eine Frau gehört."

Oma Alewtyna war ja nicht immer eine Oma. Früher einmal, es ist schon lange her, war sie einfach Alewtyna. Sie war keine Schönheit, aber auch keine Vogelscheuche. Nicht besonders klug, aber auch nicht dumm. Nicht reich, aber auch nicht arm. Und sie hatte einen Mann, mit dem sie vier Jahre zusammenlebte.

Sie hatten sich auf der Technischen Fachschule kennengelernt. Alewtyna arbeitete dort als Putzfrau und er als Pförtner. Er hieß Omeljan. Er war fett und plump, lachte laut und riss schmutzige Witze.

Für Omeljan war Alewtyna wie eine volle Schüssel Majonäsensalat, die bis zum nächsten Tag gegessen werden wollte, damit sie nicht schlecht wurde. Alewtyna verwechselte seinen hungrigen Blick mit Leidenschaft. Sie heiratete ihn und nahm ihn zu sich, in ihre enge Zwei-Zimmer-Wohnung.

Omeljan lebte sich schnell ein. Seine Sachen, die zu nichts passten, verteilte er über die ganze Wohnung. In den Zimmern hing sein unangenehmer Geruch, der an verfaulte Kartoffeln erinnerte. Immer kramte er irgendwo herum, ständig schleppte er unnützes Zeug auf den Balkon und sagte: Man weiß nie, wozu man es mal brauchen kann.

Er putzte sich nie die Zähne, morgens nicht und auch sonst nie. Nie wusch er sich seine dichte rote Mähne, nie entfernte er die Haare, die ihm aus der Nase und aus den Ohren wuchsen, und am kleinen Finger der rechten Hand ließ er sich einen langen Damennagel stehen, den er als Öffner für Konservenbüchsen benutzte.

Ständig rauchte Omeljan in der Wohnung und strich die Asche in Alewtynas Lieblingsvasen ab. Seine Bettwäsche war immer schwarz, und die Socken rochen, egal wann er sie anzog, immer nach Gosse.

Am schlimmsten war es allerdings nachts. Nachts erwachte sein Appetit. Wenn Alewtyna eingeschlafen war, schlich er in die Küche und fraß, was ihm unter die Finger kam. Süßes, Salziges, Saures, Bitteres, Kaltes, Rohes, Gebratenes, Gedünstetes, Mariniertes, Ungenießbares. Speck mit Mandarinen, Fleisch mit Eis, Nudeln mit Bonbons, Würstchen mit Pflaumenmus, Sprotten mit Alulöffeln.

„Ist doch egal, ob's zusammenpasst oder nicht", sagte er, „im Magen mischt sich's sowieso."

Nach dem Essen hinterließ Omeljan Stapel von schmutzigem Geschirr, Berge von Federn, Knochen und Krümeln, leere Büchsen, Flaschen, Becher und Gläser, auf dem Fußboden lagen Eierschalen, auf dem Fensterbrett klebte Öl. Von den nächtlichen Fressorgien wurden seine Augen klein und rot, satt und zufrieden. Die Augen eines Ratz', der sich behaglich eingerichtet hatte. Alewtyna erkannte sie. Sie begriff, dass sie geliefert war und es noch weiter bergab gehen würde, wenn sie nicht kämpfte. Sie hatte sich einen Ratz ins Haus geholt, und jetzt musste sie den Kampf aufnehmen. Entweder er oder sie.

„Spar dir die Mühe", sagte Omeljan zu Alewtyna. „Ich bin nicht blöd. Du wirst mich nicht wieder los. Ich bin schlau."

Tamara Pawliwna kommt nach Hause und schaltet schnell überall das Licht ein. Auf den ersten Blick hat sich nichts verändert. Alles sieht aus wie immer. Aber nur auf den ersten Blick. Er ist hier rumgelaufen, denkt Tamara Pawliwna. Überall. Und hat bestimmt auch auf meinem Bett gelegen. War im Bad. Hat alles auf dem Tisch beschnüffelt. Und alles mit seinem widerlichen fauligen Gestank verpestet.

Ich denk ja gar nicht dran, ihm meine Wohnung zu überlassen. Das ist mein Zuhause, ich bleibe hier, nicht er.

Tamara Pawliwna schaltet den Fernseher ein, um die Angst

zu vertreiben. Sie weiß, dass sich da, in der Küche, hinter dem Kühlschrank ihr Feind verschanzt hat. Und schnarcht. Auf den passenden Moment wartet, um anzugreifen.
„Ratzi-Schatzi", ruft Tamara Pawliwna auf einmal. „Du brauchst keine Angst zu haben. Ich tu dir nichts. Ich geb dir gleich was zu fressen. Was magst du denn? Brot? Wurst? Oder beides?"
Hinter dem Kühlschrank ist es still. Das Schnarchen hat aufgehört.
Tamara Pawliwna schneidet ein Stück Weißbrot ab und wirft es hinter den Kühlschrank.
„Oder soll ich Butter drauf streichen?" Tamara Pawliwna staunt, wie zärtlich ihre Stimme klingen kann. „Willst du Wasser? Du hast doch sicher Durst? Willst du vielleicht was Schönes schlürfen? Womit kann ich dir eine Freude machen? Mit Wasser? Milch? Bier? Ich hab Bier für dich. Du magst doch Bier, oder?"

Das Spiel sah so aus:
„Aber Schatz", flüsterte Alewtyna, „wie kannst du nur so was sagen?"
Misstrauisch kniff Omeljan seine kleinen roten Äuglein zusammen.
„Ich will dich doch nicht loswerden! Ich will mit dir gemeinsam alt werden und mit dir sterben, du und ich auf einem Kissen! Das ist es, was ich will."
Omeljan sagte:
„Ja, ja. Ich nehm dich beim Wort."
Er fühlte sich wohl. Omeljan sah, dass Alewtyna Angst hatte, und mehr verlangte er auch gar nicht von seiner Frau. Angst und Liebe, das war im Grunde dasselbe. So zumindest dachte Omeljan, und irgendwie hatte er damit auch Recht.
Er wurde sehr vorsichtig. Er kaufte sich das Essen selbst ein und kochte auch selbst. Nie drehte er Alewtyna den Rücken zu. Nie ließ er sie lange allein, damit sie keine Zeit hatte, einen detaillierten Angriffsplan zu entwerfen. Alewtyna lächelte und nannte

Omeljan weiter „Schatz". Sie fragte ihn, wie es auf Arbeit ginge und ob ihm heute nicht womöglich der Bauch wehtäte.
„Nein, meine Liebe, kein bisschen", antwortete Omeljan triumphierend und warf einen Blick auf seine Hundert-Liter-Wanne. „Ich habe nie Bauchschmerzen, Aljusja. Mein Bauch ist aus Stahl."
Aber plötzlich widerfuhr Omeljan ein Unglück. Während seiner Schicht wurde in der Fachschule eingebrochen. Aus dem Labor wurde die Vorführapparatur gestohlen. Omeljan hätte schwören können, dass er die ganze Nacht keine Sekunde geschlafen hatte. Denn er war sehr gewissenhaft. Er bewachte seine Schule tadellos. Er liebte sie. Er hatte dort sogar freiwillig die Kakerlaken ausgerottet. Und jetzt dieser Patzer. Kaum zu glauben. Die ganze Apparatur war entwendet worden, ohne dass ein Schloss aufgebrochen, ein Fenster oder eine Tür beschädigt worden waren.
Omeljan kam von der Arbeit nach Hause wie ein geprügelter Hund. Alewtyna warf sich ihm zur Begrüßung in die Arme.
„Schatz, wie war's auf Arbeit?"
„Schlecht", antwortete Omeljan. „In der Nacht wurde eine Apparatur gestohlen. Ich habe eine Abmahnung bekommen, und das Geld für die Apparatur wird mir vom Lohn abgezogen."
„Du Armer!"
Alewtyna küsste ihren Mann auf die Stirn und den Bauch, schmiegte sich an ihn, schnurrte und strich um ihn herum wie eine Rassekatze.
„Leg dich hin und ruh dich aus", flötete sie, „du musst dich erholen. Du hast Stress."
Stimmt, dachte Omeljan, ich muss mich erholen, ich habe Stress. Also legte er sich hin. Er deckte sich bis zur Nasenspitze zu, so dass nur noch seine roten Äuglein herausschauten. Er schlief nicht. Er hatte Angst, ihm könnte in dieser schweren Stunde die Kontrolle entgleiten.
Gegen Abend bekam Omeljan Fieber. Er stöhnte unter seiner Decke, Alewtyna saß immer noch neben ihm und redete ihm gut zu:

„Mein Armer! Nimm dir das mit der Apparatur nicht so zu Herzen! Alles wird gut! Du musst dich ausruhen. Du kannst mir vertrauen."
„Ich bin schlau", wiederholte Omeljan im Fieber. „Ich bin doch schlau. Was ist nur mit meiner Schläue los?"

Tamara Pawliwna bestreicht ein Brot mit Butter, schmiert Leberwurst darauf und wirft es hinter den Kühlschrank. Ein Knirschen und ein zufriedenes Röcheln ist die Antwort.
Er isst, freut sich Tamara Pawliwna, er vertraut mir. Einen Monat ist es her, dass Tamara Pawliwna den Kampf aufgenommen hat.
„Mein lieber Ratzi-Schatzi", sagt sie, bevor sie schlafen geht, „ich lege mich jetzt hin. Lass dir die Zeit nicht lang werden. Mach was, vergnüg dich. Meine Wohnung gehört dir. Renn, so viel du willst. Hab keine Angst. Ich tu dir nichts, aber tu du mir auch einen Gefallen. Spring nachts nicht auf meinem Bett herum."
Manchmal schreckt Tamara Pawliwna aus dem Schlaf hoch, weil sie glaubt, er müsse ganz in der Nähe sein, womöglich unter ihrer Decke, jedenfalls ganz nah. Dann schaltet sie panisch die Nachttischlampe ein und blickt sich im dämmrigen Zimmer um. Schaut in alle Ecken und in jeden Winkel. Nichts zu sehen. Alles still.
„Weißt du", sagt Tamara Pawliwna und spült die ohnehin saubere Teekanne, „irgendwie ist es mit dir sogar lustiger, mein Ratzileinchen. Früher war ich so einsam, hatte keinen, mit dem ich reden konnte. Und jetzt rede ich pausenlos. Erzähle dir alles. Quassele wie ein Marktweib. Nimms mir nicht übel. Willst du noch Wurst? Ich habe eine ganze Fleischwurst gekauft, die gute Moskauer. Lecker und schön fett."

Diesen Kuss würde Omeljan nie vergessen. Nie zuvor hatte Alewtyna ihn so geküsst. So leidenschaftlich. Sie hatte sich über ihn gebeugt, wie er fieberfeucht, ausgezehrt und unglücklich auf dem Sofa lag, und auf die Lippen geküsst. Omeljan war schwin-

delig geworden. Dann war er ruhig und beglückt. Seine Angst war verflogen.
„Alewtyna“, krächzte er, „sag mir die Wahrheit. Liebst du mich?“
Alewtyna sah ihn hingebungsvoll an. Dreißig Sekunden lang, eine Minute, zwei. Omeljan wartete, und die Warterei fand er unheimlich lästig. Er wollte, dass sie „ja“ sagte. In diesem unendlich langen Moment hätte er seine plumpe Rattenseele dafür hergegeben, dass sie „ja“ sagte.
„Ich liebe dich“, antwortete Alewtyna schließlich. Omeljan blühte auf. Die Welt um ihn herum schien im Glück zu ertrinken.
„Ich wusste es“, sagte Omeljan. „Und jetzt bring mir was zu essen, Alewtyna.“

Mit einem verzweifelten Schrei schreckt Tamara Pawliwna aus ihrem blütenweißen Bett hoch, dieses Mal aus einem anderen Grund. Der Feind trägt keine Schuld. Sie hatte einen Alptraum. Sie hat von Sofia Rotaru geträumt.
„Ratzi-Schatzi!“, lockt Tamara Pawliwna, „Mir geht es nicht gut. Ich hatte einen schrecklichen Traum.“
Tamara Pawliwna ist ein Fan von Sofia Rotaru. Sie sieht sich im Fernsehen jedes Konzert von ihr an. Liest in der Zeitung alle Artikel und ist über die kleinste Kleinigkeit in ihrem Leben informiert. Tamara Pawliwna glaubt, nein, sie ist sich ganz sicher, dass Sofia Rotaru das weiß. Sie muss Tamaras tiefe Liebe spüren. Bei den Fernsehkonzerten schaut Sofia Rotaru sie ja immer direkt an. Tamara Pawliwna hat sogar ein Experiment gemacht. Sie ist zur Seite, vom Fernseher weggegangen, aber Sofia Rotarus Augen sind ihr gefolgt. Sie singt nur für Tamara Pawliwna. Sie liebt sie auch. Da ist sich Tamara Pawliwna ganz sicher.
„Und dann“, heult Tamara Pawliwna, „habe ich geträumt, dass ich in einem Saal bin, auf einem Konzert von ihr. Ich hatte Geld gespart für eine Eintrittskarte, habe einen großen Strauß Rosen gekauft und gewartet. Sofia Rotaru stand auf der Bühne und sang wie immer hinreißend. Sie hat nur auf mich geschaut. Das habe

ich sofort bemerkt. Ich habe ihr zugelächelt, und sie hat zurückgelächelt. Ich bin so glücklich, weil ich mich nicht geirrt habe. Sofia Rotaru kennt mich, sie hat darauf gewartet, dass ich endlich zu einem Konzert komme, ihr einen Strauß Rosen schenke und mit ihr rede.

Sie liebt mich auch. So muss es sein, Ratzilein, dass die Liebe von beiden Seiten kommt, so gehört es sich. Das Konzert geht zu Ende, sie bekommt riesige Mengen Blumen, aber ich habe es nicht eilig. Ich warte, bis sich die Masse verzogen hat. Ich möchte mit ihr allein sein. Endlich sind nur noch wir zwei übrig. Der Saal ist leer. Nur noch sie und ich. Ich bin glücklich und sie auch. Ich halte ihr meinen Strauß hin. Sofia Rotaru bedankt sich. Ich sage: Ich bin gekommen. Sie: Vielen, vielen Dank. Kommen Sie wieder! Ich verstehe nichts. Wahrscheinlich traut sie sich nicht, den ersten Schritt zu machen, denke ich. Ich fasse ihre Hand, erhasche ihren Blick und sage: Ich bin's, erkennst du mich nicht? Sofia Rotaru zieht ihre Hand weg, stößt mich von sich und will gehen. Sie hat wahrscheinlich Angst, denke ich. Ich sage: Du brauchst keine Angst zu haben, ich bin's, du hast doch auf mich gewartet, nicht wahr? Und da, mein Ratzi, passiert etwas Schreckliches. Etwas Furchtbares. Zwei kräftige Männer packen mich unter den Armen und schleppen mich zum Ausgang. Ich schreie, flehe, wehre mich, aber sie sind hart wie Stein. Ich schreie: Sofia, Sofia, wo bist du? Stoß mich nicht zurück! Ich bin's! Ich liebe dich! Und sie steht auf der Bühne und schweigt. Beobachtet kühl, wie ich auf die Straße geworfen werde wie ein elender Köter. Hinausgeworfen haben sie mich. In eine Pfütze. Ich wälze mich darin, Tränen der Enttäuschung mischen sich mit Schlamm, und ich weiß auf einmal, dass ich ganz, ganz einsam bin, mein Herzchen. So einsam!“

Tamara Pawliwnas Körper bebt unter dem Weinen.

Plötzlich funkeln im Halbdunkel zwei rote Pünktchen. Die roten Pünktchen kommen näher. Sie sind schon ganz nah.

„Ratzi, bist du das?“

Kleine, aber sichere Schritte kommen auf Tamara Pawliwnas Bett getrippelt.
„Mein Schatz, bist du gekommen, um mich zu trösten?"
Tamara Pawliwna hört auf zu weinen. Jetzt ist der richtige Moment da. Da ist die rötliche Schnauze ihres Feindes, direkt vor ihrem Gesicht. Tamara Pawliwna streicht dem Ratz übers Fell, der Ratz leckt ihre Finger. Eine schnelle Bewegung, eine kleine Kraftanstrengung, und Tamara Pawliwna ist wieder frei. Der dürre Hals knackt, das war's schon. Da war er, der richtige Moment.

Alewtyna machte Omeljan einen großen Teller Bratkartoffeln. Omeljan liebte Bratkartoffeln. Die Kartoffeln dampften noch, ganz heiß waren sie, direkt aus der Pfanne, mit Zwiebeln und Pfeffer. Omeljan stellte den Teller vor sich hin und sog voller Vorfreude den Bratkartoffelduft ein.
Alewtyna blieb die ganze Zeit über an seiner Seite wie ein Soldat während einer wichtigen Militäroperation. Sie war ein bisschen blass, aber Omeljan bemerkte das nicht.
„Danke, Alewtynka", sagte Omeljan, „deine Bratkartoffeln sind die besten, braun von beiden Seiten, so mag ich sie am liebsten."
„Lass es dir schmecken, Liebster", antwortete Alewtyna.
Omeljan machte sich über die Kartoffeln her, und Alewtyna sah ihm zufrieden zu.
„Iss, mein Lieber, lass es dir schmecken", sagte sie, „aber kau richtig und schling nicht alles auf einmal runter, kauen ist wichtig."
Omeljan kaute. Er schlang nicht alles auf einmal runter.
Toll, dachte er, wie sich auf einmal alles zum Besseren wenden kann. Noch am Morgen war sich Omeljan sicher, dass sein letztes Stündlein geschlagen hat, und jetzt war er wieder glücklich. Alewtyna liebte ihn, er liebte sie und das Essen. Und er konnte beides haben. Die Liebe und das Essen. Nun konnte er alle Vorsicht über Bord werfen. Der Krieg war zu Ende. Sie würden gemeinsam alt werden und sterben, er und sie auf einem Kissen.
Plötzlich fiel Omeljan die Gabel aus der Hand.

„Alewtyna", rief er, „mir tut der Bauch weh."
„Liebster, das geht vorbei. Das ist nur kurz. Vielleicht hast du zu viel gegessen. Das passiert manchmal."
„Mein Bauch, mein Bauch! Er tut so weh!"
„Mein Armer!"
Omeljan wälzte sich auf dem Bett hin und her. Er schrie. Alewtyna stand reglos daneben wie ein Soldat, der zusieht, wie seine Bombe eine große Stadt zerstört.
„Ich rufe den Notarzt", sagte Alewtyna. „Halt einen Moment durch. Gleich kommt Hilfe."
Und lächelte.
„Alewtyna!" Ein schrecklicher Verdacht stieg in Omeljan auf. „Du hast mich vergiftet! Du hast mich vergiftet!"
„Ja, Liebster", schnurrte Alewtyna, „halt noch einen kleinen Moment durch. Es ist gleich vorbei."

2

Oma Alewtyna sitzt auf der Bank vor dem Hauseingang. Es dämmert. Zum ersten Mal seit zwei langen Wintermonaten weht aus dem Westen ein frischer frühlingshafter Wind. Oma Alewtyna atmet tief ein.
Tamara Pawliwna hat für Oma Alewtyna Zucker gekauft.
„Danke, meine liebe Tamara Pawliwna", sagt Oma Alewtyna. „Wenn Sie nicht wären, müsste ich noch lange meinen Tee ohne Zucker trinken."
„Aber, aber, meine Beste! Wozu sind denn Nachbarn da. Ist doch eine kleine Gefälligkeit, Ihnen Zucker mitzubringen."
Tamara Pawliwna setzt sich zu Oma Alewtyna auf die Bank. Tamara Pawliwna strahlt vor Glück, Oma Alewtyna bemerkt die Verhaltensänderung sofort.
„Meine liebe Tamara Pawliwna, wie geht es Ihnen denn?"

„Danke, gut.“

„Was macht Ihr Gast?“

„Ich habe es genau so gemacht, wie Sie gesagt haben. Und jetzt ist er weg.“

„Wunderbar!“, sagt Oma Alewtyna und reibt sich triumphierend die Hände.

Wie gut, dass Frauen solidarisch sind, denkt sie. Frauen lassen sich in einer schwierigen Situation nicht im Stich.

Tamara Pawliwna kehrt in ihre Wohnung zurück. Sie geht als erstes in die Küche, um sich einen Tee zu machen.

„Heute ist auf Arbeit was Lustiges passiert“, sagt sie laut. „Olena Prokopiw hat sich die Hand gebrochen …“ Sie schlürft den Tee, er ist noch heiß. „In den Geschäften ist wieder alles teurer geworden. Die Packung Eier kostet schon acht Hrywnia.“

Tamara Pawliwna seufzt. Sie schaut irgendwohin in die Mitte der Küche.

„Ich bin so einsam“, sagt Tamara Pawliwna, „ganz einsam. Aber jetzt geht es mir besser. Ich habe ja dich.“

Corvus corax

(Die Krähe)

1

Herbstzeit ist Fotozeit.
Antonina Wassyliwna hat zwei große Fotoalben auf dem Schoß, über die Knie hat sie eine Decke gebreitet.
Shutschka, ihr unansehnliches, räudiges Hundemädchen, jault vor der Tür. Shutschka will raus, ein Pfützchen machen, aber Antonina Wassyliwna schwelgt in Schwermut.
„Shutschka", sagt Antonina Wassyliwna, „kannst du denn nicht ein einziges Mal warten? Ich sehe mir Fotos an. Mir ist nach weinen."
Shutschka jault weiter.
Wann bin ich eigentlich das letzte Mal mit ihr draußen gewesen, überlegt Antonina Wassyliwna. Verdammtes Greisengedächtnis. Gestern? Oder vorgestern? Gestern hatte ich's im Kreuz, da bin ich bestimmt nicht runter gegangen.
„Also gut", sagt Antonina Wassyliwna zu Shutschka. „Du hast gewonnen. Komm."
Antonina Wassyliwna steht auf, und Shutschka wedelt freudig mit ihrem Schwanzrest, zwei Drittel des Schwanzes hatte ihr die Aufzugstür abgeklemmt.
„So eine Gemeinheit", ruft Antonina Wassyliwna, als sie an die Heizkörper im Wohnzimmer fasst. „Es ist schon November, und sie denken gar nicht dran, die Heizung anzustellen."
Sie zieht ihren abgewetzten, bordeauxfarbenen Jersey-Übergangsmantel an, der früher einmal ganz in Mode war. Streicht den Polarfuchskragen glatt. Zieht ihre schwarzen Stiefel an, am rechten geht wie immer der Reißverschluss auf.
Ich muss mir unbedingt neue Stiefel kaufen, denkt Antonina

Wassyliwna, sonst kann ich bald gar nicht mehr mit Shutschka nach draußen. An der Metrostation Minska hat vor kurzem ein neues Schuhgeschäft eröffnet, *Schuhe für 50 Hrywnia* heißt der Laden. Antonina Wassyliwna hat im Schaufenster ein Schild mit bunten Kugeln gesehen, auf dem stand: „Neueröffnung". Da muss ich mal rein. Wenn's den Laden schon gibt, sollte man auch mal vorbeischauen.

Im Flur bleibt Antonina Wassyliwna wie angewurzelt stehen und horcht.

Das kann doch nicht wahr sein! Schon wieder?! Das ist doch die Höhe! Die Leute wissen überhaupt nicht mehr, was sich gehört!

„Na, die können was erleben!", ruft Antonina Wassyliwna. „Shutschka, komm!"

Sie verlässt die Wohnung und fährt mit dem Aufzug ins Erdgeschoss. Shutschka kommt auf der Treppe hinterher.

Hier, im Erdgeschoss, ist die Musik lauter. Antonina Wassyliwna folgt dem Geräusch.

Meine Augen sind vielleicht nicht mehr die besten, aber meine Ohren sind noch intakt, denkt sie. Was die sich rausnehmen, keinen Respekt, die Leute.

In der Wohnung Nummer 6 ist die Tür angelehnt. Antonina Wassyliwna tritt forsch ein. Shutschka trippelt ihr nach.

Denen werde ich zeigen, was eine Disko ist, denkt Antonina Wassyliwna. Da singen sie gleich doppelt so schön!

Die Wohnung ist nicht eingerichtet. Es gibt weder Möbel noch Hausrat. Der Flur und ein Zimmer sind verspiegelt. Das irritiert Antonina Wassyliwna zuerst. Ihr Spiegelbild gefällt ihr nicht.

Was bin ich doch alt und krumm geworden, denkt sie.

Auf dem Fensterbrett steht – voll aufgedreht – ein riesiger Kassettenrekorder. Antonina verzieht das Gesicht, Shutschka stimmt mit einem Kläffen ein.

„Halt den Mund, Shutschka, mir steht's auch so bis hier!"

Antonina Wassyliwna blickt sich um und sucht nach einem Opfer.

Auf einmal steht eine merkwürdige männliche Gestalt in Seidenhemd und Glitzer vor ihr.
„Um Gottes Willen, was ist denn hier los?“, murmelt Antonina Wassyliwna vor sich hin.
Der Faun starrt den Gast einen Moment lang an, schwebt dann mit einem merkwürdigen Schritt auf den Rekorder zu und stellt ihn leiser.
Der ist schwul, denkt Antonina Wassyliwna, oder schlimmer noch, eine Tunte. Wo bin ich denn hier hingeraten? Der erwürgt mich kurzerhand, wenn's drauf ankommt, und keiner kriegt was mit.
„Was wollen Sie?“, fragt die Gestalt in Seidenhemd und Glitzer. Der Mann ist ziemlich jung und braungebrannt, wie Antonina Wassyliwna auffällt, die Haare sind gegelt, das Gesicht geschminkt. Hellblaues Seidenhemd mit einer Rüsche über der entblößten Brust, schwarze, weite Hosen mit Zierstreifen, Lackschuhe mit Absatz.
„Junger Mann, warum haben Sie sich denn rausgeputzt wie ein Clown?“, fragt Antonina Wassyliwna wütend, als ginge sie das etwas an.
„Was kümmert Sie das? Was wollen Sie eigentlich hier?“
„Ein bisschen mehr Respekt, bitte!“, erwidert Antonina Wassyliwna. „Wenn Sie mir schon keine Achtung entgegenbringen, dann respektieren Sie wenigstens mein Alter!“
„Ich habe Ihnen nichts getan.“
„Von wegen. Allein von Ihrem Anblick steigt mir die Schamröte ins Gesicht.“
„Ich habe Sie nicht gebeten, mich anzuschauen.“
„Junger Mann, Sie leben hier nicht auf einer einsamen Insel. Auf einer Insel können Sie meinetwegen auch im Rock rumlaufen oder nackt, wenn Ihnen danach ist. Aber hier, wo noch andere Leute sind, ziehen Sie sich doch bitte so an, wie es sich für einen Mann gehört!“
Der junge Mann merkt, dass sich der Konflikt nicht so schnell

aus der Welt schaffen lässt, schaltet den Rekorder ganz aus und tritt näher an Antonina Wassyliwna heran.
„Also, verehrte Frau …, was wollen Sie von mir?"
„Antonina Wassyliwna. Ich heiße Antonina Wassyliwna."
„Antonina Wassyliwna, was …"
„Es heißt ‚Antonino Wassyliwno', so ist die korrekte Anrede im Ukrainischen."
Der junge Mann reißt sich mühsam zusammen.
„Antonino Wassyliwno! Was wollen Sie von mir?"
Antonina Wassyliwna richtet sich in ihrer ganzen Würde auf, soweit es ihr Alter zulässt.
„Ihre Musik ist zu laut."
„Aber ich habe ein Recht darauf", regt sich der junge Mann auf.
„Natürlich haben Sie ein Recht, aber andere haben auch Rechte, vergessen Sie das nicht. Und Ihr Recht, junger Mann, endet da, wo das der anderen anfängt."
„Jetzt ist Tag, Antonin… wie war's noch mal richtig?"
„Jetzt machen Sie sich mal nicht über mich lustig. Ich will, dass Sie Ihre dämliche Musik ausmachen."
„Musik hören ist bis zehn Uhr abends erlaubt."
„Wenn sie keinen stört."
„Stört sie Sie denn?"
„Und ob! Sie stört mich und Shutschka auch."
„Wer ist denn Shutschka?"
„Shutschka ist meine Hündin. Die Musik regt sie auf, sie fängt an zu jaulen. Können Sie sich vorstellen, was in meiner Wohnung los ist, wenn Sie hier andauernd Ihren Rekorder anwerfen?"
Der junge Mann sieht an den Füßen von Antonina Wassyliwna den räudigen schwanzlosen Vierbeiner, eine Mischung aus Schoßhund, Pudel und wohlgepflegtem Straßenköter. Er muss lachen.
„Wüsste nicht, was hier komisch ist", sagt Antonina Wassyliwna. „Wenn Sie Ihre Kiste weiter aufdrehen, hole ich die Polizei."
„Die Polizei? Habe ich etwa ein Verbrechen begangen?"

„Ja, Sie stören mich. Sie stören mich beim … Leben."
Antonina Wassyliwna dreht sich um und will gehen.
„Shutschka! Komm."
Aber Shutschka ist beschäftigt. Die Musik und das Warten haben ihre Harnblase überstrapaziert.

„Probt die Alte hier den Aufstand!"
Antonina Wassyliwna erspäht durch den Türspalt ihren Nachbarn von unten.
„Oho, ganz anderer Aufzug?", sagt sie, „Jeans und T-Shirt stehen Ihnen auch viel besser."
„Warum haben Sie die Polizei gerufen?"
„Ich hatte Sie gewarnt. Und ich werde es wieder tun, wenn es nötig sein sollte."
Der junge Mann seufzt erschöpft.
„Vielleicht können wir uns irgendwie einigen?"
„Glaube ich nicht."
„Ich brauche die Musik."
„Ich nicht."
„Sie verstehen das nicht."
„Hören Sie mal", sagt Antonina Wassyliwna. „Es interessiert mich nicht, was Sie da unten in Ihrer Bude treiben. Aber machen Sie das doch bitte in Zukunft leise. Stille ist gut für junge Leute. Wenn es still ist, kann man gut nachdenken. Und Sie denken wahrscheinlich ziemlich selten, wie's mir scheint."
Im Türspalt taucht Shutschka auf. Sie kläfft freudig.
„Ihr Witzbild von Hund hat auf mein Parkett gepinkelt", sagt der junge Mann kraftlos.
„Shutschka ist älter als Sie, dass Sie's wissen."
Antonina Wassyliwna schlägt die Tür zu.
Überlegt einen Moment und öffnet erneut.
Der junge Mann steht noch am selben Fleck.
„Ich bin ja nicht neugierig, aber wissen … würde ich es doch gern. Was machen Sie da unten eigentlich?"

„Ich tanze."
„Sie tanzen?"
„Ich tanze."
Schweigend kehrt Antonina Wassyliwna in ihre Wohnung zurück.
Verflixt, denkt sie, mein Temperament bringt mich noch ins Grab.

Nur nicht aufstehen … Nur nicht aufstehen … Oh je.
Antonina Wassyliwna öffnet die Augen. Sie sieht zwei Krähen, die auf der Stromleitung sitzen und sie anschauen.
Shutschka leckt Antonina Wassyliwna die Füße.
„Was mach ich jetzt bloß?", seufzt Antonina Wassyliwna. „So früh kann man doch noch nichts anfangen."
Keine Lust zu lesen. Keine Lust auf Fernsehen. Keine Lust, aus dem Fenster zu schauen, draußen ist es trübe. Zu nichts Lust.
Antonina Wassyliwna fallen die alten Fotos ein. Die wären doch was.
Mach dir doch nichts vor, sagt sie sich. Du kennst die Fotos in- und auswendig. Du bist schon so lange alt.
Antonina Wassyliwna quält sich aus dem Bett. Wickelt sich in ihre Decke. Nimmt das erstbeste Buch aus dem Regal und macht es sich im Sessel bequem. Schlägt eine beliebige Stelle auf. Achmatowa.
„Ich habe gelernt, einfach und klug zu leben."
Klar doch, denkt Antonina Wassyliwna, habe ich gelernt. Jetzt erst. Ich lebe einfach, aber so, dass es mir Spaß macht. Es geht mir gut. Ich habe meine Ruhe. Sogar ein paar Zukunftspläne habe ich. Und ein paar Leute, mit denen ich mich ab und zu treffe und schwatze. Ich bin die Hauptsache. Ich komme gut allein zurecht. Was will man mehr? Das ist doch die Hauptsache, dass es einem gut geht.
„Ich habe gelernt, einfach und klug zu leben."
Die Zeile verströmt eine gewisse Schwermut, eine schmerzhafte,

bittere Einsamkeit. Das betrifft mich nicht, denkt Antonina Wassyliwna. Ich bin nicht einsam. Was ich alles habe.
„Shutschka, willst du raus?“
Shutschka will immer raus. Sie wedelt fröhlich nach allen Seiten mit ihrem Schwanzdrittel. Und leckt Antonina Wassyliwna die Füße.
„Hör auf damit, Shutschka! Ich habe mir seit Ostern die Füße nicht gewaschen.“

Vielleicht habe ich nicht alles erreicht, was ich wollte, denkt Antonina Wassyliwna, während sie über den Markt läuft und nach aufgerahmter Sahne Ausschau hält. Längst nicht alles. Aber alle Leute wollen immer viel mehr, als sie schaffen. Das ist normal. Man muss das Unmögliche wollen, um wenigstens etwas zu erreichen.
„Ist das natürliche oder homogenisierte Sahne?“
Die Milchfrau mustert Antonina Wassyliwna.
„Welche wollen Sie denn?“
„Natürliche.“
„Ist alles natürliche Sahne. Hier, probieren Sie. Nicht die saure Sahne, die Schlagsahne. Die ist noch flüssig, weil sie ganz frisch ist. Aber über Nacht wird die im Kühlschrank so fest, dass Sie sie morgen kaum schneiden können.“
Ich habe mir zum Beispiel nie die Haare gefärbt, obwohl ich das immer wollte, denkt Antonina Wassyliwna.
„Ist das Ihre Sahne, selbstgemacht?“, fragt sie die Verkäuferin.
„Selbstverständlich! Was denn sonst?“
„Haben Sie denn eine eigene Kuh?“
„Also hören Sie mal! Wo soll ich denn die Sahne hernehmen, wenn ich keine Kuh habe, he?“
„Und wie heißt Ihre Kuh?“
Die Verkäuferinnen an den Nachbarständen, die schon die ganze Zeit das Gespräch belauscht haben, prusten vor Lachen los. Die Milchfrau ist ganz durcheinander.

„Wie sie heißt? Sie hat keinen Namen. Kuh und fertig. Braucht sie etwa einen Namen?"
„Ich habe zum Beispiel eine Hündin", sagt Antonina Wassyliwna. „Und die heißt Shutschka."
„Ja, bei einem Hund ist das was anderes, aber das ist eine Kuh."
„Das spielt doch keine Rolle."
„Das spielt keine Rolle? Ihre Hündin gibt keine Milch!"
„Ihre Kuh auch nicht", sagt Antonina Wassyliwna und geht zum nächsten Stand.
Und in Buenos Aires war ich auch noch nie, denkt sie. Es gibt so viele Orte, an denen ich noch nie gewesen bin.

Vorsichtig drückt Antonina Wassyliwna auf den Klingelknopf an der Wohnung im Erdgeschoss. Einen Moment später öffnet sich die Tür.
„Sie?"
„Ich freue mich auch, Sie zu sehen. Kann ich reinkommen?"
„Was wollen Sie denn? Ich habe keine Musik an."
„Eben darüber wollte ich mit Ihnen sprechen."
Unaufgefordert betritt Antonina Wassyliwna die Wohnung.
Der Tänzer trägt das blaue Seidenhemd mit den Rüschen auf der Brust und die schwarzen Hosen mit den Seitenstreifen. Dieses Mal gefällt Antonina Wassyliwna der Aufzug.
„Entschuldigen werde ich mich nicht", sagt Antonina Wassyliwna fest.
„Hab ich auch nicht erwartet."
„Fürs Tanzen gibt es eigentlich andere Orte. Kulturhäuser zum Beispiel."
Der junge Mann schweigt.
„Aber ich möchte Ihnen einen Vorschlag machen." Antonina Wassyliwna überlegt einen Moment. „Sie dürfen die Musik einschalten, wenn …"
„Wenn?"
„Wenn ich kommen und zuschauen darf."

„Zuschauen wobei?“
„Wie Sie tanzen.“
Sie stehen sich gegenüber wie Raubtier und Opfer. Aber das Opfer sträubt sich. Wenn Antonina Wassyliwna einen Bart hätte, würde sie jetzt geheimnisvoll in ihn hineinlächeln.
„Das ist Erpressung“, sagt der junge Mann.
„Das ist ein seriöses Angebot.“
„Es gibt aber nichts zu sehen.“ Das Opfer hebt verwirrt die Arme. „Es ist nicht interessant zuzuschauen, wie ich trainiere. Und ich mag das nicht.“
„Beachten Sie mich einfach nicht. Ich sitze nur still in der Ecke und sage nichts. Bin stumm wie ein Fisch.“
„Und was bringt Ihnen das?“
Antonina Wassyliwna entfährt ein falsches greisenhaftes Seufzen. „Wissen Sie, ich bin schon seit fünf Jahren in Rente. Ich langweile mich schrecklich.“
„Dann gehen Sie doch ins Theater.“
„Junger Mann, Sie wollen mich doch nicht etwa belehren, was ich zu tun und zu lassen habe! Wenn ich ins Theater gehen wollte, würde ich schon gehen. Wie heißen Sie eigentlich?“
„Viktor.“
„Und, Viktor, schlagen Sie ein?“
Viktor kratzt sich ratlos am Hinterkopf.
„Sie sind eine echte Plage“, sagt er leise.
„Sie hätten es schlimmer treffen können, glauben Sie mir.“
„Also gut. Kommen Sie meinetwegen. Aber wenn Sie mich stören, … “
„Ich werde Sie nicht stören. Versprochen.“
Zufrieden reibt sich Antonina Wassyliwna die Hände.
„Fangen wir an“, sagt sie, als wäre sie die Herrin im Haus, „ich hole nur schnell Shutschka.“
„Von Shutschka war nicht die Rede!!! Die pinkelt mir aufs Parkett!“
„Viktor“, sagt Antonina Wassyliwna deutlich, in belehrendem Ton, „Sie müssen lernen, die Dinge mit der nötigen Würde zu nehmen.“

2

Er tanzt – und sie sitzt auf einem Hocker in der Zimmerecke und schaut zu. Die Hände in den Schoß gelegt. Den Kopf gedankenverloren gesenkt.

Hin und wieder erhascht er im Spiegel ihren Blick. Kommt aus dem Rhythmus und beginnt von vorn.

Shutschka schlummert friedlich neben dem Hocker, manchmal wacht sie auf, dann jault sie lange und herzzerreißend.

„Alles an Ihnen glänzt, sogar die Schuhe", sagt Antonina Wassyliwna plötzlich.

Viktor tut so, als hätte er es nicht gehört, blickt aber doch scheinbar zufällig auf seine Schuhe. Normale lacküberzogene Herrenschuhe zum Tanzen. Er senkt die Schultern und tanzt weiter. Sein hellblaues Atlashemd wird unter den Armen und am Rücken feucht vom Schweiß.

Eine Stunde vergeht, er tanzt ununterbrochen. Mehrmals wiederholt er ein- und dieselben Bewegungen. Dreht sich. Wirft die Beine nach vorn und zur Seite. Lässt das Becken kreisen.

„Sie wackeln schlimmer mit dem Po als ein … leichtes Mädchen", kommt es von Antonina Wassyliwna.

„Gefällt's Ihnen etwa nicht?"

Antonina Wassyliwna gerät ins Stocken.

„Weiß nicht. Sieht jedenfalls unanständig aus."

„Jeder Tanz hat etwas Unanständiges."

„Ich habe früher mal in einem Laienensemble getanzt. Dort war alles anständig. Was ich sagen wollte: Wir haben da nicht mit dem Hintern gewackelt."

Viktor antwortet nicht. Antonina Wassyliwna knetet beschämt ihre Finger.

„Ich war aber nicht lange dabei. Die Leiterin war der Meinung, ich würde nicht in die Truppe passen. Weil ich angeblich zu dick bin. Dabei hat sie mindestens 100 Kilo gewogen."

Shutschka hebt verschlafen den Kopf und jault.

„Nehmen Sie's ihr nicht übel", entschuldigt sich Antonina Wassyliwna für die Hündin. „Sie hört selten Musik. Sie liest lieber."

Nadja, Antonina Wassyliwnas Busenfreundin, kommt ein bis zweimal pro Monat auf einen Tee und um nach dem Rechten zu schauen. Antonina Wassyliwna spürt es körperlich, wenn Nadja im Anmarsch ist. Antonina Wassyliwna reagiert auf Nadja wie manche Leute mit hohem Blutdruck auf Wetterumschwünge.

„Nadeshda! Na, das ist aber eine Überraschung!", ruft Antonina Wassyliwna noch in der Tür.

Nadja ist schon lange zu Nadeshda geworden. In ihrer Jugend hat sie immer den Sowjetschlager *Nadeshda, mein Kompass auf Erden* gesungen.

„Wie geht's dir denn?" Nadja geht gleich ins Wohnzimmer, macht es sich im Sessel am Fenster bequem und seufzt. „Nun erzähl schon", sagt sie.

Antonina Wassyliwna kennt das Szenario. Sie setzt sich neben Nadja aufs Sofa.

„Was gibt's groß zu erzählen? Alles wie immer."

Darauf hat Nadja nur gewartet.

„Artemow und Boleslawski sind gestorben. Artemow hatte einen Herzinfarkt, Boleslawski Zucker."

Bekümmert denkt Antonina Wassyliwna an Artemow und Boleslawski.

„Es sterben immer nur Männer", sagt Nadja, „ist dir das schon aufgefallen? Immer nur die Männer."

„Ihr Lebenserwartung ist geringer", sagt Antonina Wassyliwna, um das Gespräch in Gang zu halten.

„Das hat doch mit der Lebenserwartung nichts zu tun, Antonina! Die Männer sterben aus zwei Gründen: Entweder werden sie von ihren Frauen gepiesackt, wie Artemow zum Beispiel. Der war doch immer gesund. Hat Sport gemacht! Und der zweite Grund: Alkohol und ein ungesunder Lebenswandel."

Nadjas Blick schweift durchs Zimmer auf der Suche nach kompromittierenden Dingen. Nadja weiß alles und schafft alles. Nadja ist Gottes rechte Hand auf Erden.

„Wie wär's mit einem Tee, Nadeshda?"

„Gerne. Aber zwei Löffel Zucker, denk dran. Kann ich überhaupt nicht verstehen, wie jemand Tee ohne Zucker trinkt."

Sie gehen in die Küche. Ungeniert schaut Nadja in den Kühlschrank und in den Mülleimer, und Antonina Wassyliwna tut so, als hätte sie es nicht bemerkt. Alles nach dem gewohnten Szenario.

„Und was gibt es bei dir Neues?", fragt Antonina Wassyliwna und füllt den Sud in der Teekanne mit kochendem Wasser auf.

„Ach, ich baue mir langsam ein soziales Leben auf."

„Ein soziales Leben?"

„Ich organisiere eine Disko für 60 plus, wie findest du das? Jeden Freitag. Du musst unbedingt kommen."

Antonina Wassyliwna lacht.

„Nadeshda! Was für eine Schnapsidee! Eine Disko?"

„Na, du wirst mir noch dankbar sein!" Eingeschnappt verzieht Nadja ihre winzigen verschrumpelten Lippen. „Drei Monate lang habe ich nach dem passenden Ort gesucht! Alles passt, Livemusik, Männer und Frauen etwa fifty fifty, sogar ein paar mehr Männer."

„Ich dachte, die Männer sind alle tot …"

„Antonina, jetzt hör doch auf zu stänkern. Meine Freunde sind alle total begeistert. Dascha Metschnikowa hat sich sogar extra neue Klamotten gekauft. Die Weiber machen richtig einen auf Staat. Dauerwelle, Anti-Aging-Creme …"

„Du hast sie doch nicht mehr alle, Nadeshda."

„Wieso denn? Ich verstehe dich nicht, Antonina. Was willst du denn? Die Hände in den Schoß legen und auf den Tod warten, nur weil du über 60 bist? Das ist eine reale Chance, auf die alten Tage noch mal einen Mann zu finden."

Antonina Wassyliwna springt wütend auf.

„Was zum Teufel soll ich denn mit einem Mann? Ich bin mein

Leben lang ohne Mann ausgekommen, ich bin doch nicht von Sinnen."

„Hör auf zu schreien, Antonina." Nadja legt die Hände zusammen wie zu einem Gebet. „Ich will dir was sagen: Im Alter braucht man einen Mann noch mehr als in jungen Jahren. Wenn man jung ist, hat man ruck zuck alles selbst erledigt. Aber wenn man alt ist, möchte man nicht allein sein. Das muss ich dir nicht sagen. Das weißt du selbst. Möchte bloß wissen, warum du dich jetzt so aufführst."

„Trink deinen Tee, Nadeshda, sonst wird er kalt."

Sie trinken schweigend Tee. Die beiden schwarzen Krähen sitzen auf der Stromleitung vorm Fenster. Antonina Wassyliwna kann ihre Schnäbel gut erkennen.

Plötzlich reckt Nadja ihren Hals wie eine Gans und horcht: „Antonina", ruft sie, „wie hältst du das nur aus? Die Musik dröhnt so laut, dass gleich die Lampe von der Decke kommt."

Vorsichtig stellt Antonina Wassyliwna die Teetasse auf der Untertasse ab.

„Ich würde an deiner Stelle die Polizei rufen!"

„Hab ich schon", sagt Antonina Wassyliwna gelassen. „Das nützt nichts."

„Also die jungen Leute heute, das ist doch unglaublich. Hör mal, wenn du willst, dann geh ich zu denen hin und mach denen so die Hölle heiß, dass sie von Musik ein für alle Mal die Nase voll haben!"

„Ach, lass mal, Nadeshda, ich werd mit denen schon selber fertig."

„So bist du schon immer gewesen." Nadeshda faltet wieder ihre Hände, als wollte sie beten. „Das ist unter deinem Niveau, dass du dich wehrst." Nadja stürzt ein letztes Mal durch die Wohnung, reimt sich in ihrem kleinen Kopf was zusammen, schnalzt und ist schon wieder unterwegs auf der Suche nach neuen Todesfällen und Gerüchten.

„Hör mal, Antonina, wenn du nicht zu meiner Disko kommst, dann sind wir die längste Zeit Freundinnen gewesen. Die Dis-

ko ist am Freitag. Ich ruf dich vorher noch mal an. Und wenn du keinen Mann willst, dann triffst du wenigstens ein paar alte Bekannte. Und hockst nicht hier rum wie ein Tier in der Höhle."
„Gott sein Dank", murmelt Antonina Wassyliwna, als die Tür hinter Nadja zu ist.
Aber das heißt noch längst nicht, dass jetzt Ruhe ist. Bis zum Abend schwirrt ihr das *Nadeshda, mein Kompass auf Erden* im Kopf herum.

Zuerst versteht Antonina Wassyliwna nicht, was los ist.
Sie hat gut geschlafen, ihr tut nichts weh, sie hat nicht schlecht geträumt. Sie steht auf und läuft wie gewohnt zum Fenster. Schaut nach, ob die Welt noch an ihrem Platz ist. Ist sie, aber sie ist weiß.
„Shutschka, der erste Schnee", sagt Antonina Wassyliwna leise.
Mit freudigem Gebell springt Shutschka aufs Fensterbrett.
„Jetzt wird alles leichter", sagt Antonina Wassyliwna. „Ich mag Schnee. Und Winter. Im Winter werden alle Leute zu Kindern."
Antonina Wassyliwna bekommt schrecklichen Appetit auf Weihnachtsessen. Auf Weihnachtsgrütze und Teigtaschen mit Hering. Beides zusammen. Ein Löffel Weihnachtsgrütze, ein Löffel Teigtaschen mit Hering. Antonina Wassyliwna läuft das Wasser im Mund zusammen. Es muss hundert Jahre her sein, dass sie die Teigtaschen zum letzten Mal gegessen hat.
„Shutschka! Zieh dich an! Wir gehen raus!"
Antonina Wassyliwna reißt den Schrank auf. Der Schrank ist vollgestopft mit Blusen, Kleidern und Pullovern, die verschiedensten Schnitte und Stile.
Also, denkt Antonina Wassyliwna, heute mach ich mich schick. Heute ist ein Festtag.
„Viktor, ich gratuliere Ihnen", flüstert Antonina Wassyliwna feierlich.
„Wozu?" fragt Viktor träge.
„Zum ersten Schnee."

Antonina Wassyliwna gefällt sich. Sie steht im Spiegelzimmer und betrachtet sich von allen Seiten.
„Ich erkenne Sie ja gar nicht wieder, Antonina Wassyliwna, Sie sehen ja aus wie ein Clown! Was ist denn das für eine Bluse? Und dieser Rock! Wollen Sie ins Bordell?"
Viktor ergötzt sich an jedem einzelnen Wort. Auge um Auge, denkt er.
„Und in Sandalen? Draußen ist Winter, und Sie tragen Sandalen. Antonina Wassyliwna, ist mit Ihnen alles in Ordnung?"
„Jungchen, ich habe heute sehr gute Laune, und die wirst du mir nicht verderben, ganz bestimmt nicht. Eher umgekehrt."
„Wie, Sie wollen MIR die Laune verderben?"
Antonina Wassyliwna tut so, als hätte sie es nicht gehört.
„Mir ist da eine geniale Idee gekommen, Viktor."
„Da kriege ich ja gleich Angst."
„Wieso sind Sie gleich so …" Antonina Wassyliwna setzt sich auf den Hocker. „Ich mag Sie gerade, weil Sie so keck sind."
Viktor schaltet den Rekorder aus.
„Wissen Sie", sagt Antonina Wassyliwna, „vor mir haben immer alle gezittert. Sie haben nicht danach gefragt, und ich habe Ihnen nichts erzählt … Aber ich war fast 40 Jahre Lehrerin …"
„Hätte ich mir denken können." Viktor verzieht theatralisch das Gesicht. „So daneben, wie Sie sind. Angeblich werden Lehrer nach einer bestimmten Anzahl von Jahren im Schuldienst vor Gericht nicht mehr als Zeugen zugelassen. Wegen ihrer instabilen psychischen Verfassung."
„Junger Mann! Passen Sie auf, was Sie sagen!"
Antonina Wassyliwna rutscht nervös auf ihrem Hocker hin und her.
„Was stehen Sie rum? Setzen Sie sich", sagt sie.
Viktor stützt sich mit den Ellenbogen auf das Fensterbrett.
„In diesem Zimmer gibt es nur einen Hocker, und auf dem sitzen Sie."
Er lacht spöttisch, und Antonina Wassyliwna registriert, dass ihr dieses Lächeln gefällt.

„Ich habe Literatur unterrichtet."
„Ach! Ich dachte Mathematik. Die Mathe-Tanten sind meistens die unerträglichsten. Die ich hatte, hieß Myroslawa Mykolajiwna, und die hat den Kindern immer mit dem Zeigestock auf die Finger geschlagen."
„Ich habe meine Schüler nie geschlagen!", braust Antonina Wassyliwna auf und fügt dann schon ruhiger hinzu: „Sie haben auch so vor mir gezittert."
„Ich glaube, das ist nicht gut."
„Das glaube ich auch. Aber gezittert haben sie trotzdem. Obwohl ich nicht mal die Stimme erhoben habe. Ich war eine gute Lehrerin."
„Ich kann's mir vorstellen."
Antonina Wassyliwnas Wangen glühen.
‚Wenn er mich damals gesehen hätte, vor 40 Jahren, ob ich ihm gefallen hätte?'
Antonina Wassyliwna steht auf und dreht sich um. Sieht in den Spiegeln sein Spiegelbild. Es beobachtet sie interessiert.
„Antonina Wassyliwna, Sie halten Ihren Rücken so gerade, dass viele Balletttänzer Sie darum beneiden würden."
„Meine verstorbene Großmutter hat mir immer ihre Fäuste in den Rücken gedrückt, wenn ich zusammengesunken bin. Manchmal spüre ich ihre Fäuste heute noch."
Antonina Wassyliwna seufzt.
„Ich habe folgendes beschlossen … Ich werde Ihnen Literaturunterricht geben."
Viktor reißt verwundert die Augen auf.
„Sie verplempern doch mit Ihrem Tanzen nur die Zeit, habe ich Recht? Ich glaube nicht, dass Sie mehr als zehn Bücher gelesen haben. Ganz sicher nicht."
„Aber …"
„Das dauert nicht die Ewigkeit. Ein paar Stunden die Woche. Sie können sich nicht vorstellen, was ich alles Interessantes zu erzählen habe. Literatur ist eine eigene Welt. Ohne Literatur sind Sie ein Niemand. Eine mickrige Laus."

Viktor schweigt.
„Selbst beim Tanzen kommt man nicht ohne Literatur aus, täuschen Sie sich da mal nicht. Ohne Literatur können Sie nicht vernünftig tanzen. Tanz, das ist keine Körpersprache, wie Sie glauben, sondern eine Seelensprache."
Oh je, was fasele ich hier eigentlich, denkt Antonina Wassyliwna.
„Ich brauche aber keinen Literaturunterricht."
Antonina Wassyliwna schaut ihn an und begreift, dass er keinen Witz gemacht hat. Dass er meint, was er sagt. Er braucht keinen Literaturunterricht. Seine Worte klingen ernst und entschlossen. Antonina Wassyliwna zittert, als hätte ihr jemand einen Schlag versetzt. Sie spürt, wie ihr das Blut in die Beine sackt, wie ihr die winzigen Fäuste in den Rücken fahren, und sie hört in ihrem Inneren die Stimme der Großmutter: Wirst du wohl folgen, nichts als Firlefanz im Kopf!
Bin ich blöd, denkt Antonina Wassyliwna, sowas von blöd.
Schweigend verlässt sie das Zimmer, Shutschka fletscht die Zähne und bellt Viktor dreimal bissig an, dann trippelt sie ihrem Frauchen nach.

„Da bist du ja! Toll! Ich wusste, dass du kommst!"
Nadja umarmt Antonina Wassyliwna. Ein beißender Geruch nach Himbeerparfüm für 10 Hrywnia umweht sie.
„Na, wie findest du unsere Disko? Ist doch super, oder?"
Antonina Wassyliwna mustert das gute Dutzend Weiber in mehr oder weniger gutem Zustand, einige mit Stock, andere ohne, geschminkt, aufgedonnert, wie Monsterpuppen sehen sie aus. Die Männer – fünf sind es an der Zahl – fühlen sich deplatziert und versuchen sich hintereinander zu verstecken. Dann sind da noch zwei Musiker. Sie sitzen auf winzigen Klappstühlen und spielen auf zerschrammten Akkordeons.
„Und Livemusik. Wie es sich gehört", sagt Nadja, und dabei blüht sie auf und duftet noch mehr.
Die Musiker spielen einen nostalgischen Wiener Walzer. Zwei

Frauen, die sich ganz sicher nicht kennen, fassen sich ohne ein Wort, ohne die kleinste sichtbare Regung bei den Händen und führen mit den Beinen tanzartige Bewegungen aus, ganz so, als wären sie aus Holz.
„Ich hätte nicht gedacht, dass diese Disko, wie du es nennst, Nadja, in einer Metrounterführung stattfinden würde", sagt Antonina Wassyliwna.
Nadja hat sich schon ein paar Gegenargumente zurechtgelegt.
„Meine Liebe", ruft sie, „die Unterführung an der Metrostation Teatralna ist genau der richtige Ort für eine Disko! Ein echter Ballsaal. Alles aus Marmor, der passende Boden, die Säulen. Und die Akustik erst, hör doch mal!"
Der Wiener Walzer ist in vollem Gange. Andere Frauen haben sich ein Beispiel an den Vorreitern genommen, ebenfalls Paare gebildet und tanzen nun auch. Die Männer stehen nervös rauchend abseits.
„Außerdem", ergänzt Nadja, „ist in dieser Unterführung nie viel los."
„Gott sei Dank", murmelt Antonina Wassyliwna.
Vereinzelte Fahrgäste, die zur Metro gehen oder von dort kommen, bleiben einen Moment lang stehen und schauen dem Treiben verwundert zu.
„Sie begaffen uns wie im Zoo", wirft Antonina Wassyliwna ein.
„Antonina, die beneiden uns! Sieh mal, wie die Weiber in Fahrt sind. Nicht übel. Gleich kommen auch die Männer in Gang. Ist übrigens noch ein Grund, warum ich die Disko hier mache. Damit die Öffentlichkeit uns Alte nicht vergisst. Damit die Öffentlichkeit uns sieht. Begreift, dass wir noch nicht zum alten Eisen gehören."
„Aber wir gehören zum alten Eisen, Nadeshda."
Ein gebeugter Mann mit einem schmierigen Lächeln steht plötzlich vor Antonina Wassyliwna.
„Darf ich bitten, Bürgerin?"
„Ich tanze nicht", weist ihn Antonina Wassyliwna grob zurück.

„Sie geben mir einen Korb? Das gehört sich nicht." Der Alte lächelt noch schmieriger mit seinem gelben Kunstgebiss und zieht Antonina Wassyliwna hartnäckig am Ärmel.

Nadja zwinkert ihr verschwörerisch zu.

„Haben Sie nicht gehört, was ich gesagt habe?" Antonina Wassyliwna versucht den Walzer zu übertönen. „Ich tanze nicht."

„Und warum nicht? Gefalle ich Ihnen nicht?"

„An meinem rechten Stiefel ist der Reißverschluss kaputt."

Der Galan lässt unerwartet von Antonina Wassyliwna ab und kehrt zu seiner gelangweilten Männerrunde zurück.

„Und so was von einer Lehrerin, Antonina", flüstert Nadja. Sie ist puterrot angelaufen und würde Antonina Wassyliwna am liebsten mit bloßen Händen den Hals umdrehen.

„Du blamierst mich als Organisatorin."

„Aber ich habe die Wahrheit gesagt, Nadeshda, hier, schau her." Antonina Wassyliwna bückt sich und präsentiert Nadja den rostigen Reißverschluss am rechten Stiefel.

„Jetzt übertreib's mal nicht! Tickst du noch richtig?"

„Was hab ich denn gesagt?"

„Ach, hör doch auf, Antonina."

Nadja dreht sich um und geht zu dem von Antonina Wassyliwna weggekickten Opa.

„Darf ich bitten, Kostjantin Kostjantinowytsch?"

„Aber gern, Bürgerin."

„Auf meine Freundin müssen Sie nichts geben. Sie steht ein bisschen neben sich. Eine Literaturtante, wissen Sie. Ist bei denen eine Berufskrankheit."

Antonina Wassyliwna läuft die Treppen aus der Unterführung hinauf und geht die Puschkin-Straße entlang Richtung Schewtschenko-Park. Schneeregen fällt. Der rechte Stiefelschaft schleift über den Boden. Der Polarfuchs auf dem Kragen ihres bordeauxroten Jersey-Mantels ist feucht geworden und wirkt nicht mehr geschoren, sondern kahl.

Seh ich erbärmlich aus heute, denkt Antonina Wassyliwna. Fast schon wieder angenehm.

Die nackten schwarzen Kronen der umliegenden Bäume erinnern Antonina Wassyliwna an Bahngleise.

Sie geht in den menschenleeren Park und verlangsamt ihren Schritt. In einem Park ziemt sich ein Spazierschritt, als hätte man einen Puls von 20 Schlägen pro Jahr, denkt sie.

Am Schewtschenko-Denkmal setzt sich Antonina Wassyliwna auf eine nasse, schneeüberstäubte Bank.

Ich habe Ähnlichkeit mit dieser obdachlosen Alkoholikerin, denkt Antonina Wassyliwna, und wenn schon? Wieso ist sie schlechter als ich?

Antonina Wassyliwna denkt an die Alkoholikerin, die sie vor kurzem im Fernsehen gesehen hat. Einen Monat zuvor war sie aus dem Gefängnis entlassen worden. Ihre Haare waren noch immer kurz. Aufgedunsen und schmutzig sah sie aus. Sie saß auf einer Parkbank, vielleicht war es sogar im Schewtschenko-Park, und sagte dem Journalisten: „Ich habe keinen Ausweis. Hab ihn verloren. Und auch kein Geld, dass ich mir einen neuen machen lassen könnte. Für die anderen bin ich kein Mensch. Aber in der Verfassung steht, dass jeder Mensch eine Persönlichkeit ist. Ich bin auch eine Persönlichkeit. Tun Sie was für mich."

Da setzt sich ein Mann um die vierzig zu Antonina Wassyliwna, er ist gekleidet wie ein Angler bei schlechtem Wetter. Unter seinem Arm klemmt ein Schachspiel.

„Schach?", sagt Antonina Wassyliwna, „spielen wir eine Partie?"

Der Mann schaut Antonina Wassyliwna verächtlich an.

„Ich spiele um Geld."

„Gut. Ich setze meine Stiefel … besser gesagt, 50 Hrywnia."

Der Mann sieht Antonina Wassyliwna noch einmal an, dieses Mal misstrauisch.

„Hat dich jemand geschickt?"

„Nein, ich bin Lehrerin."

„Zeig mal dein Geld her, damit ich sehe, ob du überhaupt welches hast."
Antonina Wassyliwna holt 50 Hrywnia aus ihrer Tasche.
„Gehen wir unters Dach. Hier werden die Figuren nass."
Sie gehen auf den kleinen Platz vor den öffentlichen Toiletten.
Im Handumdrehen hat der Mann die Figuren auf dem Brett verteilt.
„Kennst du wenigstens die Regeln?", fragt er Antonina Wassyliwna.
Sie schweigt und macht mit Weiß den ersten Zug.
Nach zwanzig Minuten ruft Antonina Wassyliwnas Gegner verwundert:
„Das Fräulein spielt auf Sieg, schau an!"
„Ich gewinne immer. Matt in zwei Zügen", sagt Antonina Wassyliwna gelassen. „Her mit den 50 Hrywnia."

3

„Viktor?"
„Sie waren schon eine Woche nicht da. Ich hatte Angst, dass Ihnen was passiert ist."
„Keine Sorge. So schnell trete ich nicht ab."
Viktor tänzelt auf dem Fußabtreter herum. Das war einmal Antoninas Lieblingsnachthemd.
„Wollen Sie vielleicht einen Tee und etwas Gebäck?"
Viktor tritt in den Flur und zieht brav seine Schuhe aus.
Seit 40 Jahren hat außer dem Klempner kein Mann diese Wohnung betreten, denkt Antonina Wassyliwna.
„Haben Sie mich vermisst?", fragt Antonina Wassyliwna. Und lächelt. Auf einmal geht es ihr richtig gut.
„Ich vermisse unseren Streit." Viktor lächelt auch. In seinen Augen blitzt das gewohnte Fünkchen Spott.
„Na, dann lassen Sie uns streiten."
„Na, dann los."

Schnell macht Antonina Wassyliwna ihr Bett und schiebt dabei mit dem Fuß einen Stapel Bücher in die Ecke.
„Setzen Sie sich in den Sessel am Fenster. Das ist mein Gästesessel."
Viktor setzt sich.
„Was lesen Sie gerade?", fragt er.
„Höflichkeit steht Ihnen nicht, Viktor. Sie müssen mit mir nicht unbedingt über Bücher sprechen."
„Es interessiert mich wirklich."
„Ich lese nichts Neues mehr. Ich nehme mir die alten Sachen noch mal vor." Antonina Wassyliwna stellt zwei Tassen und einen Teller Gebäck auf den Couchtisch.
„Nehmen Sie Zucker zum Tee?"
„Nein."
„Wie alt sind Sie eigentlich, Viktor?"
„Zwanzig. Und Sie?"
„Fünfundzwanzig."
„Sie sehen aber jünger aus."
„Danke."
Shutschka schaut den Gast ungläubig an.
„Was machen Sie eigentlich den lieben langen Tag, Antonina Wassyliwna?"
„Ich werde alt."
„Das muss furchtbar langweilig sein."
„Wieso das denn? Letzten Freitag war ich zum Beispiel auf einer Disko."
„Auf einer Disko?"
„Wieso wundert Sie das? Auf einer Disko, ja. Ich hatte unglaublichen Erfolg bei den Männern."
„Herzlichen Glückwunsch." Viktor lehnt sich im Sessel zurück.
„Aber das glaube ich nicht. Sie können doch gar nicht tanzen."
Wütend klatscht Antonina Wassyliwna in die Hände.
„Und ob ich tanzen kann! Ich habe sogar eine Zeitlang in einem Laienensemble getanzt, das habe ich Ihnen doch erzählt."
„Spielen sie in der Disko jetzt ‚Häschen in der Grube'?"

„Jetzt werden Sie aber unverschämt, junger Mann! Man muss nicht unbedingt tanzen können, um bei den Männern anzukommen."
Viktor steht auf.
„Dann zeigen Sie doch mal, wie Sie tanzen können."
Demonstrativ geht er in die Mitte des Zimmers.
„Kommen Sie her! Wir tanzen!"
„Scheren Sie sich zum Teufel!"
„Haben Sie Angst?"
„Ich habe vor nichts Angst."
Antonina Wassyliwna stellt sich Viktor gegenüber.
„Aber ohne Po-Wackeln, wenn ich bitten darf."
„Wie Sie wollen."
Gleich beim ersten Schritt tritt ihm Antonina Wassyliwna auf die Füße.
„Was tanzen wir eigentlich?", fragt sie halb als Frage, halb als Rechtfertigung.
„Einen langsamen Walzer."
„Ich kann den langsamen Walzer nicht leiden."

„Wie lange tanzen Sie schon?"
„Acht Jahre."
„Und warum haben Sie überhaupt angefangen?"
„Meine Cousine war beim Standardtanz angemeldet, hat sich aber nicht getraut, allein hinzugehen. Ich sollte eine Woche als Unterstützung mit. Meine Cousine hat nach einer Woche aufgehört, und ich bin geblieben."
„Warum das?"
„Keine Ahnung."

„Leben Sie allein? Haben Sie keinen Mann und keine Kinder?"
„Nein, niemanden."
„Hm, verstehe. Ist nicht so einfach mit Ihnen, was?"
„Das scheint nur so, glaube ich. Ich hab einfach nie jemanden gebraucht."

„Und jetzt?"
„Jetzt erst recht nicht."
„Entweder belügen Sie mich oder sich selbst."
„Ich lüge nie."

„Welche Tänze mögen Sie am meisten?"
„Samba und Rumba."
„Und welcher ist am schwersten?"
„Der Slow Foxtrott."
„Ich kann den langsamen Walzer nicht leiden."
„Hab ich schon gehört. Und warum nicht? Der langsame Walzer ist der schönste Tanz."
„Ist mir zu romantisch."
„Komisch. Dabei sind Frauen doch meistens romantisch."
„Ich bin ja keine Frau. Ich bin eine alte Schachtel."

„Warum hat Shutschka eigentlich so einen zerfransten Schwanz?"
„Die Fahrstuhltür hat ihr den Schwanz eingeklemmt. Und sie hat gezogen und gezerrt und wollte nicht nachgeben. Seitdem hat sie Angst vorm Fahrstuhl. Läuft nur noch die Treppe."
„Schlaues Tier."
„Hat einfach ein gutes Gedächtnis."

Antonina Wassyliwna bringt noch mal Tee.
„Und, wie habe ich getanzt?", fragt sie Viktor.
„Furchtbar. Weil Sie immer nur nach unten schauen."
„Ich achte auf meine Füße. Dass sie nicht durcheinander geraten."
„Sie müssen nicht auf Ihre Füße achten. Sie müssen dem Rhythmus folgen. Und Ihrem Partner. Der Partner führt, und die Partnerin ordnet sich unter."
„Ich hab mich noch nie jemandem untergeordnet."
Viktor zuckt mit den Schultern.
„Ich erkläre Ihnen ja nur die Regeln fürs Tanzen."

„Keine abrupten Bewegungen! Und jetzt drehen Sie mal langsam den Kopf und schauen Sie aus dem Fenster."
„Was gibt's denn da?"
„Da sitzen zwei Krähen. Auf der Stromleitung."
„Und?"
„Ich sehe sie ganz oft. Fast jeden Tag. Ständig. Sie kommen hergeflogen und schauen mich an."
„Und was wollen sie?"
„Das frage ich mich auch. Was wollen sie von mir?"

4

Ja, was wollen sie von mir?
Antonina Wassyliwna beobachtet das Krähenpaar, und das Paar beobachtet sie. Wie lange leben Krähen überhaupt? Wahrscheinlich so lange wie Menschen. Dann ist das bestimmt das Paar von damals. Antonina Wassyliwna kann sich noch gut erinnern.
Sie – die junge, selbstbewusste Literaturlehrerin – läuft im Schulhaus vom zweiten Stock nach unten. Borja, der Geografielehrer, steht an der Treppe, scheinbar zufällig, aber eigentlich wartet er auf Antonina Wassyliwna. Das macht er schon seit einem halben Jahr.
„Wie geht's Ihnen, Antonina Wassyliwna?", fragt Borja fröhlich. „Wie viele Stunden hatten Sie heute? Wie war's mit der 6b?"
„Welche der drei Fragen soll ich denn beantworten?"
Antonina Wassyliwna lächelt Borja träge an, und Borja strahlt.
„Ach, Sie brauchen gar nicht zu antworten! Läuft alles, seh ich doch."
Schweigend gehen sie zusammen die Treppe hinunter.
Borja strahlt.
Antonina Wassyliwna lächelt träge.
Im Vorbeilaufen zwinkern ihr andere Lehrerinnen zu. Antonina Wassyliwna wird rot. Und sogar ein bisschen ärgerlich.

„Borja“, sagt sie leise und immer noch lächelnd, „warum warten Sie eigentlich immer nach dem Unterricht an der Treppe auf mich?“

„Ich und warten? Ach, wo! Ich habe zufällig da gestanden.“

Erster Stock.

„Also gut, es war kein Zufall“, murmelt Borja, „ich dachte mir, ich könnte Sie ja nach Hause bringen.“

„Wozu denn?“

„Wir könnten uns auf dem Weg ein bisschen unterhalten.“

„Worüber denn?“

„Ach, da fällt uns schon was ein.“

Antonina Wassyliwna antwortet nicht. Ihre Beine werden schwer wie Blei. Sie hat schon so etwas geahnt, wusste aber nicht, wie sie reagieren soll. Und jetzt weiß sie es auch nicht. Ihr wird schwindelig. Ihre Gedanken verheddern sich.

Ist das etwa Liebe? Antonina Wassyliwna wird es ganz mulmig. So hat sie sich das ja nun nicht vorgestellt. Ganz und gar nicht. Liebe muss sich doch anders zeigen. Liebe, das ist nicht Borja.

Und wenn's doch Borja ist?

Antonina Wassyliwna schielt zu Borja, der strahlt zurück. Furchtbar dämlich. Antonina Wassyliwna findet Borjas Lippen viel zu prall, fast unanständig prall für einen Mann. Sie stellt sich vor, wie diese Lippen ihre Lippen berühren, und ihr schnürt sich der Hals zu vor Ekel.

Alle Verliebten sehen dämlich aus, denkt Antonina Wassyliwna.

„Wir könnten über Reisen reden“, schlägt Borja schüchtern vor.

Erdgeschoss.

„Ich bin ja Geografielehrer.“

„Ja, ich weiß.“

„Es gibt viele Orte, an die ich gern mal reisen würde. Nach Buenos Aires zum Beispiel. Und Sie?“

Sie verlassen die Schule. Noch die Außentreppe mit ihren fünf Stufen, und dann werden sie sich verabschieden. Antonina Wassyliwna muss nach rechts, Borja nach links.

Und da entdeckt Antonina Wassyliwna sie. Die beiden Krähen

im Schulhofbaum. Das Krähenpaar schaut sie unverwandt an. Reißt vor Neugier die Schnäbel auf. Ein merkwürdiges jenseitiges Interesse.

Antonina Wassyliwna erstarrt.

Hauptsache, dem Blick standhalten, denkt sie. Und stolpert plötzlich über ihren eigenen Fuß und stürzt die Treppe hinunter. Ein schrecklicher Schmerz durchzuckt ihren Körper. Ihr wird schwarz vor Augen.

„Antonina Wassyliwna", hört sie eine Stimme über sich. „Antonina Wassyliwna, ist alles in Ordnung?"

Sie reißt die Augen auf und sieht über sich den aufgeregten Borja, seine gewölbten Lippen, sieht die Liebe in ihrer ganzen Kraft, vor der es kein Entrinnen gibt.

„Fassen Sie mich nicht an!", schreit Antonina Wassyliwna, so laut sie kann. „Fassen Sie mich ja nicht an!"

Sie schreit so laut, dass auf den Schrei hin Schüler und Lehrer aus der Schule gelaufen kommen. Sie umringen Antonina Wassyliwna, die auf dem Boden liegt und nicht aufstehen kann.

„Antonina Wassyliwna." Borja nimmt sanft ihren Arm. „Was tut Ihnen weh, sagen Sie es mir! Wo tut es weh?"

Antonina Wassyliwna schwillt die Halsschlagader vor Wut und Hass.

„Sie hat einen Schmerzschock", sagt Borja. „Gehen Sie zur Seite. Wir müssen den Notarzt rufen. Antonina Wassyliwna", sagt er zu ihr, „gleich kommt der Notarzt. Bleiben Sie liegen."

Antonina Wassyliwna zieht ihren Arm weg, und dann brüllt sie so laut, wie sie nie zuvor und nie danach in ihrem Leben gebrüllt hat.

„Verpissen Sie sich! Machen Sie, dass Sie wegkommen! Hauen Sie ab in Ihr Buenos Aires!"

Nach Nadja kann man die Uhr stellen. Dieses Mal gibt sie sich distanziert und zeigt deutlich, dass sie gekränkt ist und eine Entschuldigung für angebracht hält.

„Tut mir leid, Nadeshda", sagt Antonina Wassyliwna, „das war nicht nett von mir. Ich hätte nicht in meinen alten Stiefeln zu deiner Disko kommen sollen."
„Ja, das war wirklich nicht nett von dir." Nadja schaut in den Kühlschrank und in den Mülleimer. „Aber die Entschuldigung ist angenommen. Dafür hat man ja Freundinnen, dass sie einem alles verzeihen."
„Wie geht's denn Kostjantyn Kostjantynowytsch?
„Gut. Ein einnehmender Mann. Lustiger Typ."
Antonina Wassyliwna singt leise „Nadeshda, mein Kompass auf Erden".
„Antonina, du siehst irgendwie müde aus", sagt Nadja.
„Ich schlafe schlecht in den letzten Tagen. Ist bei mir immer so, wenn der Winter anfängt."
„Verstehe ich nicht, was Schlaflosigkeit mit dem Winter zu tun hat. Dann nimm doch Schlaftabletten. Ich nehme schon seit fünf Jahren welche und schlafe wie ein Murmeltier."
„Will ich nicht. Ich glaube, von den Tabletten kriegt man einen ungesunden Schlaf."
„So ein Quatsch, was du erzählst. Der Schlaf ist ganz normal."
Endlich setzt sich Nadja in den Sessel am Fenster.
„Haben sie etwa bei dir die Heizung noch nicht angedreht?"
„Nein."
„Schweinerei. Du musst dich beschweren, Antonina!"
„Ach, dazu sind mir meine Nerven zu schade."
„Du wirst dir noch eine Lungenentzündung holen."
„Willst du einen Tee, Nadeshda?"
„Mit Zucker."
Antonina Wassyliwna macht Tee, und Nadja erzählt ihr die Neuigkeiten aus dem Leben der Toten.
„Weißt du, wer gestorben ist? Borja, der Geografielehrer."
Antonina Wassyliwna schweigt.
„Kannst du dich noch an den erinnern?"
„Nein."

„Was? Das kann nicht sein. Der ist dir doch jahrelang hinterhergerannt."
„Mir ist keiner hinterhergerannt."
„Und ob! Darüber hat sich doch die ganze Schule das Maul zerrissen. Antonina, raus mit der Sprache, hattest du was mit dem?"
„Keine Ahnung, wen du meinst, Nadeshda."
„Das war so ein Kleiner, ein bisschen ungepflegt. Mit dicken Lippen. Der hat Geografie gegeben."
„Trink deinen Tee, Nadeshda."
„Ist noch zu heiß."
Nadja beobachtet Antonina Wassyliwna. Kaum merklich zittern Antonyna Wassyliwnas Hände.
„Komischer Tod", sagt Nadja. „Verheiratet war er nicht. Und hatte auch keine schlechten Angewohnheiten. Ist trotzdem gestorben, einfach so."
„Kommt schon mal vor."
Nadja steht auf. Und streckt energisch die Brust raus.
„Warum machst du das, Antonina?"
„Was mach ich denn?"
„Du weißt genau, wen ich meine, du tust nur so, als hättest du ihn vergessen!"
„Warum sollte ich das machen?"
„Das frage ich mich auch: Warum machst du das? Lässt hier die Prinzessin raushängen! Das hast du schon immer so gemacht, die Prinzessin raushängen lassen!"
„Das stimmt nicht, Nadeshda."
„Und ob das stimmt! Bist dir zu fein, dich an so einen Borja, so einen Geografielehrer, zu erinnern?"
„Was schwafelst du denn da, Nadeshda?"
Antonina Wassyliwna steht auch auf.
So stehen sie sich gegenüber: Gottes rechte Hand und Gottes vorsätzliche Steuerhinterzieherin.
„So ist es immer gewesen", nuschelt Nadja durch ihre dritten

Zähne, „du die Literaturprinzessin, das stolze Fräulein Rührmich-nicht-an und ich der Pausenclown. Aber die Zeiten sind vorbei, Antonina. Den Unterschied zwischen uns, den gibt's nicht mehr. Jetzt sind wir gleich! Und weißt du, was wir jetzt sind? Ich will's dir sagen: Alte Weiber sind wir!"

Das blasse Gesicht von Antonina Wassyliwna zeigt nicht die kleinste Regung.

„Du hast recht, Nadeshda", sagt sie schließlich, „ich weiß, wer Borja war. Ich habe gelogen. Es war mir peinlich."

Nadja klatscht in die Hände.

„Warum denn peinlich? Muss einem vor der besten Freundin etwas peinlich sein?"

„Es ist so viele Jahre her."

„Na, los, erzähl schon", säuselt Nadja süßlich, „was war da zwischen euch?"

„Wir hatten eine Affäre."

„Ach!! Haben wir uns damals alle gedacht. Aber du hast ihm ja in der Öffentlichkeit immer die kalte Schulter gezeigt, darum waren wir uns nicht sicher. Wie lange ging das denn?"

„Weiß ich nicht mehr. Ein Jahr vielleicht. Oder länger."

„Ach! Und warum habt ihr nicht geheiratet?"

Antonina Wassyliwna dreht sich zum Fenster.

„Er wollte nicht", sagt sie.

„Das kann nicht sein. Borja war doch bis über beide Ohren in dich verliebt."

„Liebe vergeht."

Eifrig versucht Nadja in Gedanken Fakten und Gerüchte zusammenzubringen und seufzt schließlich mitfühlend.

„Du Arme. Warum hast du denn nie was von deinem Kummer erzählt? Mir hättest du's doch sagen können …"

Antonina Wassyliwna öffnet das Fenster und zerkrümelt einen Haferkeks auf dem Fensterbrett.

Sofort kommen die beiden Krähen angeflogen und picken die Krümel auf.

„Antonina! Du fütterst Krähen?“
„Na und, ist da was dabei?“
„Das sehe ich heute zum ersten Mal.“
„Die Krähen sind zahm. Sie sind meine Freunde.“ Antonina Wassyliwna quält sich ein säuerliches Lächeln ab. „Und überhaupt, keine Ahnung, ob das Raben, Krähen, Krappen oder Rappen sind.“
„Pass mir mit den Krähen auf, Antonina.“ Nadja schlüpft in ihren Mantel. Ihre Mission ist für heute zu Ende. „Neulich habe ich im Fernsehen eine Sendung darüber gesehen, dass Krähen in den Städten richtig aggressiv geworden sind. In ganzen Heerscharen fallen sie über Tauben und sogar über herrenlose Hunde her. Pass auf, bald machen sie sich auch an Menschen ran. Mir waren die schon immer suspekt.“

Lächerlich ist das, denkt Antonina Wassyliwna, das ist so lächerlich, dass es wehtut.
Und trotzdem.
Sie geht in das Schuhgeschäft *Alles für 50 Hrywnia*. Im Laden herrscht Gedränge. Langsam geht sie an den Regalen vorbei und besieht sich die Damenstiefel. Sie sehen alle mehr oder weniger gleich aus. Alle sind schwarz.
Alles in schwarz sollte der Laden besser heißen, denkt Antonina Wassyliwna. Sie nimmt einen Stiefel in die Hand, und es scheint ihr, als wäre er aus Papier, so leicht ist er.
Eine hübsche, dunkelhaarige Verkäuferin kommt auf Antonina Wassyliwna zu und schenkt ihr ein professionelles Verkäuferinnenlächeln.
„Wollen Sie die Stiefel anprobieren?“, fragt sie.
„Weiß nicht, aber sagen Sie mal“, Antonina Wassyliwna zögert, „die Stiefel, die sind doch nicht etwa aus Papier?“
„Natürlich nicht! Wie kommen Sie denn darauf? Manche sind sogar aus Leder.“
„Ich dachte, das sind vielleicht Stiefel für … Tote.“

Der Verkäuferin friert das Lächeln ein.
„Keine Angst, Sie müssen mich nicht bemitleiden!" Antonina Wassyliwna springt auf. „Ich habe nichts gegen Schuhe für Tote. Nur manche haben eine miese Qualität und sind schon nach dem ersten Schneeregen durchgeweicht."
Antonina Wassyliwna probiert ein Paar an, dann ein zweites, schließlich ein drittes.
„Die sind zu eng", sagt sie zu der Verkäuferin. „Und die hier laufen vorn zu spitz zu. Mit denen kann man ja einen erstechen. Und die hier, die dritten, die sind einfach schrecklich. Ich brauche welche mit einer weichen Sohle."
„Verstehe", ruft die Verkäuferin, „damit Sie sich keine Blasen laufen."
„Damit ich bequem tanzen kann."
So lächerlich, dass es wehtut, denkt Antonina Wassyliwna.

Er tanzt, und Antonina Wassyliwna sitzt auf dem Hocker in der Ecke und sieht zu.
Dann steht sie plötzlich auf und sagt:
„Ich habe mir neue Stiefel gekauft. Am Freitag gehe ich wieder zur Disko."
„Kein Mann wird Ihnen widerstehen", antwortet Viktor belustigt.
„Keiner. Ich werde tanzen."
„Aber Sie können doch nicht tanzen."
„Sie werden es mir beibringen."
„Ich fürchte, bis Freitag schaffen wir das nicht."
„Ich lerne schnell."

„Warum tanzen Sie eigentlich allein, Viktor? Ich dachte, zum Tanzen braucht es immer zwei."
„Ich hatte eine Partnerin. Sie hieß Lilia, aber letzten Monat haben wir uns getrennt."
„Warum das?"
„Wir haben uns gestritten."
„Ach! Verstehe. Herzensangelegenheiten."

„Nein, Tanzen und Liebe sind bei mir strikt getrennt. Lilia hat im Training kein Deo benutzt. Das hat mich gefuchst."
„Antonina Wassyliwna, Sie wollen immer alles allein machen. Das ist nicht richtig. Sie müssen sich von mir führen lassen, wenn Sie tanzen."
„Ich vertraue Ihnen nicht."
„Das ist verkehrt."
„Ach ja?"

„Wie viele Bücher haben Sie gelesen?"
„Keine Ahnung. Ich habe sie nicht gezählt."
„Dann anders: welches Buch haben Sie zuletzt gelesen?"
„Harry Potter."
„Und? Hat es Ihnen gefallen?"
„Ja."
Er ist noch ein Kind, denkt Antonina Wassyliwna.

„Ich habe ein Déjà-vu! Ich habe das schon mal erlebt. Sie hier. Und dass wir tanzen."
„Schön."
„Woher kommt das denn?"
„Ich habe da so meine eigene Theorie … Wir träumen von all den Sachen. Und irgendwann erinnern wir uns an unsere Träume."
„Das denke ich auch! Das würde ja bedeuten, dass wir unser Leben zuerst träumen und dann leben."
„Genau das bedeutet es."
„Irgendwie blöd."

„In der Schule haben Sie doch sicher was gelesen?"
„Ja. Sicher. Irgendwas."
„Haben Sie *Madame Bovary* von Flaubert gelesen?"
„Nein."
„Und Dostojewski?"
„Fjodor?"

„Ja, den mit den *Brüdern Karamasow* und den *Dämonen*.
„Nein, habe ich nicht gelesen."
„Und Franz Kafka?"
„Auch nicht. Schlimm, was?"
„Aber den Namen Kafka haben Sie doch schon mal gehört? Wissen Sie, wer das ist?"
„Nein, nie gehört."
„Da hatten Sie aber keine gute Literaturlehrerin."

„Antonina Wassyliwna, welches Auge?"
„Wie?"
„Ihnen ist eine Wimper abgefallen. Von welchem Auge?"
„Wie meinen Sie das, Viktor?"
„Es gibt so ein Spiel. Kennen Sie das nicht? Ihnen ist eine Wimper abgefallen. Wenn Sie noch wissen, von welchem Auge, dann nehmen Sie die Wimper, wünschen sich was und schieben sich die Wimper unter die Achsel. Dann geht Ihr Wunsch in Erfüllung."
„Ach, so geht das. Ja, kenne ich, das Spiel. Vom linken Auge ist sie abgefallen."
„Sie wissen es also noch. Dann wünschen Sie sich was."
Ein Kind, denkt Antonina Wassyliwna und wünscht sich was.

„Wie geht es Ihren Krähen? Ich meine, schauen die immer noch zu?"
„Ich weiß eben nicht genau, ob das Krähen sind oder nicht doch Raben, Krappen oder Rappen. Aber ja, sie schauen noch zu."
„Sie haben sicher eine Theorie über sie."
„Ja. Ich glaube, dass die Krähen mich beneiden."
„Warum das denn?"
„Weil ich allein bin und sie immer zusammen sein müssen."

Schon drei Tage lang kein Auge zugetan, denkt Antonina Wassyliwna, während sie im Bett liegt. Ich sollte ein wenig schlafen. Sie dreht sich auf die rechte Seite. Hört ihr Herz schlagen. Zählt die Schläge. Beim 120. Schlag dreht sie sich auf den Rücken.

Ich warte doch nicht etwa auf etwas?, befragt sie sich.

Shutschka jault leise an ihren Füßen.

Sie beginnt gleich am frühen Morgen mit dem Ankleiden, dreht sich lange vor dem Spiegel hin und her, schminkt sich die Lippen und legt ein Parfüm auf, das sie vor 10 Jahren aus Polen mitgebracht hat. Schlüpft in ihre neuen Stiefel.

„Antonina Wassyliwna, ich erkenne Sie ja gar nicht wieder", sagt Ljusja, die Hausmeisterin, zu ihr und schleppt einen alten, von irgendwem ausrangierten Kühlschrank weg. „Sie sehen viel jünger aus."

„Ach was, Ljusja, jung, so ein Quatsch."

„Sie sind doch noch nicht alt, Antonina Wassyliwna."

Sie geht in die Wohnung im Stockwerk drunter. Von dort kommt eine zu Standardtänzen völlig unpassende Musik. „Rumtata, rumtata" nennt Antonina Wassyliwna solche Musik.

Im Zimmer hopsen drei junge Frauen in kurzen Shirts und überweiten Trainingshosen herum. Als sie Antonina Wassyliwna bemerken, halten sie inne und tauschen verwunderte Blicke.

„Guten Tag", sagt Antonina Wassyliwna unsicher, „Ihr seid wohl seine Tanzpartnerinnen?"

„Wie?"

„Ich … will zu Viktor. Ist er nicht da?"

„Zu wem?"

Die hübsche Blondine, wohl das älteste der Mädchen, führt das Wort.

„Hier gibt's keinen Viktor. Sie sind falsch."

„Aber vor drei Tagen, am Freitag, war er noch da."

„Wir wissen nicht, wer hier vor drei Tagen war. Wir haben die Wohnung gemietet, heute ist unser erster Tag."

Antonina begreift es noch nicht, spürt aber, wie ihr plötzlich die Knie zittern.

„Was heißt denn ‚erster Tag'?"

Erster Tag, letzter Tag.

„Hören Sie mal, Frau, wie hießen Sie noch mal? Wir brauchen

uns hier vor Ihnen nicht zu rechtfertigen. Hier gibt es keinen Viktor. Auf Wiedersehen."

Antonina Wassyliwna bebt.

„Hör mal, Mädelchen! Hat dir irgendjemand je Manieren beigebracht? Soweit ich weiß, behandelt man ältere Menschen mit Respekt."

„Sie platzen hier rein und wollen mir auch noch Vorschriften machen? Was wollen Sie hier?"

Antonina Wassyliwnas Gesicht ist kreidebleich, ihre Stimme jedoch unerhört ruhig.

„Ich wohne ein Stockwerk höher. Eure Musik stört mich. Lasst sie bitte in Zukunft ausgeschaltet."

Alle drei Mädchen gehen in Kampfstellung. Sie sehen aus wie junge Kampfhähne.

„Bitte, Mädels, keinen Skandal", sagt Antonina Wassyliwna und strebt kraftlos der Tür zu. „Ich habe keine Zeit, mich mit euch herumzustreiten oder euch was zu beweisen. Wenn ich die Musik noch einmal höre, rufe ich die Polizei."

5

„Antonina Wassyliwna! Was machen Sie denn? Ziehen Sie um?"

Ljusja, die Hausmeisterin, fegt gerade den asphaltierten Weg vorm Treppenaufgang.

„Nein, ich schmeiße meine Bücher weg."

Antonina Wassyliwna trägt die zusammengeschnürten Bücherbündel vom Fahrstuhl zum Hauseingang und von dort zum Müllcontainer.

„Und warum?"

„Wissen Sie, Ljusja, ich brauche sie nicht mehr."

Die Hausmeisterin legt ihren Besen weg und kommt Antonina Wassyliwna zu Hilfe.

„Hätt ich nicht gedacht, Antonina Wassyliwna. Sie sind doch Lehrerin, oder?"
„War ich mal."
„Aber dass Sie die Bücher so wegschmeißen ..."
„Ich habe sie alle mehrmals gelesen. Sie sagen mir nichts Neues mehr."
„Man könnte sie verkaufen", überlegt Ljusja. „Ein bisschen was verdienen. Statt sie einfach so wegzuschmeißen."
„Wenn Sie wollen, dann verkaufen Sie sie doch. Die Mühe werde ich mir nicht machen."
„Mensch, das sind ja richtig viele", sagt die Hausmeisterin zu sich selbst, „ein ganzes Vermögen."
Antonina Wassyliwna trägt das letzte Bündel zum Müllcontainer und will zurück in ihre Wohnung. Ein letzter Blick auf den Bücherberg.
Ich werde es bereuen, denkt sie, sicher, aber nicht heute.
„Ljusja, ich wollte Sie um etwas bitten."
„Ja, selbstverständlich, Antonina Wassyliwna." Ljusja wühlt in den Büchern, sei es, um den Wert abzuschätzen oder um zumindest einen bekannten Namen zu finden.
„Helfen Sie mir, Shutschka zu begraben."
„Was?"
„Shutschka. Meine Hündin. Sie ist gestorben."
„Oh, das tut mir leid, Antonina Wassyliwna. Sie haben sie doch sicher sehr geliebt."
„Sie war schon alt."
„Ja, das Alter ist eine Bürde", sagt Ljusja aus heiterem Himmel. „Wie wollen Sie Shutschka denn begraben? Man könnte sie in eine Tüte stecken und in den Müllcontainer schmeißen. Oder irgendwo im Park hinterm Haus vergraben."
„Lieber vergraben."
„Dann komme ich gegen Abend bei Ihnen vorbei. Das machen wir lieber abends. Damit die Leute sich nicht das Maul zerreißen. Wir begraben sie mit allem Drum und Dran. Richtig feierlich."

„Danke, Ljusja."
Antonina Wassyliwna geht ins Haus. Es kommt ihr so vor, als wäre ihr Körper nur noch halb so schwer.

6

In der Unterführung vor der Metrostation Teatralna ist die Disko in vollem Gange.
Antonina Wassyliwna steht neben den aufgetakelten Weibern und macht gute Miene.
„Nicht übel, Antonina", sagt Nadja, „schick, schick. Du bist hier heute die Königin. Hast dir neue Stiefel geleistet, was?"
„Ja, hab ich."
„Sehen gut aus. Was hast du springen lassen?"
„50 Hrywnia."
„Ach, so billig sehen die gar nicht aus. Super elegant, echt."
Nadja hält in der Menge nach jemandem Ausschau. Kostjantyn Kostjantynowytsch ist heute nicht da.
„Was gibt's Neues, Nadeshda?", fragt Antonina Wassyliwna.
„Ach, weißt du, nichts Besonderes. Alle sind gesund und munter. Toi-toi-toi."
Zwei gealterte Männer spielen auf zerschrammten Akkordeons hingebungsvoll nostalgische Melodien aus ihrer Jugendzeit.
Ein langsamer Walzer, denkt Antonina Wassyliwna und streicht nervös den Kragen an ihrem bordeauxroten Jersey-Übergangsmantel glatt.
„Darf ich bitten?", hört sie plötzlich neben sich eine vertraute Stimme. Sie dreht sich ruckartig um. Viktor.
„Viktor? Was machen Sie denn hier?"
„Ich will mit Ihnen tanzen, Antonina Wassyliwna."
Die Gespräche ringsum verstummen. Das Publikum schaut ihnen verwundert zu. Jemand flüstert:

„Weißt du, wer das ist, Vera? Nadeshda, kennst du den?"
„Keinen blassen Schimmer."
Viktor führt Antonina Wassyliwna in die Mitte des improvisierten Tanzbodens.
„Sind Sie bereit, Antonina Wassyliwna?"
„Ja."
„Ein langsamer Walzer. Den mögen Sie doch besonders."
Sie beginnen zu tanzen, und mehrere Dutzend Augenpaare verfolgen ihre Bewegungen.
„Schau mal", flüstert Nadja ihrer Nachbarin zu. „Hätte ich nie gedacht, dass die tanzen kann."
„Aber wer ist das denn, Nadeshda? Mit wem tanzt sie da?"
„Keine Ahnung, wirklich", sagt Nadja und beißt sich verzweifelt auf die Unterlippe.

„Gut sehen Sie aus, Antonina Wassyliwna."
„Sie auch, Viktor."
„Ich bin einfach so verschwunden. Ohne mich zu verabschieden. Sie sind sicher böse auf mich."
„Sie müssen sich nicht rechtfertigen. Sie sind mir nichts schuldig. Sie sind nicht verpflichtet, sich zu verabschieden."
„Ich habe eine neue Partnerin gefunden. Jetzt trainiere ich an einem anderen Ort. In einem anderen Stadtteil. In Lypky. Dort gibt es eine große Halle. Wenn Sie wollen, können Sie dorthin kommen."
„Ach nein, Viktor, lieber nicht."
„Schade."

„Wie ist Ihre neue Partnerin? Nimmt sie Deo?"
„Ja, die ist soweit ganz in Ordnung. Aber strohdumm. Eine richtige Blondine."
„Ach, zum Tanzen braucht's nicht viel Grips."
„Da haben Sie aber vor kurzem noch ganz anders gesprochen, wenn ich mich recht erinnere. Sie haben gesagt, tanzen sei keine Körpersprache, sondern eine Seelensprache."

„Da hab ich wohl übertrieben, Viktor. Ist doch gar nicht raus, ob es diese Seele überhaupt gibt."
„Ich habe Flaubert und Dostojewski gelesen."
„Tatsächlich? Und? Hat's Ihnen gefallen?"
„Ja. Dann kommt Franz Kafka dran."
„Kafka müssen Sie nicht unbedingt lesen. Da leidet am Ende noch Ihr Rhythmusgefühl."

Nadja schlägt sich an die Stirn.
„Ich hab's. Das ist ein ehemaliger Schüler von ihr."
„Na klar. Ein ehemaliger Schüler. Wer denn sonst?"

„Viktor, ich wollte Ihnen noch was gestehen."
„Vorsicht, Antonina Wassyliwna." Er runzelt schelmisch die Brauen.
„Wissen Sie noch, wie Sie mich gefragt haben, warum ich allein bin. Ich habe Sie angelogen."
„Hab ich mir gedacht."
„Ich weiß nicht, ob Sie das verstehen. Ich war einfach … zu romantisch, um die irdische Liebe anzunehmen."

Der Walzer ist zu Ende. Viktor führt Antonina Wassyliwna zu dem Trüppchen alter Schachteln zurück.
„Antonina, willst du uns nicht endlich deinen Verehrer vorstellen!", flüstert Nadja. „Das ist ein früherer Schüler von dir, oder?"
Antonina Wassyliwna lächelt.
„Nein, Nadeshda. Das ist kein Schüler. Darf ich vorstellen. Das ist Viktor."

Canis lupus familiaris

(Der Haushund)

Elvira Wolodymyriwna sitzt in Raum 17. Um den Raum zu finden, muss man die Holztreppe in den ersten Stock hinaufsteigen und den dunklen Korridor bis ans Ende gehen.

Jeder fürchtet sich vor Elvira Wolodymyriwna, denn sie ist streng. Deswegen verschlägt es nur die zu Elvira, die sie nicht kennen. Oder die die falsche Tür erwischt haben. Oder die wissen wollen, wie die prinzipienfesteste Frau der Welt aussieht.

Äußerlich ist Elvira Wolodymyriwna ein leicht angegrautes Frauenzimmer mit wasserstoffblondem Haar. Ein schmales strenges Gesicht, das kein Erbarmen kennt. Die Lippen dünn und verkniffen, eine Leichenbittermine. Die Nägel akkurat lackiert, rot wie Blut. Der Rock bis kurz übers Knie, mit schmalen eleganten Streifen. Der gestreifte Blazer von derselben Eleganz. Ein Minimum an Schmuck: eine Kette um den Hals, Ohrringe, ein Ring mit einem künstlichem polnischen Bernstein am Mittelfinger der rechten Hand – alles aus Gold. Manchmal setzt Elvira Wolodymyriwna eine Brille auf: „DAMIT ICH DICH BESSER SEHEN KANN".

Du kommst zum Beispiel an einem Montag zu Elvira Wolodymyriwna.

Montag ist ihr einziger Sprechtag.

Du bist ein selbstbewusster Bürger der Ukraine. Du warst schon zweimal im Ausland. Du kannst dich fließend auf Englisch verständigen. Du weißt, dass es Beamte gibt, denn du warst dafür. Du zahlst ihr Gehalt. Du ernährst sie. Also stürmst du zu Elvira Wolodymyriwna ins Büro als stolzer Bürger eines Landes, das in zwanzig Jahren vielleicht mal in die EU aufgenommen werden wird.

Elvira Wolodymyriwna sitzt unterdessen an ihrem Schreibtisch.

Sie wundert sich keine Sekunde über dein Erscheinen. Sie hat dich sozusagen erwartet.
Sie mustert den Eindringling von Kopf bis Fuß und kreischt mit bitterer Stimme:
„Warten Sie bitte draußen."
„Warum?", protestierst du. „Warum soll ich draußen warten?! Es ist niemand da, Sie telefonieren nicht, Sie schreiben nichts, es ist keine Mittagspause … Warum soll ich vor der Tür warten?? Ein bisschen mehr Respekt, wenn ich bitten darf!"
Elvira Wolodymyriwna antwortet nicht, sie schaut dich einfach an, du protestierst zwar weiter, gehst aber dennoch hinaus und wartest draußen. Dein Bürgerstolz ist ins Wanken geraten. Unwillkürlich glotzt du auf die dämlichen Tafeln, die im Korridor hängen, und erfährst, dass:
ALKOHOL + Zigaretten = Brand, SEX – KONDOM = AIDS, stumpfsinnig murmelst du einen Abzählvers vor dich hin „Eine kleine Piepmaus lief einmal ums Rathaus, lief wieder heraus, und du bist raus", aber deine Empörung legt sich nicht.
„Was soll denn das?", tobst du. „Das ist doch nicht zum Aushalten!"
Bissig und geifernd stürzt du zum zweiten Mal in den Raum Nummer 17. Dein misshandelter Bürgerstolz kommt wieder auf die Beine. Jetzt kann sie aber was erleben! Gleich wird sie dich auf Knien um Vergebung anflehen.
Elvira Wolodymyriwna sitzt unterdessen in ihrem Schreibtisch. Sie ist nicht überrascht. Sie hat dich erwartet. Sie weiß, wozu du fähig bist, und stellt sich dem Kampf.
„Sagen Sie mal", fährst du sie an, „wer gibt Ihnen eigentlich das Recht, mir den Eintritt zu verwehren? Ich bin doch kein Rotzbengel! Ich bin ein Bürger der Ukraine, der brav seine Steuern zahlt und sich an die Gesetze hält. Ich komme zu Ihnen, weil ich ein Problem habe, für dessen Lösung Sie zuständig sind! Und Ihre Arbeit ist es, mir zu helfen und nicht dazusitzen und sich die Fingernägel in diesem schrecklichen Rot anzupinseln.

Sie sind dazu da zu lächeln, mich höflich zu behandeln, mir zu Diensten zu stehen und den Hintern zu lecken!"
„Wollen Sie das wirklich?", fragt Elvira Wolodymyriwna bittersüß, und plötzlich bist du eine winzig kleine Kröte in einem riesigen Schlammpfuhl.
„Hören Sie zu", sagst du schon ruhiger, „ich wohne in der Frunse-Straße 30 Strich 13. Für dieses Haus sind Sie zuständig. Oder besser gesagt Ihre Wohnungsverwaltung. Und da, in diesem Gebäude ist schon seit drei Monaten der Fahrstuhl kaputt. Meine Wohnung ist im achten Stock. Schon seit drei Monaten renne ich die Treppe hoch wie ein fünfzehnjähriger Spund. 162 Stufen. Halb so wild, wenn man das ein, zwei Tage macht. Aber drei Monate?! Warum haben Sie in diesen drei Monaten nichts unternommen?"
Elvira Wolodymyriwna steht auf und lächelt. Aber irgendwie ganz merkwürdig. Wie jemand, der riesigen Hunger hat und vor einem Teller mit leckerem Essen sitzt.
Du willst nicht, dass sie antwortet. Du bereust schon, dass du überhaupt hergekommen bist. Ach, scheiß doch auf den Fahrstuhl. Bist du drei Monate zu Fuß gegangen, kommt's auf drei mehr auch nicht an. Wozu hier den Bürgeraktivisten spielen! Soll sich doch jemand anders beschweren. In einem großen Haus gibt's immer einen, für den's dringender ist.
„Was haben Sie die drei Monate lang gemacht?", flüsterst du und gehst rückwärts Richtung Tür. „Was haben Sie in den drei Monaten zustande gebracht?"
Elvira Wolodymyriwna baut sich vor dir auf, und es sieht so aus, als ob ihr Lachen gleich in ein Weinen kippt.
„Und du?", sagt sie. „WAS HAST DU ZUSTANDE GEBRACHT?"
„Ich?" Du zeigst mit dem Finger auf dich und hoffst inständig, dass außer dir noch jemand im Zimmer ist. „Ich?"
„Ja, du! Was hast du in den drei Monaten zustande gebracht, seit der Fahrstuhl kaputt ist?"
Dir ist schwindelig. Am liebsten würdest du deinen Kopf in warmem, weichem Torf vergraben. Du wünschst dir, dein Kopf

wär ein Baumstamm. Was du zustande gebracht hast? Du weißt nichts zu sagen. Hängt davon ab, wie man an die Sache herangeht, wie man alles betrachtet.
„Was wollen Sie denn da genau wissen?", nuschelst du. „Was ich wo zustande gebracht habe? Meinen Sie den Fahrstuhl?"
Elvira Wolodymyriwna sagt nichts.
„Ich muss den Fahrstuhl nicht reparieren … Das gehört nicht zu meinen Aufgaben … Dafür bin ich nicht zuständig …"
Schweigen.
„Oder meinen Sie meine Arbeit? Meine eigene Arbeit? Mein Zuhause? Was ich zu Hause zustande gebracht habe? Erklären Sie mir, was Sie wissen wollen, ich verstehe gar nichts."
Du siehst, wie plötzlich eine riesige Träne auf das strenge dürre Gesicht von Elvira Wolodymyriwna tritt. Die Träne rinnt ihr den Gesetzen der Schwerkraft gemäß über die schlaffe Wange, nimmt Teilchen des Bürostaubs, der schwarzen Wimperntusche und der billigen Tönungscreme auf und tropft dann laut auf den Fußboden des Büros Nummer 17. Du schrickst zusammen. Stapfst zur Tür. Willst nichts als weg, zurück in deinen ruhigen achten Stock, denn dir reicht's. Es reicht. Du stehst hier nicht vor dem Jüngsten Gericht. Du stehst hier nicht vor dem Priester.
„Alle Männer sind Hunde", sagt Elvira Wolodymyriwna und kehrt an ihren Schreibtisch zurück. „Scher dich fort."
Du scherst dich fort und musst dich zusammenreißen, um nicht loszujaulen.

Du quälst dich. Findest tagelang keine Ruhe. Schläfst nicht. Bist nervös.
Was hat sie denn gemeint, diese Bürokratensau? Was nimmt sie sich heraus? Der Fahrstuhl ist schon seit drei Monaten kaputt. 162 Stufen morgens und abends. Treppab – treppauf, treppab – treppauf. Der Fahrstuhl ist kaputt, die Gebühren zahlst du aber trotzdem. Genau, so ist es. Jeden Monat einen Hrywnia und ein paar Kopeken. Es geht dir ja gar nicht um den Hrywnia und die

paar Kopeken. Es geht ums Prinzip. Wofür zahlst du denn? Wie ein Lastesel schleppst du dich jeden Tag die Treppen hoch und zahlst der Wohnungsverwaltung auch noch Geld dafür. So was gibt's nur hier, in diesem beschissenen Land, das in 20 Jahren vielleicht mal in die EU aufgenommen werden wird.

Man müsste sich bei jemandem über sie beschweren, denkst du. Bei jemandem weiter oben. Beamte hören es meistens gern, wenn ihre Untergebenen verpfiffen werden. Das ist der ganze Sinn der Hierarchie. Jeder ist Vorgesetzter und Untergebener zugleich. Nach oben buckeln und nach unten treten. Und alle sind zufrieden. Bis auf den ganz unten. Der ist arm dran.

Mehrere Tage lang gehst du nicht aus dem Haus. Du schmiedest Rachepläne und verwirfst sie wieder. Ich schlag auf sie ein, denkst du. Geschminkte Töle. Ich komme, keine Diskussionen, und hau ihr in ihre dreiste, angemalte Fresse.

Du stapelst deine Hemden und Pullover im Schrank um. Sortierst deine Socken. Putzt deine Schuhe. Betrachtest dich im Spiegel und kommst dir klug und seriös vor. Du bist ein Mensch, dessen Gedanken man Vertrauen schenken kann. Dem man Respekt erweist. Was du zustande gebracht hast? Eine ganze Menge, sagst du dir. Das lässt sich gar nicht alles aufzählen. Aber darum geht es gar nicht. Wie kommt die dazu, dich das zu fragen? Was geht sie das an? Der funktionierende Fahrstuhl und dein persönliches Leben, das sind zwei grundverschiedene Dinge. Du hast sie nicht gefragt, WAS SIE ZUSTANDE GEBRACHT HAT. Du wolltest nur wissen, was sie in den letzten drei Monaten gemacht hat, dass sie keine Zeit hatte, die Fahrstuhlreparatur in die Wege zu leiten. Mehr nicht.

Du rufst deine Freunde an. Schlägst vor, ein Bierchen trinken zu gehen und Fußball zu schauen. Aber keiner hat Zeit. Vielleicht nächste Woche?

Bis spät in die Nacht zappst du dich durchs Fernsehprogramm, irgendwann gegen fünf schläfst du vorm Fernseher ein, als auf der Frunse-Straße schon die ersten Busse fahren.

Wie konnte mir das passieren, fragst du dich. Wie konnte ich es so weit kommen lassen? Werde ich womöglich depressiv? Fängt so vielleicht eine Depression an?

Am nächsten Montag gehst du in die Wohnungsverwaltung. Die alte Putzfrau am Eingang erkennt dich wieder, lässt ihren Schrubber fallen und läuft davon. Wahrscheinlich um Verstärkung zu holen. Zu Elvira Wolodymyriwna kommt man kein zweites Mal. Das kann nur schiefgehen.
Du nimmst wieder die Holztreppe in den ersten Stock. Der lange, dunkle Flur, an den Wänden die Tafeln, die kein Verfallsdatum haben.
ALKOHOL - ZIGARETTEN = BRAND; SECHS + KONDOM = ADIOS
Büro Nummer 17.
Du legst das Ohr an die Tür, um herauszufinden, ob jemand da ist. Auf der anderen Seite ist es still. Auf der anderen Seite sitzt Elvira Wolodymyriwna. Eine Hand zur Faust geballt, öffnest du die Tür.
„Soll ich im Flur warten?", fragst du zaghaft.
„Nein, nein, komm rein, ich hab Zeit."
Elvira Wolodymyriwna sieht genauso aus wie letzte Woche. Streng und unbarmherzig. Verkniffene Lippen. Blutrote Nägel. Sie steht auf, bereit zum Kampf.
Du erstarrst in der Tür und weißt nicht, was du sagen sollst. Die letzte Woche hat dich verändert. Du bist eingefallen. Abgemagert. Blass. Bleich. Nachlässig gekleidet. Deine Augenbrauen zucken.
„Wissen Sie, … ich … brauche …"
„ … keinen Fahrstuhl", beendet Elvira Wolodymyriwna den Satz statt deiner.
„Richtig. Genau. Deswegen bin ich gekommen. Um zu sagen, dass ich den Fahrstuhl wirklich nicht brauche. Wissen Sie, es ist ein gutes Training, die Treppen zu laufen. In den letzten drei

Monaten bin ich richtig gut in Form gekommen. Ich fühle mich verjüngt. Ich wollte mich bei Ihnen bedanken."

„Keine Ursache. Setz dich. Platz."

Kraftlos fällst du auf den Besucherstuhl und ringst nach Luft. Heißer, klebriger Schweiß tritt dir auf die Stirn. Du spürst, wie du die Beherrschung verlierst.

„Elvira Wolodymyriwna, ich … ich … habe NICHTS ZUSTANDE GEBRACHT. GAR NICHTS!"

„Schon gut", Elvira Wolodymyriwna streicht dir mit ihrer winzigen wächsernen Hand über den Kopf, und du heulst in ihren elegant gestreiften Blazer. „Wer wird denn gleich so aufgeregt sein. Alles wird gut. Hast du Hunger? Hier, eine kleine Stärkung."

Elvira Wolodymyriwna holt ein Päckchen raus, vielleicht aus dem Blazer, und hält dir den Inhalt hin.

Es ist ein Stück gebratenes Fleisch. Saftig, noch warm, duftend.

Heißhungrig machst du dich drüber her. Leckst dir die Lippen.

Und lässt dich hinterm Ohr kraulen.

Gallus domesticus

(Das Haushuhn)

1

„Wie heißt du?“
„Kapitolina.“
„???“
„Sie können auch einfach Lina sagen.“
„Wieso denn? Wenn du nun mal so heißt“, sagt er und lacht.
„Und wie alt bist du?“
„Dreiundzwanzig. Also, ich werd 23. In dreieinhalb Monaten.“
„Du bist noch nicht lange in Kiew?“
„Zwei Tage.“
„Und warum ausgerechnet Kiew?“
„Wie soll ich sagen? … Es ist wegen der Kiewer Torte. Weil ich die so gerne esse. Und die ist nur in Kiew frisch. Und so lecker. Da komm ich nicht dran vorbei.“
„Und wo wohnst du?“
„Bei einer Freundin.“
„Eine Wohnung können wir dir nicht verschaffen, das sage ich gleich. Wir sind kein Staatsunternehmen.“
„Ich weiß.“
„Wir nehmen auch Leute ohne Berufserfahrung und ohne Hochschulabschluss, und deswegen …“
„Ich hab einen Flechtkurs absolviert! Sogar mit internationalem Zeugnis! Und Perlenstickerei kann ich auch …“
„ … deswegen ist das Gehalt eher niedrig.“
„Verstehe. Ich brauche nicht viel.“ Sie lacht gackernd los und schlägt erschrocken die Hand vor den Mund. „Entschuldigung, manchmal überkommt’s mich und dann muss ich lachen. Tut mir leid.“

„Du kommst an die Fischtheke."
„Toll. Ich liebe Fisch!"
„Viel Liebe braucht's da nicht. Eher umgekehrt, würde ich sagen."
„Und was muss ich machen?"
„Die Fische aus dem Aquarium holen und …"
„Und?"
„Und ihnen den Kopf abschlagen."
Kapitolina gackert los und schlägt erschrocken die Hand vor den Mund.
„Entschuldigen Sie, entschuldigen Sie bitte."

Sie tippelt die Straße entlang, und es kommt ihr vor, als würden die Passanten sie fasziniert anschauen. Das hat seinen Grund. Kapitolina sieht besser aus denn je. Sie ist erst seit zwei Tagen hier und hat die Stadt schon erobert. Sie hat Arbeit, also bekommt sie Geld, also auch ihre Kiewer Torte. Viel Kiewer Torte. Ist längst nicht so schlimm, wie die Leute behaupten, denkt Kapitolina. Tolle Stadt, tolle Leute, tolles Wetter. Drei Grad plus, so lässt sich der Winter aushalten. Es gibt zwar keinen Schnee, aber darauf kann man verzichten, dafür braucht man wenigstens keine Mütze.
Kapitolina betritt die Metro. Sie muss bis … Jetzt fällt ihr die Station nicht mehr ein. Verdammt. Wie hieß die noch gleich? Irgendwas mit b und r. Brr. Wieso kommt sie denn nicht drauf? Ich kann ja lesen, sagt sich Kapitolina, das ist die Hauptsache. In der Metro gibt's doch überall Schilder. Da findet sich jeder Idiot zurecht.
Aufmerksam studiert sie den Streckenplan am Kassenhäuschen. Stadion der Republik? Nein. Völkerfreundschaft? Nein. Vielleicht Petscherska? Oder Börsenplatz? Petriwka? Lauter b's und r's. Brr.
Oder vielleicht Lemberger Tor? Ja, Lemberger Tor, das ist es!
Kapitolina traut sich nicht auf die Rolltreppe. Sie hat Angst. Sie denkt an Treibsand, obwohl sie noch nie welchen gesehen hat.

An Erde, die plötzlich unter den Füßen wegsackt. An ein Skateboard, auf das sie nur ein einziges Mal in ihrem Leben gestiegen und dann im nächsten, ja im selben Moment schmerzhaft gestürzt ist.

Kapitolina spricht eine ältere Frau in Uniform an.

„Entschuldigung", flüstert sie unbeschwert, „könnten Sie nicht für einen Moment die Rolltreppe anhalten, damit ich drauf komme?"

Die uniformierte Frau antwortet nicht. Sie wirft Kapitolina einen verwunderten Blick zu.

Die Menge schiebt Kapitolina vorwärts.

„Halt", schreit sie, „ihr zertrampelt mich ja!"

„Bisschen flotter, Mädel. Blockiert hier alles wie ein Baumstamm auf der Straße!"

„Ich mach ja schon."

„Na, los."

„Ja, doch."

Sie schließt die Augen, betritt die Rolltreppe, und ab geht's.

Wie ängstlich der Mensch doch ist, denkt sich Kapitolina und lächelt. Dabei ist alles halb so schlimm, man muss sich nur trauen. Augen zu und durch. Wie beim Tuberkulin-Test. Die Spritze tut gar nicht weh, wenn du der Krankenschwester nämlich erstmal den Arm hingehalten hast, bist du glücklich, so glücklich, als hättest du eine Heldentat vollbracht und wärst in den Himmel aufgefahren.

Kapitolina wird in den Metrowaggon geschoben. Sie wehrt sich nicht.

Die Leute hier wissen besser als ich, wie's läuft, denkt Kapitolina, die sind ja von hier. Die kennen sich aus.

Klowska, Sportpalast, Goldenes Tor.

Die Stationsnamen klingen wie im Märchenland. Das findet Kapitolina toll. Ich bin im Märchenland. Ich bin Prinzessin Goldhaar. Ach nein, ich habe ja rote Haare. Eher Schneewittchen. Aber Schneewittchen klingt auch irgendwie künstlich. Es liegt kein Schnee, und wahrscheinlich wird es auch nicht mehr schneien. Wo soll der Schnee auch herkommen, wenn in der Arktis schon die Gletscher schmelzen? Däumelinchen. Das winzige Däumelinchen im Märchenland mit dem Goldenen Tor. Däumelinchen ist allerdings keine Prinzessin.

Kapitolina hat die Situation im Griff. Nach dem Goldenen Tor kommt Lemberger Tor. Klingt auch nicht schlecht. Wer sich wohl die ganzen Namen ausgedacht hat? Bestimmt ein Märchenerzähler.

Die Metro wird langsamer. Kapitolina kämpft sich zur Tür durch, um als erste hinauszuspringen, aber der Zug hält und hält nicht. Schließlich verkündet eine Männerstimme: „Nächste Station: Lukjaniwska, verehrte Fahrgäste, bitte lassen Sie nichts liegen". Wieso denn Lukjaniwska?

Kapitolina blickt panisch in die abwesenden Gesichter der Mitfahrenden.

„Wieso denn Lukjaniwska?", kakelt sie, „warum hält die Metro nicht am Lemberger Tor? Ich muss doch da raus!"

Die Passagiere tauschen Blicke und zucken mit den Schultern.

„Ist das ein Versehen?" Kapitolina ist den Tränen nahe. „Ist der Lokführer durchgefahren? Oder hat er gedacht, dass keiner raus will? Ich will raus! Ich muss zum Lemberger Tor!"

„Mädel, wie bist du denn drauf? Vom Mond gefallen oder was?"

„Und wenn schon, was wär denn dabei? Ist doch nicht verboten, vom Mond zu fallen."

„Leider. Besser wär's."

Kapitolina steigt Lukjaniwska aus und setzt sich auf eine Bahnhofsbank.

Macht nichts, sagt sie sich. Jetzt fass ich mich erstmal, konzentrier mich, und dann fällt mir schon was ein. Geh ich eben eine Station zu Fuß.

Ein fremder Mann in einem dunkelblauen Anzug, der wie eine Schuluniform aussieht, kommt auf sie zu und grüßt höflich. Er hält eine komische rote Scheibe an einem Stock und ein Radio in der Hand.

„Kapitolina?“, fragt er.
„Das bin ich.“
„Na, bloß gut. Ich hatte schon Angst, dass ich Sie nicht erkenne, aber eine solche bezaubernde Schönheit ist ja nicht zu übersehen.“
Kapitolina blüht auf vor Stolz. Sie wischt mit dem Ärmel über die geröteten Augen.
„Sind Sie der Kutscher?“
„Immer zu Diensten.“ Der Mann vollführt eine elegante Verbeugung und macht einen Knicks.
„Wissen Sie was, die Metro ist Lemberger Tor einfach durchgefahren!“, sagt Kapitolina und steht auf.
„Das kommt vor, aber machen Sie sich keine Sorgen. Kommen Sie mit. Ich bringe Sie an den gewünschten Ort.“
„Sind Sie mit der Kutsche da?“
Der Kutscher reicht Kapitolina die Hand.
„Selbstverständlich, Eure Hoheit.“

„Kapitolina, in Kiew ist nichts unmöglich.“ Kapitolinas Freundin Nata, fünf Jahre älter als sie, ist schon im Nachthemd und will schlafen gehen.
„Kapier ich nicht, wie meinst'n das, Nata?“
„Was gibt's denn da zu kapieren? In Kiew gehst du hop oder top.“
„Ich will aber nicht hop gehen, Nata.“
„Wirst du schon nicht. Hauptsache, du flennst nicht und setzt dir ein Ziel. Nimm mich: Ich bin Kellnerin im Nachtklub, ja? Aber ich habe ein Ziel. Ich will ins Büro von dem Nachtklub. Ach was, ins Büro. Bürochefin will ich werden! Weißt du, was ich meine? Ich hab ein Ziel.“
Kapitolina zieht die Brauen hoch. Sie will zeigen, dass sie mitdenkt.
„Ab morgen arbeite ich im Supermarkt. An der Fischtheke“, murmelt Kapitolina.
„Ist doch für den Anfang gar nicht schlecht. Viele haben im Supermarkt angefangen. Aber dir ist schon klar, dass du da nicht dein Leben lang bleiben kannst. Beim Fisch.“

„Klar. Weiß ich." Kapitolina zieht einen kindlichen Schmollmund. „Aber im Supermarkt gibt's doch einen Haufen Abteilungen. Gehe ich halt jedes Jahr woandershin."
„Bist du dämlich, Kapitolina, dämlich wie ein Huhn!"
„Das Huhn nimmst du zurück, Nata!"
„Meinetwegen, dann eben nur dämlich. Du musst dir was überlegen. Dir ein Ziel setzen."
Nata kriecht ins Bett.
„Und wie soll ich das machen, Nata? Mir ein Ziel setzen? Und was denn für eins?"
„Woher soll ich das wissen? Is doch deine Sache. Und dein Leben."
Kapitolina schaltet das Licht aus und legt sich auch hin. Sie wälzt sich herum. Fieberhaft geht sie mögliche Lebenspläne durch.
„He, Nata, schläfst du schon?"
„Hmm."
„Mir fällt nichts ein. Hast du nicht eine Idee?"
„Supermarktchefin könntest du werden. Zum Beispiel."
Kapitolina prustet los.
„Hast du sie noch alle? Ich und Chefin vom Supermarkt? Ich kann das Einmaleins gerade mal bis zur sieben."
„Na und, dann lern's halt."
„Weißt du nicht was anderes?"
Missmutig dreht sich Nata zu Kapitolina um.
„Also jetzt mal ganz einfach: Denk nach, was dir Spaß macht."
Da muss Kapitolina nicht lange nachdenken:
„Ich schaue gern in den Spiegel und mag Kiewer Torte."
„Du bist ein Huhn, aber echt!"
Nata dreht sich zur Wand und zieht die Decke über den Kopf. Kapitolina bleibt allein zurück in der grausamen Welt der offenen Fragen. Sie seufzt betrübt.
„Supermarktchefin, das ist nichts für mich", überlegt sie laut. „Aber Frau vom Chef, das würd' passen."

Kapitolina liest wenig, aber in den Büchern, die sie gelesen hat, ging es immer um die ewige und überirdische Liebe. Kapitolina ist sozusagen Expertin für überirdische Liebe. Sie ist die Inkarnation der Liebe. Ein zerbrechlicher, schmaler Körper, blonde Locken, eine Stupsnase und große grünschimmernde Augen, ungetrübt von den Qualen eines gierigen Verstandes.
Mit der Schürze und der schmucken weißen Haube sieht Kapitolina gut aus. Sie steht neben einem riesigen Aquarium, in dem genauso riesige schwarze Fische schwimmen, und schaut auf ihr Spiegelbild. Kapitolina gefällt sich. Den Fischen auch. Die Fische pressen betrübt ihre Mäuler gegen die Scheibe, als wollten sie Kapitolina um einen Kuss bitten.
Kolja, ihr Kollege an der Fischtheke, hackt routiniert einen eben gelieferten Lachs in Stücke. Kolja ist schweigsam und kräftig, den Blick hält er immer gesenkt. Die Schürze und die weiße Haube stehen ihm überhaupt nicht. Er sieht in diesem Aufzug aus wie ein Transvestit.
„Kolja, nie sagst du was", sagt Kapitolina.
Kolja sagt wirklich nichts.
„Willst du nich mit mir reden? Oder weißt du bloß nich, was du sagen sollst?"
Kolja legt die Fischstücke in die Vitrine, die mit gestoßenem Eis gefüllt ist. Er öffnet den Bottich mit Algensalat und füllt 200-Gramm-Portionen in Plastiktüten.
„Ist mir doch schnuppe, ob du mit mir redest!", ruft Kapitolina verärgert. „Bist wohl was Bess'res!"
Eine vornehme ältere Dame tritt an das Aquarium und betrachtet das Angebot.
„Ach, geben Sie mir doch bitte den fetten Hecht da, den mit den Punkten!", sagt sie zu Kapitolina.
Die Fische im Aquarium sind erschrocken.
„Welchen?", will Kapitolina wissen und nimmt den Kescher in die Hand. „Den mit den traurigen Augen oder den hinter den beiden Karpfen?"

„Den hinter den beiden Karpfen."

Kapitolina stößt den Kescher ins Aquarium und fährt ungeschickt darin herum. Der gefangene Hecht schlägt um sich. Kapitolinas Schürze bekommt Spritzer.

„Nehmen Sie ihn bitte aus", sagt die vornehme Dame.

Kapitolina nimmt den Hecht mit bloßen Händen aus dem Netz. Sie legt ihn auf den Metalltisch neben dem Aquarium. Der Hecht bäumt sich auf, schlägt mit dem Schwanz und reißt das Maul auf, Kapitolina hat Angst, dass dem Fischmaul gleich ein donnernder Fischschrei entfährt.

„Du Armer", flüstert Kapitolina und streicht dem Hecht über den Rücken. Gleich wird der Fisch ruhiger.

„Entschuldigen Sie bitte", sagt Kapitolina zu der vornehmen Dame. „Ich bin heute den ersten Tag hier. Das ist mein erster Fisch. Er tut mir ein bisschen leid, wissen Sie."

Die vornehme Dame nickt mitfühlend.

„Als Kind", murmelt Kapitolina, „habe ich das *Handbuch für feine junge Damen* gelesen. In dem stand alles, was eine Frau wissen muss. Wie man Krebse kocht zum Beispiel. Wissen Sie, wie das geht? Man muss sie gleich ins kochende Wasser werfen. Dann sterben sie sofort. Wenn man sie ins warme Wasser wirft, quälen sie sich langsam zu Tode. Das ist unmenschlich, wissen Sie, was ich meine? Eine Frau hat doch ein Herz."

Die vornehme Dame reibt sich ungeduldig die Hände.

„Aber über Hechte stand da nichts drin", sagt Kapitolina. „Wie muss man die denn töten, dass sie sich nicht quälen? Vielleicht mit einer Giftspritze, damit sie gleich tot sind? Warum leben Fische überhaupt? Wäre doch besser, sie würden gleich tot im Fluss herumschwimmen."

„Geht's nicht ein bisschen flotter?" Die vornehme Dame bringt sich vornehm in Erinnerung.

Kapitolina nimmt ein riesiges Messer und legt die Stahlklinge an den Hechtkopf.

„Moment, Momentchen noch", sagt Kapitolina. „Geht gleich los."

Der Hecht erstarrt. Sein graues wässriges Auge schaut Kapitolina schuldbewusst an. Als wollte er um Verzeihung bitten, dass er Kapitolina mit seiner Existenz zu einem Verbrechen verleitet.
„Keine Angst, nur zu, Eure Hoheit", flüstert der Hecht. „Es tut nicht weh. Ich fühle keinen Schmerz."
Unter Tränen setzt Kapitolina das Messer an, und die Kiemen schwellen an wie Flügel.
Kapitolina weint und drückt weiter auf das Messer.
„Also, jetzt reicht's mir aber mit Ihrem Theater". Die vornehme Dame entpuppt sich als ganz und gar nicht vornehm.
Kolja, der die ganze Zeit neben Kapitolina herumhantiert hat, nimmt ihr das Messer aus der Hand und hackt dem Hecht mit einem gekonnten Hieb den Kopf ab.
Kapitolina starrt ihn mit ihren verweinten grünschimmernden Augen an, dann schreit sie „Mörder!" und rennt, die Hände vors Gesicht geschlagen, zur Toilette, um sich zu waschen.

Wie am Vortag sitzt Albert Romanowytsch am Schreibtisch, in seine Papiere vertieft.
Kapitolina betritt leise sein Büro.
„Darf ich, Albert Romanowytsch?"
Mit einer Geste bittet er sie, auf dem Stuhl am Tisch Platz zu nehmen.
Kapitolina setzt sich. Sie ist aufgeregt.
Wie sehe ich denn jetzt aus?, denkt sie. Sicher schrecklich. Ich hätte mir die Lippen nachziehen sollen. Und die Faulecken mit Concealer abdecken. Die Faulecken sind mein Ende. Bald kann ich den Mund gar nicht mehr aufmachen.
„Kapitolina." Er schaut sie mit seinem stechenden, strengen Blick an. „Kannst du dir denken, warum ich dich herbestellt habe?"
„Ja." Kapitolina nickt, sie bekommt Gänsehaut.
Dann setzt sie so ein bezauberndes Lächeln auf, das man vor dem Spiegel üben muss.
„Na, immerhin."

Er seufzt, als würde er zweifeln an dem, was er sagt.
„Ich hoffe, das war das erste und letze Mal. War es doch, oder?"
„Was?"
„Das Theater mit dem Fisch."
„Wieso Theater?", empört sich Kapitolina. „Ich hab so geweint."
Albert Romanowytsch schaut Kapitolina schweigend an. Ist die dämlich.
„Das ist so grausam, einem Fisch den Kopf abzuhauen", sagt Kapitolina. „Total grausam."
„Und was ist mit den Schweinen?"
„Schweine werden zuerst abgestochen und dann lässt man sie ausbluten."
„Und das ist nicht grausam?"
Kapitolina senkt den Kopf.
„Doch", flüstert sie kaum hörbar.
„Und Kühe zu töten ist nicht grausam?"
„Das ist besonders grausam." Kapitolina schluchzt.
„Und Pferde, Truthähne, Enten und Kaninchen?", schreit Albert Romanowytsch, „und das sind nur die Tiere! Und die Menschen? Weißt du, wie viele Obdachlose es in Kiew gibt? Sie wissen nicht, wo sie schlafen und was sie essen sollen. Die Hälfte von denen überlebt den Winter nicht. Tun die dir nicht leid?"
„Doch. Sie tun mir alle leid. Hören Sie auf!"
Albert Romanowytsch steht auf und dreht sich zum Fenster.
„Ich hoffe, du hast mich verstanden, Kapitolina, und die Frage ist ein für alle Mal geklärt."
„Ich habe alles verstanden."
Albert Romanowytsch bezweifelt das.
„Was hast du verstanden, Kapitolina?"
„Dass die Welt gemein ist und dass es viel Leid gibt. Aber …"
„Aber was?"
„Aber es gibt auch viel Liebe."
Mein Gott, ist die dämlich, denkt Albert Romanowytsch, was soll ich mit der machen?

„Was soll ich mit dir machen, Kapitolina?"
„Entlassen Sie mich nicht. Ich krieg das schon hin mit den Fischen."
„Ja?" Albert Romanowytsch muss auf einmal lachen.
„Ja, Albert Romanowytsch."
Entschlossen ballt Kapitolina die winzigen Hände zu Fäusten.
„Die Fische nehmen mir das nicht übel."

Kapitolina mampft Kiewer Torte.
„Mmh, Kiewer Torte. Ist die lecker."
„Und die Kalorien erst!" Nata isst auch ein Stück, aber ohne große Begeisterung. „Wie geht's auf Arbeit?"
„Ganz gut. Zehn Fische hab ich schon geschlachtet. Mit jedem wird's besser."
„Du stinkst irgendwie nach Fisch, Kapitolina. Vielleicht versuchst du's mal mit Deo?"
„Nützt nichts, hab ich schon probiert. Aber keine Sorge, Nata, ich bleibe nicht lange beim Fisch."
Nata macht sich keine Sorgen. Sie studiert melancholisch ihre Nägel, und was sie sieht, gefällt ihr nicht besonders.
„Und was machste dann?"
„Also", sagt Kapitolina und lächelt vielsagend, „ich hab da eine Idee."
Nata holt ihre Nagelfeile aus dem Necessaire und widmet sich träge ihren Nägeln.
„Wenn du den gesehen hättest, Nata! Der sieht so toll aus!"
„Wer?"
„Unser Chef. Albert Romanowytsch. Und wenn er mich anschaut, krieg ich gleich Gänsehaut."
„Will der was von dir?"
„Zu mir ist er streng. Er ist überhaupt sehr streng. Aber so muss ein Chef sein, oder?"
Nata feilt sich die Nägel.
„Aber manchmal isser auch anders. Sein Gesicht ist dann weicher, nicht mehr streng. So mag ich ihn."

„Kapitolina hat sich verliebt", stellt Nata fest.
„Wenn ich dich da so feilen sehe, Nata", sagt Kapitolina plötzlich versonnen, „da muss ich an meine tote Oma denken, wie die immer mit einem stumpfen Messer unsere Hühner abgemurkst hat. Die hatte immer stumpfe Messer. Meine Oma hat das Huhn genommen, das sie schlachten wollte, es auf den Hackklotz gelegt und losgesäbelt. Hat gesäbelt und gesäbelt. Ich weiß noch, wie den Hühnern immer zuerst die Augen rausgequollen sind. Die sahen irgendwie debil aus oder so, weißt du, was ich meine?"
„Hab noch nie ein lebendes Huhn gesehen", antwortet Nata.
Kapitolina isst das letzte Stück Kiewer Torte auf und sagt:
„Die anderen ja, aber die Hühner tun mir nicht leid. Die könnt ich nur so niedermetzeln, die Hühner. Die Augen, die sehen so debil aus, dass so was überhaupt lebend auf der Welt rumläuft."

2

Kapitolina erwacht von einem lauten Aufprall draußen. Als ob ein menschlicher Körper, den jemand aus dem achten Stock geworfen hat, mit voller Wucht zu Boden schlägt. Oder ein Sack Kartoffeln.
Es ist noch dunkel. Es sind die längsten Nächte des Jahres.
Kapitolina schleicht zum Fenster, kann aber nichts Auffälliges entdecken. Die Straße ist leer. Die schwarzen Bäume stehen draußen und rascheln kaum hörbar mit ihrem schwarzen Laub, das sie im Herbst irgendwie abzuwerfen vergessen haben.
Hier in Kiew ist alles anders, denkt Kapitolina. Sogar die Bäume. Gruselig sind die. Würde ich nicht raufklettern, um was zu sehen.

Sie kommt als Erste zur Arbeit, zieht sich um und postiert sich so, dass sie die Eingangstür im Blick hat. Damit sie sieht, wenn er kommt.

Albert Romanowytsch kommt wie immer Punkt halb neun.
Wir würden ein tolles Paar abgeben, denkt Kapitolina. Albert und Kapitolina. Zores!, wie ihre Oma immer gesagt hatte. Ein Liebespaar mit diesem Namen hat es noch nicht gegeben. Zumindest nicht in den Romanen, die Kapitolina gelesen hat.
Er trägt einen schwarzen Mantel mit Pelzkragen, einen schwarzen Anzug und eine rosa Krawatte mit Glitzerplättchen. Wie elegant und unnahbar er ist.
Kapitolina sucht instinktiv Zuflucht bei einem Spiegel, und als sie sich endlich in der Gemüsevitrine erblickt, legt sich ihre Nervosität. Sie ist vielleicht nicht ganz so elegant, aber seeeeeeeeeeeehr hübsch. In einem Liebesroman würde es von ihr heißen: „In ihrem weißen Häubchen und ihrer Dienstschürze zog sie sogleich alle Blicke auf sich; sie war die frische Morgenluft, die alle atmeten."
Kapitolina lächelt sich selbst zu: „Sie war die frische Morgenluft, die alle atmeten."
„Guten Morgen, Albert Romanowytsch", sagt Kapitolina andächtig und etwas zu laut für diesen banalen Satz.
„Kapitolina." Er nickt ihr zu und sagt im Vorübergehen leise: „Die Arbeitskleidung steht dir gut. Besonders die Haube."
Kapitolina errötet. Sie wäre für ihn gern die frische Morgenluft, die er atmet.
„Ja", stimmt sie zu, „aber besser wär's ohne Haube. Ich trag meine Haare gern offen."

Kapitolinas verstorbene Großmutter sagte immer, offenes Haar wäre das schönste. Je länger, umso schöner sähe es aus. Sollen die Leute ruhig hinschauen, besonders die Männer. Was die Männer auch sagten, am attraktivsten fanden sie langes, offenes Haar. Vielleicht waren sie sich dessen nicht bewusst. Männer machten sich schließlich auch kaum klar, was die wirklichen Beweggründe für ihr Handeln waren. Sie dachten naiv: Ehre, Würde und Stolz. Aber das stimmte nicht. Es war die Frau. Besser gesagt, ihr Haar.

Lebendig muss das Haar sein.
„Und was soll das heißen – lebendiges Haar?“, fragt Nata leicht spöttisch.
Kapitolina und sie stehen vor dem Badspiegel und begutachten gegenseitig ihr Haar. Natas ist kurz und blondiert, über den Kopf sind rote Strähnen ungleichmäßig verteilt.
„Weiß ich auch nicht so genau“, sagt Kapitolina, „meine Oma hat sich da ziemlich verschwommen ausgedrückt, mehr bildlich so. Lebendiges Haar, hat sie immer gesagt, ist Haar, das federt.“
„Hä?“
Kapitolina zuckt mit den Schultern.
„So hat sie's halt gesagt. Dass die Haare federn müssen.“
„Komischer Tipp von deiner Oma irgendwie.“ Nata tritt näher an den Spiegel heran, ihre Haare kommen ihr eher tot als lebendig vor.
„Damit das Haar federt“, kakelt Kapitolina, „muss man es einmal die Woche mit Eigelb oder Sauermilch einreiben und mit Brennnessel spülen. Noch besser ist allerdings eine Haarpackung mit dem Morgenurin von einem Dreijährigen.“
Nata schaut ungläubig auf Kapitolina, dann wieder auf ihre Haare, dann wieder auf Kapitolina.
„Und wo nehme ich ein dreijähriges Kind her?“ Dann stutzt sie und fragt: „Und deine superkluge Oma, was hatte die für Haare?“
Diese Frage hat Kapitolina befürchtet.
„Meine Oma hatte keine Haare. Sie hatte Glatze.“

„Kolja, mal ehrlich, findest du meine Haare schön?“
Kolja sitzt vor dem Hinterausgang auf einem Hocker und isst die Brote, die er von zu Hause mitgebracht hat. Kapitolina sieht nicht, was drauf ist, vielleicht nur Butter. Kapitolina hat auch Hunger, aber ein Brot nur mit Butter käme für sie nicht in Frage.
„Kolja, was hast du denn drauf, auf deinem Brot?“
Kolja sagt nichts.
„Kolja, mal ehrlich, ich gefall dir nicht, oder? Weder meine Haare noch sonst so. Kein bisschen, stimmt's?“

Kolja sagt nichts.
„Aber warum? Was habe ich dir getan?"
Kapitolina dreht sich zum Aquarium mit zwei alten Brassen und schluchzt.
„Alle mögen mich", schnieft sie, „weil ich gut aussehe und lustig bin. Man muss mich einfach mögen. Und du machst hier einen auf stur wie so'n Hammel … Du musst mich ja nicht gleich anhimmeln, Kolja … Aber sprich mit mir. Wir sitzen hier tagelang und schweigen uns an, als wären wir Feinde. Ich kann das nicht! Ich rede gern, ich hör gerne zu und will, dass mir einer zuhört."
Kolja holt ein zweites Brot aus seinem Rucksack und gibt es Kapitolina.
„Ist das für mich?" Kapitolina hört vor Verwunderung gleich auf zu heulen. „Aber wenn nur Butter drauf ist, dann will ich's nicht. Ich mag's mit Fleischwurst und Senf."
Kapitolina nimmt das Brot trotzdem und beißt ab.
„Nett von dir, Kolja", sagt Kapitolina, den Mund voller Fleischwurst. „Wenn du nicht reden willst, dann eben nicht. Dann rede ich für uns beide."

Kapitolina springt aus dem Bett und läuft zum Fenster.
„Hast du das gehört, Nata? Da ist doch was runtergeknallt. Hast du's nicht gehört?"
Nata brummelt missmutig unter ihrer Decke.
„Nata, das riecht nach einem Verbrechen!", ruft Kapitolina aufgeregt. „Wir müssen die Polizei holen. Andauernd kracht da was runter."
„Hab nichts gehört", sagt Nata verschlafen. „Krieg dich ein, Kapitolina. Leg dich wieder hin. Du hast zu viele Liebesromane gelesen."
„Immer schön weggucken, machen ja alle so", sagt Kapitolina beleidigt. „Den meisten ist alles egal. Da wird vor ihrer Nase einer umgebracht, und sie wollen nichts gehört haben. Das ist doch keine Art."

„Wo willst du hin?" Nata steckt den Kopf unter der Decke hervor.
„Ich gehe raus. Nachsehen, was da kracht."
„Es ist drei Uhr nachts, Kapitolina! Bleib hier! Das hat mir gerade noch gefehlt! Bleib hier!"
Kapitolina zieht die schwarze Polyesterjacke über ihr gerüschtes Nachthemd.
„Komm mit, Nata. Sonst bist du schuld, wenn sie mich umbringen."
„Und wer ist schuld, wenn sie uns beide kaltmachen?" Nata gibt sich einen Ruck und zieht sich an. „Du hast einen Vogel, Kapitolina. Wie bin ich bloß drauf gekommen, dich hier wohnen zu lassen!"
Sie schleichen in den Flur und laufen treppab bis ins Erdgeschoss.
„Eine Hundekälte", flüstert Nata. „Ich bin zu dünn angezogen."
Kapitolinas Augen blitzen vor Aufregung und Erwartung. Sie hört nicht, was Nata sagt. Sie sieht Räuber mit boshaften und hasserfüllten Visagen auf sich zu rasen, gleich wird sie überfallen, und Hilfe ist nirgends in Sicht.
Kapitolina lächelt.
Die Räuber überwältigen sie, grölen dreckige Witze und setzen ihr ein Messer an den zarten weißen Hals, jede Hoffnung auf Rettung ist vergebens, Kapitolina setzt zu ihrem allerletzten Gebet an, und da kommt ER. Kapitolinas Retter, Kapitolinas Prinz. Mit einem einzigen Schuss erledigt er alle Räuber (egal, wie viele). Sein Gesicht ist ernst und gnadenlos (wie das von Albert Romanowytsch). Mit einer Leichtigkeit, als wäre sie eine Feder, nimmt er Kapitolina auf die Arme (denn zuvor lag sie am Boden) und fragt streng:
„Seit wann spaziert denn eine junge Lady um drei Uhr nachts ohne Lakaien herum?"
Kapitolina schmiegt sich an seine breite Brust und atmet seinen männlichen Geruch. Und antwortet, die Nase stolz nach oben gereckt:
„Ich bin Ihnen keine Rechenschaft schuldig. Sie sind weder mein Vater noch mein Mann!"
„Also", sagt er, und sein Blick wird wärmer, „damit ich eine Antwort auf meine Frage bekomme, muss ich Sie wohl heiraten."

„Nur über meine Leiche!“
„Ein verführerisches Angebot. Ich glaube, Sie würden die schönste Braut abgeben im Totenreich.“
Nata zupft Kapitolina am Ärmel:
„Ich hab Angst, Kapitolina, komm, wir gehen wieder rein.“
„Jetzt mach dir nicht ins Hemd.“
Sie laufen um das Haus herum und bleiben vis à vis stehen, auf der anderen Straßenseite, damit sie alle Fenster sehen.
„Hat ziemlich laut gekracht.“ Kapitolina versucht sich an einer Analyse. „Also ist es von weit oben gekommen.“
„Unsere Wohnung ist die einzige, wo Licht brennt. Alle anderen Fenster sind dunkel.“
„Lass uns noch kurz warten. Hier stehen wir gut. Hier sieht uns keiner.“
Nata zittert, vor Kälte oder vor Angst.
„Lass uns gehen“, jammert sie.
„Psst. Sieh mal, da!“
Auf einem Balkon im achten Stock taucht eine kleine dunkle Gestalt auf. Die Gestalt hebt die Hand, wirft etwas über die Brüstung und ist schon wieder verschwunden. Peng! Der Gegenstand kracht auf die Erde.
„Hab ich's nicht gesagt!“ Kapitolina klatscht in die Hände und stürzt los. „Wusst' ich's doch.“
Nata folgt ihr. Sie hat unglaubliche Angst.
„Was ist denn da, Kapitolina?“
Der rätselhafte Gegenstand ist auf den verwahrlosten Rasen vor dem Haus gefallen, zwischen die Pappel und die alte knarzende Akazie. Kapitolina kniet sich vorsichtig hin und tastet mit ihrer kältestarren Hand danach. Dann kommt die Enttäuschung.
„Was ist das, Kapitolina?“
„Ein Brot“, sagt Kapitolina leise. „Ein hartes Weißbrot.“

Heute fasse ich mir ein Herz, denkt Kapitolina. Genug gewartet. Wenn er kommt und ich stehe da, schaut er mich immer so an.

Klare Sache. Aber er traut sich nicht. Drei Mal hat er mir gesagt, dass die Haube zu mir passt, und einmal, dass mir die Schürze steht. Er geniert sich. Kein Wunder. Wer bin ich schon? Ein Nichts. Eine Verkäuferin aus der Provinz. Kann das Einmaleins nur bis zur Sieben. Wenn ich keinen Taschenrechner hätte, wär's auch mit der Verkäuferin aus und vorbei. Aber was ist schon das Einmaleins, wenn die Liebe ins Spiel kommt. Die Liebe überwindet alles. Die Liebe ist unerträglich und darin besteht ihr … wie heißt das noch gleich? … Charme. Er verzeiht mir das Einmaleins, denn sonst ist alles tiptop. Eine Frau muss vor allem Frau sein, das Rechnen kommt später.

Kapitolina steht vor Albert Romanowytschs Büro und überlegt, was sie sagen soll.

Ich sage: ‚Entschuldigen Sie bitte, ich glaube, ich liebe Sie.'

Nein, das geht nicht. Das ist zu direkt. Da ist die ganze Spannung weg.

‚Heute ist es genau einen Monat her, dass ich bei Ihnen angefangen habe. Wollen wir das vielleicht feiern?'

Kapitolana verscheucht ihre Ideen wie eine lästige Fliege.

‚Ich kann aus der Hand lesen. Soll ich's bei Ihnen mal versuchen? Kostet nichts.'

Auf einmal geht die Tür auf und Albert Romanowytsch kommt heraus.

„Kapitolina, was machst du denn hier?"

„Ich … ich wollte zu Ihnen. Was mit Ihnen besprechen."

„Eigentlich wollte ich gerade weg, aber wenn's nicht allzu lange dauert …"

„Dauert nicht lange."

Schüchtern geht Kapitolina an Albert Romanowytsch vorbei ins Zimmer. Fängt seinen Geruch ein. Ein merkwürdiger Geruch.

„Was gibt's?"

Albert Romanowytsch kehrt an seinen Schreibtisch zurück.

„Ich …"

„Ja?"

„Ich wollte mich bei Ihnen bedanken", murmelt Kapitolina. „Heute ist es genau einen Monat her, dass ich bei Ihnen angefangen habe."
„Herzlichen Glückwunsch."
Der zieht mich mit seinen Blicken aus, das sehe ich doch, denkt Kapitolina. Der will was von mir. Na los, gib dir einen Ruck! Lad mich ein. Oder komm und küss mich! Du willst es, das sehe ich doch. Komm her und küss mich! Eine Frau will erorbert werden. Da braucht man nicht zu fragen.
„War das alles?" Nervös dreht Albert Romanowytsch den Ring an seiner rechten Hand hin und her.
„Ist das etwa nichts?"
„Kapitolina, in einer halben Stunde habe ich einen wichtigen Termin. Ich muss los. Wenn's sonst nichts weiter gibt …"
„Doch."
Albert Romanowytsch lässt seinen Ring in Ruhe und schaut Kapitolina aufmerksam an.
Ob mein Haar jetzt wohl federt, überlegt Kapitolina. Ach, würde es doch nur federn!
„Eigentlich", platzt Kapitolina heraus, „bin ich gekommen, um mich zu beschweren."
„Und weswegen?"
„Nicht wegen was, sondern wegen wem. Wegen meinem Kollegen."
„Welchen Kollegen meinen Sie?"
„Kolja. Ich kann nicht mit ihm arbeiten. Er redet nicht. In dem ganzen Monat, seit ich da bin, hat er noch kein einziges Wort mit mir gesprochen, können Sie sich das vorstellen? Da dreht man durch! Kein ‚Guten Tag', kein ‚Gesundheit'. Reden Sie mit ihm. Sagen Sie ihm, dass er mit mir sprechen soll!"
Albert Romanowytsch lacht. Er nimmt seinen Aktenkoffer und geht zur Tür.
„Du arbeitest seit einem Monat mit ihm und hast nichts begriffen, Kapitolina?"

„Was habe ich nicht begriffen?"
„Dein Kollege kann nicht sprechen. Er ist stumm."
Kapitolina steht verwirrt im Büro.
„Auf Wiedersehen, Kapitolina", sagt Albert Romanowytsch und scheucht sie hinaus. „Meine Zeit ist wirklich knapp."
„Auf Wiedersehen."
Als Kapitolina an ihrem Chef vorbei geht, ist da wieder dieser Geruch.
Puh.

Kapitolinas verstorbene Großmutter hatte eine Glatze.
Ihr Name spielt keine Rolle, obwohl die Lebenden immer gern die Namen der Toten nennen. Kapitolina würde kühn behaupten, ihre Oma hätte Margaryta geheißen. Aber glauben sollte man das nicht unbedingt.
Kapitolinas Oma hieß also Margaryta. Als junge Frau hatte sie unglaublich üppiges Haar. Für solches Haar hätten die meisten Frauen ihre Seele verkauft. Und vielleicht brachte Margaryta nur deshalb ein Kind zur Welt, um jeden Morgen den Kinderurin zu haben und sich daraus eine Haarpackung zu machen.
Das Haar glänzte nicht bloß, es funkelte.
Margaryta band sich das Haar nie zu einem Knoten oder zu einem Zopf, nie trug sie eine Kopfbedeckung, nicht einmal im tiefsten Winter. Sie sagte, ihr Haar wärme besser als jedes Kopftuch. Vielleicht meinte sie etwas ganz Eigenes, wenn sie „wärmt" sagte.
Ihr Mann kam, um Margaryta zu holen, als sie gerade 14 war. Er hatte von ihr und ihrem Haar geträumt. Selbst die kleinsten Details hatte er im Traum gesehen: Margarytas Dorf, das Haus, die Eltern, den Ofen in der Stube, die Farbe der Tischdecke auf dem Stubentisch.
Er erwachte und verkündete seiner Familie, heute werde er heiraten. Er besorgte sich Brautwerber und machte sich auf die Suche nach seinem Traum. Das Dorf gab es wirklich. Margarytas Haus auch. Genau wie die Eltern, den Ofen und die Decke auf dem Tisch.

Er betrat das fremde Haus und rief noch von der Schwelle aus: „Ich nehme Eure Tochter zur Frau!"
Margaryta war im Nebenzimmer. Sie hörte seine Stimme und wusste sofort Bescheid. Sie widersetzte sich nicht, sondern fügte sich in ihr Schicksal, wie es sich gehörte. Später sagte sie Kapitolina immer wieder, eine Frau wolle geholt und genommen werden. Eine Frau gehe mit dem, der sich traue, nicht zu fragen. „Aber sie ist doch erst 14", rief Margarytas Mutter. „Kommt nicht in Frage, dass sie heiratet!"
Margaryta trat aus dem Zimmer zu den Gästen, und ihr Haar funkelte heller als zehn Kerzen, ja als alle Kerzen dieser Welt. „Alles gut, Mama", sagte Margaryta. „Ich bin einverstanden." Sie verlebten 47 gemeinsame Jahre, bis der Mann an Lungenkrebs starb. Margaryta sprach mit niemandem über ihre Ehe, ihre Bekannten und Nachbarn machten aus Margarytas Schicksal eine Gute-Nacht-Geschichte für ihre Kinder.
Im zwanzigsten Ehejahr sagte Margaryta zu ihrem Mann:
„Du liebst mich nicht mehr, oder?"
Ihr Mann senkte den Blick und schwieg düster. Dann sagte er:
„Aber wo soll ich denn hin? Ich weiß keinen anderen Ort."
„Du brauchst nicht wegzugehen. Wir werden weiter leben wie bisher."
Und so lebten sie die restliche Zeit einfach weiter wie zuvor. Keiner ahnte oder erriet etwas. Nur Margarytas Haare fielen plötzlich aus und wuchsen nicht mehr nach.

„Nata, ich muss mir ein neues Ziel einfallen lassen", seufzt Kapitolina.
„Hat Albert dich abserviert, oder was?"
„Sein Geruch ist unerträglich."
„Na und?"
„Bei einer Frau zählen die Haare, beim Mann der Geruch."
„Du bist wirklich komisch, Kapitolina", sagt Nata, „was hängst du dich denn so an dem Geruch auf? Gib doch einfach zu, dass

du's bei Albert verkackt hast. Dann kommt jetzt eben Juan Carlos dran."
„Nein. Ich geh nicht mehr auf die Suche. Ich brauche keinen Mann. Hab ich so entschieden. Ich hab meinen Stolz und bleibe allein."
„Deinen Stolz kannst du dir in den Arsch schieben", ruft Nata und geht in Küche die Bohnensuppe aufwärmen.
Von dort ruft sie:
„Und was willst du jetzt machen?"
„Mich um andere Menschen kümmern."
„Gott im Himmel, du bist ein Huhn, aber echt! Wie tickst du eigentlich? Dir haben doch schon bei der Geburt ein paar Schrauben gefehlt!"
„Eine Frau braucht nicht viele Schrauben. Sie ist für die Liebe geschaffen. Und wenn es keine Liebe gibt, dann ist die Frau zur Barmherzigkeit bestimmt. Das sind die beiden Bestimmungen einer Frau: Liebe und Barmherzigkeit."

3

Kapitolina steht in der langen Unterführung zwischen den Metrostationen Chreschtschatyk und Majdan Nezaleshnosti. Sie hält ein Schild: „Lese aus der Hand".
Gegenüber von Kapitolina stimmt eine in die Jahre gekommene Opernsängerin alle zehn Minuten mit einer bezaubernden Stimme merkwürdige Arien an. Niemand gibt der Opernsängerin Geld, das findet Kapitolina komisch. Vielleicht trauen sich die Metropassagiere nicht näherzukommen. Die Opernsängerin sieht aus wie diese blutrünstige mexikanische Fledermaus aus dem einen Trickfilm, dessen Titel Kapitolina vergessen hat. Diese Fledermaus sang ständig zur Gitarre, trug einen Sombrero und hatte einen weiten bunten Mantel an.

Die Unterführung ist nur schwach beleuchtet, aber Kapitolina kommt es so vor, als hätte sie ein paar Mal die Schneidezähne der Opernsängerin gesehen, die für einen Menschen viel zu lang sind. Der Irrtum ist ausgeschlossen. Kapitolina lacht. Gut zu wissen, dass auch Trickfilme wahr sind.

Neben Kapitolina steht ein alter Mann, der Lupen verkauft. In einer Hand hält er gleich fünf Stück auf einmal. In der anderen auch. Das muss man erst mal machen, denkt Kapitolina, der kann zaubern. Fünf Lupen in der einen Hand und fünf in der anderen, das ist eine Kunst.

Die Leute kommen in Wellen. Manchmal ist die Unterführung ein paar Minuten leer, und plötzlich rollt eine Menschenmenge von oben heran (die Unterführung ist nämlich abschüssig), wie ein gedrilltes Heer, eine feindliche Armee, im Gleichschritt, ihre Taschen und Rucksäcke rasseln wie Waffen. In diesem Moment stimmt die Sängerin ihre Arie an. Sie hegt große materielle Erwartungen an die Menge, aber die Menschen hasten weiter, und so bleibt ihr nur die nächste Welle.

„Entschuldigen Sie, lesen Sie aus der Hand?" Ein gut gekleideter junger Mann tritt auf Kapitolina zu.

„Ich hab einen guten Ruf", sagt Kapitolina ohne falsche Bescheidenheit.

„Was soll's kosten?"

„Nichts. Ist gratis."

Überrascht macht sich der junge Mann davon, kommt aber einen Augenblick später wieder zurück.

„Und was haben Sie davon, wenn's nichts einbringt?"

„Also", sagt Kapitolina, „wenn ich hier stehe, werd' ich schon was davon haben."

„Einfach aus Interesse?"

„Interesse ist nicht das Einzige, womit man die Handlungen von Menschen erklären kann. Ich stehe hier, um solchen wie Ihnen zu helfen. Vielleicht bringt Sie meine Prophezeiung auf den richtigen Weg." Ihr Gesicht strahlt demütige Großherzigkeit aus.

„Na, dann mal los." Der junge Mann reicht Kapitolina seine rechte Hand.

„Zuerst die Linke, die zeigt das, womit Sie zur Welt gekommen sind."

„Und die Rechte?"

„Die Rechte zeigt, wie Sie leben und was Ihnen gefährlich werden kann."

Die rechte Hand des jungen Mannes zittert.

„Keine Angst", ermutigt ihn Kapitolina. „Händelesen ist kein Bluttest. Da kommt keine tödliche Diagnose raus."

„Sehen Sie", beginnt Kapitolina, „das sind die drei wichtigsten Handlinien: die Herzlinie, die Kopflinie und die Lebenslinie. Auf Ihrer Hand dominiert die Herzlinie. Sie ist die längste, markanteste und tiefste. Das bedeutet, dass Sie sich in der Regel von den Gefühlen und nicht vom Verstand leiten lassen. Erschrecken Sie nicht, das ist bei den meisten Menschen so. Ich sage nicht, dass das schlecht ist. Aber alle Dinge im Leben sollten ausgewogen sein. Man muss lernen, seine Gefühle zu beherrschen, darf sich nicht von ihnen beherrschen lassen. Denn Gefühle sind nicht immer gut. Wut, Eifersucht, Hass, Kränkung, diese Gefühle muss man von sich weisen, sonst werden Sie früher oder später etwas tun, was Sie dann für den Rest Ihres Lebens bereuen."

„Die Schicksalslinie", fährt Kapitolina fort, „beginnt am Handgelenk und läuft senkrecht über die Hand. Auf der linken Hand haben Sie diese Linie, auf der rechten nicht. Das bedeutet, dass Sie immer noch auf der Suche sind. Sie schwirren von einem zum anderen. Aber die Zeit ist knapp. Sie dürfen sich nicht verzetteln. Müssen alles Überflüssige loslassen. Verstehen, dass Sie nicht einfach so dahin leben können, dass es einen Sinn gibt. Sogar Pflanzen haben einen Sinn, aber bei Ihnen lässt sich der Sinn bis jetzt nicht erkennen."

„Und haben Sie eine Schicksalslinie?", fragt der junge Mann listig lächelnd.

„Natürlich." Kapitolina hält ihre beiden Hände nach unten gekehrt. „Ich habe ein Ziel im Leben, das können Sie mir glauben … Aber machen wir weiter. Sehen Sie die kurzen senkrechten Linien hier unterhalb des kleinen Fingers? Das sind Ihre Liebeslinien. Sie haben viele. Sie sind alle kurz."

Der junge Bursche ruft dazwischen:

„Sie müssen nichts erklären. Ich weiß, was das bedeutet. Ich habe viele Frauen. Ich liebe die Frauen, die Frauen lieben mich, und das finde ich gar nicht schlimm."

„Wirklich nicht?" Kapitolina wird plötzlich ernst und abweisend.

„Jetzt aber mal halblang."

„Bloß nicht. Ich bin schon klein genug!" Kapitolina spürt, wie ihr heißer Schweiß auf die Stirn tritt. „Sie laufen den Frauen nicht aus Liebe nach. Mit Liebe hat das nichts zu tun. Sie wissen nicht, was Liebe ist, Sie verlassen die Frauen, ehe die Ihnen zu nahe kommen. Sie sind ein kleiner selbstzufriedener Gockel, mit einer kurzen Kopflinie und ohne Schicksalslinie, der hier den großen Macker markiert. Nicht die Liebe, sondern Faulheit, Gleichgültigkeit und Langeweile bestimmen Ihr Leben!"

Einen Moment lang scheint es ihr, also wolle ihr der große kleine Macker einen Schlag versetzen. Kapitolina weicht zurück, doch der junge Mann sagt erstaunlich ruhig zu ihr:

„Wie langen stehen Sie denn noch hier? Kommen Sie, lassen Sie uns ein Bierchen trinken. Ich lade Sie ein."

„Warum hast du mir das nicht früher gesagt, Kolja?" Kapitolina versucht zwei Kröten aus dem Aquarium zu fischen.

Wie die Kröten da hineingelangt sind, weiß keiner. Kröten gehören eigentlich nicht zum Sortiment des Supermarkts.

„Aber jetzt wird alles anders, Kolja. Jetzt, wo ich's weiß. Wo ich weiß, dass du stumm bist."

Wie immer reagiert Kolja nicht auf Kapitolina. Er trennt gerade zwei gefrorene Oktopusse.

„Nur eine Sache, die würde ich wirklich gerne wissen, Kolja." Kapitolina springt vom Hocker und läuft mit dem Kescher in der Hand zu Kolja. „Keine Angst, ich erzähle es keinem weiter, wenn's ein Geheimnis sein sollte, aber ich will es einfach unbedingt wissen."

Kapitolina stellt sich auf die Zehenspitzen, um an sein Ohr zu gelangen. Sie flüstert:

„Bist du nur stumm, Kolja, oder auch taub?"

Kolja stößt Kapitolina entnervt weg.

„Nun sag schon", bettelt Kapitolina. „Bitte! Zwinkere mit einem Auge, wenn du nur stumm bist, und mit beiden, wenn du taubstumm bist."

Kolja schaut Kapitolina an und knetet die beiden aneinander festgefrorenen Kraken. Keine Wimpernbewegung.

Vielleicht ist er auch noch blind, denkt Kapitolina.

„Ach, holen Sie mir doch bitte so einen netten Fisch aus dem Aquarium." Die vornehme Dame kauft regelmäßig bei Kapitolina. Sie sieht offenbar gern zu, wie Kapitolina den Fischen den Kopf abhackt.

Kapitolina zögert.

Im Aquarium schwimmen die beiden Kröten herum, die fehl am Platze sind, und ein alter Spiegelkarpfen. Der Karpfen ist schon halbtot. Er dreht sich öfters mit dem Bauch nach oben. Kapitolina hat sich mit ihm angefreundet.

„Entschuldigen Sie, dass ich Ihnen das sage", wendet sich Kapitolina der vornehmen Dame zu, „eigentlich darf ich das nicht, aber … ähm … sind Sie sicher, dass Sie diesen Fisch wollen?"

Die vornehme Dame glotzt dümmlich.

„Ist nicht frisch, was?"

„Doch, doch, frischer geht's nicht", sagt sie schnell. „Sehen Sie nur, wie munter er sein Bäuchlein nach oben dreht! Es ist etwas anderes … Es ist … haben Sie es nie … MIT GEMÜSE versucht?"

Die vornehme Dame vergisst ihr vornehmes Benehmen.

„Also, Sie sind irgendwie nicht normal! Was geht es Sie an, ob ich Gemüse esse?"

„Entschuldigung! Sie haben mich falsch verstanden! Bloß keine Aufregung! Sie müssen nicht denken, dass mir der Karpfen leid tut. Wenn Sie wollen, hacke ich ihm den Kopf ab, ohne mit der Wimper zu zucken! Ha! Ohne das kleinste Zittern. Aber was ich sagen wollte: Gemüse ist sehr gesund. Es enthält zig wichtige Nährstoffe, wissen Sie das? Bohnen gehören auf jeden Tisch. Bohnen, Rote Beete und Möhren ersetzen jeden Fisch. Überlegen Sie doch mal, wer weiß, wo dieser Karpfen herkommt. Wer weiß, wo der herumgeschwommen ist. Vielleicht war das Wasser schmutzig. Sie denken, Sie essen Fisch, derweil essen Sie Fäkalien und Radionuklide." Nach den letzten Wörtern hielt Kapitolina kurz inne. Wie die Kröten waren sie ganz plötzlich in Kapitolinas Wortschatz aufgetaucht.

„Und das Wichtigste", betont Kapitolina zum Schluss, „dem Gemüse tut es nicht weh!"

Die vornehme Dame blickt sich hilfesuchend nach irgendeinem Chef um. Das ist zu viel des Guten. Gleich setzt es was für die Bohnen, Möhren und Roten Beete.

Wortlos fängt Kolja den Unglückskarpfen, hackt ihm sorgfältig den Kopf ab, nimmt ihn aus und reicht der vornehmen Dame eine Plastiktüte mit der Spiegelleiche. Und dabei, Kapitolina könnte auf die Bibel schwören, setzt er ein nettes Lächeln auf, so wie es sich für jeden Verkäufer im Umgang mit seinen Kunden gehört.

Kapitolina starrt ihn mit aufgerissenem Mund an. Die vornehme Dame ebenfalls.

Sie nimmt die hingehaltene Tüte und dankt mit einem nachsichtigen Lächeln.

„Was soll's", seufzt sie, an Kapitolina gerichtet. „Sei's drum. Ich verzeihe dir ein letztes Mal, du dummes Huhn. Jetzt gehe ich in die Gemüseabteilung."

„Kolja", sagt Kapitolina, „du bist kein Idiot, ganz und gar nicht. Du verstehst doch alles, oder?"

Kolja dreht sich weg, um ein Lächeln zu verbergen, das dieses Mal nicht für die launische Kundschaft bestimmt ist.

„Gib mir ein Brot ab, Kolja, ich habe einen Bärenhunger."
Und zwischen Warten und Kauen der Fleischwurst denkt Kapitolina laut:
„Du bist also stumm, aber nicht taub, Kolja. Und jetzt überleg mal für eine Sekunde, versuch es dir einfach mal vorzustellen. Wenn die Fische nun wie du sind. Sie können nichts sagen, aber sie hören alles! Die Armen! Überleg dir mal, Kolja, wie weh das denen tut! Wie schrecklich das für sie ist!"

Nata kommt früher von der Arbeit. Sie ist betrunken.
„Ich habe heute ein wichtiges Dilemma gelöst, Kapitolina", schreit sie noch an der Tür.
Ihre Beine knicken ein. Sie gackert dämlich.
„Wir zwei sind dumme Hühner, Kapitolina. Wir ham kein bisschen Grips in der Birne."
Kapitolina versucht vergebens, Nata in einen Sessel zu setzen.
„Wer einmal kriecht, wird nie fliegen!", grölt Nata. „Dumme Hühner sind wir. Wir und deine Oma auch!"
„Lass meine Oma aus dem Spiel, Nata."
„Wieso denn? Ist doch ein Kompliment."
Nata schlägt mit der Faust auf den Tisch. Die Tasse mit dem Morgenkaffee fällt auf den Boden und geht zu Bruch.
„Was hast du denn, Nata?", fragt Kapitolina erschrocken. „Was ist denn passiert?"
„Nix iss passiert, gar nix! Das isses ja! Und es passiert auch nichts!"
„Jetzt beruhige dich doch, Nata. Leg dich hin. Du bist betrunken."
„Stimmt, ja, aber trotzdem leg ich mich nicht hin! Ich will dir sagen, wie's ist. Damit du dich nicht mehr rumquälst, Kapitolina."
„Ich quäle mich doch nicht." Kapitolina verzieht beleidigt das Gesicht.
„Schaut sie euch an! Quält sich nicht, die Gute! Wie auch, dafür braucht man ja Grips in der Birne!"
„Warum sagst du so was, Nata?"
Kapitolina legt sich ins Bett und zieht die Decke über den Kopf.

„Ich hör nicht, was du sagst."

„Und ob du mich hörst!" Plötzlich heult Nata los. „Wir passen zusammen wie ein Paar alte Latschen. Die Kellnerin und die Verkäuferin vom Fischstand! Ein Traumpaar! Fehlt bloß noch der Sex."

„Nata" – Kapitolina geht in die Küche – „beruhige dich doch. Alles wird gut."

„Klar wird's gut. Sex ist immer gut."

Nata heult sich an Kapitolinas Schulter aus.

„Den Posten als Bürochefin, den krieg ich doch nie, Kapitolina, hörste? Nie!"

„Wieso denn nicht? Klar doch. Vielleicht dauert's einfach noch ein bisschen. Du hast doch selber gesagt, man braucht ein Ziel."

„Ich hab dich angeschwindelt."

„Wieso denn?"

„Damit ich besser dasteh'n tu. Was nützt dir 'n Ziel, wenn du dumm geboren bist."

„Ich bin nicht dumm, Nata." Kapitolina sagt das sanft und zärtlich.

„Und ob", hält ihr die betrunkene Nata ebenso sanft und zärtlich entgegen. „Du wolltest am Lemberger Tor aussteigen, weißt du noch? Dabei wissen alle, dass die Station nicht in Betrieb ist. Alle. Die Station gibt's gar nicht. Nur den Namen. Die ham se aufgebuddelt und dann wieder zugebuddelt. Bloß du hast es nicht kapiert. Weil's dir da oben fehlt."

Kapitolina sagt nichts und zieht die Brauen hoch.

„Klar hab ich's kapiert", wehrt sie unsicher ab.

„Hab ich gesehen, wie du's kapiert hast. So gut, dass dich eine Polizeistreife nach Hause gebracht hat. Und ich musste einen Wisch unterschreiben, dass ich die Verantwortung für dich übernehme. Wenn ich nicht wäre, würdest du jetzt in der Klapsmühle hängen, im weißen Kittel."

„Dieser … Polizist, der hat mir ja selber angeboten, dass er mich heimbringt."

Kapitolina zittert, als hätte sie Fieber. Am liebsten hätte sie auch

mit losgeheult, aber eine leise innere Stimme flüstert ihr zu: „Für Eure Hoheit ziemt es sich nicht zu weinen. Eure Hoheit hat über alle Sorgen und Unbill erhaben zu sein."
„Und geschlafen hab ich auch noch mit keinem", sagt Kapitolina aus heiterem Himmel und verbeißt sich die Tränen.
„Kommt alles noch, Kapitolina. Dafür brauchst du kein Gehirn."

4

Bin ich eben dumm, na und, das hat auch seinen Charme, denkt Kapitolina. Sie steht an dem Kiosk vor Natas Haus nach Mandarinen an. Drei verschiedene Sorten in drei verschiedenen Kisten liegen aus. Kapitolina kann sich nicht entscheiden. Die einen sind klein und gelb, die anderen gelb, aber größer und die dritten groß, orange und haben Kerne. Die letzten sind die billigsten, obwohl sie am besten aussehen.
„Anderthalb Kilo Mandarinen, bitte, von denen mit den Kernen", sagt Kapitolina.
Das Kilo kostet 16 Hrywnia.
Die Verkäuferin wirft hastig Mandarinen in eine Tüte, wiegt sie auf einer elektronischen Waage und reicht sie Kapitolina:
„28 Hrywnia 40."
Kapitolina tauscht die Tüte gegen das Geld. In ihrem Kopf spielen sich komplizierte Rechenoperationen ab.
Anderthalb Kilo Mandarinen, denkt sie, das sind 16 und noch mal die Hälfte von 16. Sechzehn durch zwei ist acht. Sechzehn plus acht macht (Kapitolina runzelt die Stirn), das sind vier bis zur 20 und dann noch mal vier. 24!
„Entschuldigung", sagt Kapitolina, „wie viel haben Sie gesagt?"
Die Verkäuferin wiederholt ihren Preis. 28 Hrynwnia 40.
Kapitolina ist sich nicht sicher, ob sie richtig gerechnet hat, protestiert aber trotzdem:

„Anderthalb Kilo zu 16 sind 24 Hrywnia."
Die Verkäuferin zuckt nervös zusammen.
„Das war mehr als anderthalb Kilo", sagt sie fast schreiend.
„Aha!" Kapitolina rückt beschämt zur Seite und macht den Platz vor dem Kioskfensterchen für die nächsten Kunden frei.
Sie hält die Tüte mit den Mandarinen fest, und die Mandarinen scheinen ihr zu flammen, so orange sind sie.
Sie hat mich übers Ohr gehauen, denkt Kapitolina, aber das geschieht mir ganz recht. Ich bin dumm, wär doch schade um die schöne Gelegenheit.
Sie verlässt den Kiosk und will nach Hause gehen. Bleibt stehen. Die Mandarinen glühen. Ihr Kopf auch.
Bin ich eben dumm, muss ich mich doch trotzdem nicht bescheißen lassen, denkt Kapitolina, oder? Eigentlich sollte man sich mit den Dummen gerade Mühe geben, die haben's schwer genug. Die sind sowieso gestraft.
„Entschuldigen Sie", Kapitolina ist wieder zurück am Kiosk, „könnten Sie die Mandarinen bitte nachwiegen?"
Warum hab ich nicht einfach ein Kilo verlangt, denkt Kapitolina, mit einem Kilo wär alles ganz einfach.
„Hören Sie mal", die Verkäuferin ist sichtlich genervt, bemüht sich aber höflich zu klingen, „es waren genau 1630 Gramm. Soll ich's Ihnen vorrechnen?"
„Nein, ich möchte, dass Sie die Mandarinen nachwiegen."
Die Verkäuferin hört nicht auf Kapitolina. Sie nimmt den Taschenrechner und reicht ihn durchs Fenster, so dass Kapitolina und alle anderen Kunden in der Schlange ihn sehen können. Schnell tippt sie die Zahlen ein. Kapitolina kann nicht folgen.
„Sehen Sie's jetzt?", schreit die Verkäuferin und bohrt Kapitolina den Rechner in die Brust. „Was habe ich gesagt! 28 Hrywnia 40. Na gut, 38, ich hab um zwei Kopeken aufgerundet. Wenn's Ihnen auf die zwei Kopeken ankommt, hier, bitte!"
Die Mandarinen in Kapitolinas Hand glühen. Ihr Kopf auch. Kapitolina wird feuerrot und hält den Blick auf den Boden ge-

heftet. Die Kunden in der Schlange sehen missfällig und zum Teil mitleidig zu, wie Kapitolina gedemütigt zur Seite tritt. Geschieht mir ganz recht, denkt Kapitolina, wozu muss ich auch nachrechnen lassen? Und wenn sie beschissen hat, soll sie doch mehr haben. Sollen alle anderen ruhig mehr haben.

„Drei Bananen, wenn Sie so nett sein wollen", verlangt der nächste Kunde.

„Nein, Moment mal." Kapitolina beugt sich zum dritten Mal zum Kioskfenster. „Moment."

„Junge Frau, nun beruhigen Sie sich doch mal!", kommt es aus der Schlange.

„Nein, nein, warten Sie!"

Kapitolina zieht ihr Portemonnaie hervor und legt der Verkäuferin ihr ganzes Geld hin.

„Da, nehmen Sie's", schnattert Kapitolina aufgeregt, „nehmen Sie alles! Ich gönn's Ihnen! Wenn Sie betrügen, haben Sie's sicher nötig. Nehmen Sie alles Geld, hier! Ich hab noch welches zu Hause!"

Die Verkäuferin knüllt Kapitolinas Scheine zusammen und weiß nicht, was sie machen soll.

In der Schlange herrscht Totenstille.

„Ich brauch Ihr Geld nicht", sagt die Verkäuferin schließlich. „Ich will nicht mehr. Ich entscheide selbst, was ich draufschlage."

„Albert Romanowytsch?" Kapitolina betritt leise das Büro ihres Chefs. „Darf ich reinkommen?"

Albert Romanowytsch sitzt, wie immer geschniegelt und gebügelt, an seinem Schreibtisch und ordnet Papiere. Mit einem Kopfnicken bietet er Kapitolina einen Stuhl an.

„Ich möchte etwas mit Ihnen besprechen."

Albert Romanowytsch reißt sich zusammen, um nicht loszulachen. Was für eine Flachzange, denkt er, dumm, aber auch komisch. Sogar nett irgendwie.

„Was gibt's denn?" Er tut so, als würde er sie ernst nehmen.

„Ich will kündigen."

Albert Romanowytsch ist perplex.
„Warum? Was ist denn passiert? Kommst du mit deinem Kollegen immer noch nicht klar?“
„Nein, mit Kolja hat das nichts zu tun“, versichert Kapitolina, „ich will kündigen und fertig.“
Albert Romanowytsch dämmert, dass er sie nicht mehr sehen wird, und das tut ihm dann doch leid.
„Vielleicht können wir das Problem klären, wenn es eins ist?“
„Ich glaube nicht.“
„Ich kann dich an die Kasse versetzen, wenn du willst. Da verdienst du mehr …“
„Bloß nicht an die Kasse“, ruft Kapitolina erschrocken. „Ich will nicht an die Kasse. Und überhaupt, ich kann nicht bei Ihnen arbeiten.“
„Warum das denn, Kapitolina?“
„Ich … ich kann das Einmaleins nicht.“
Albert Romanowytsch lacht schallend los.
„Und deswegen willst du kündigen?“
„Ja.“
Albert Romanowytsch würde sie jetzt am liebsten in den Arm nehmen. Aber er hält sich zurück.
„Hör mal, Kapitolina. Man muss nicht immer die Wahrheit sagen. Manchmal muss man schwindeln.“
„Will ich nicht.“
„Stell dir vor, es ist ein Spiel. Die Leute spielen ‚Schwindeln‘. Über wen am wenigsten rauskommt, der gewinnt.“
Kapitolina versteht gar nichts.
„Sie sagen das, als würden Sie etwas von mir wissen.“
„Ich weiß genug.“
„Sie wissen gar nichts!“
Albert Romanowytsch steht auf. Er stellt sich neben Kapitolina. Ganz dicht neben sie.
„Ich weiß zum Beispiel, dass ich dir gefalle.“
„Das stimmt nicht“, sagt Kapitolina erschrocken.

„Siehst du“, Albert Romanowytsch tritt noch näher und berührt Kapitolinas Schulter, „jetzt schwindelst du.“

„Tu ich nicht. Sie gefallen mir nicht. Sie … riechen nach Maiglöckchen!“

Albert Romanowytsch reißt sich los, als hätte er einen Schlag ins Gesicht bekommen.

„Ein Mann riecht nicht nach Maiglöckchen. Nicht, wenn er ein echter Mann ist.“

Die kann mich mal, denkt Albert Romanowytsch, voll dämlich!

„In zwei Wochen kannst du gehen, wohin du willst“, sagt Albert Romanowytsch und kehrt an seinen Schreibtisch zurück.

„Danke.“

Kapitolina geht zur Tür.

„Eine letzte Frage noch, Kapitolina: Wie willst du denn Geld verdienen?“

Kapitolinas Antwort kommt keine Sekunde später.

„Gar nicht. Eine Frau muss kein Geld verdienen.“

Ende Januar. Überall riecht es nach Frühling, sogar in der Unterführung zwischen Chreschtschatyk und Majdan Nezaleshnosti. Heute ist Sonntag. Es kommen kaum Menschen vorbei.

Bloß nicht drüber nachdenken, wie's weitergeht, denkt Kapitolina und hält ihr Schild „Lese aus der Hand“ in die Höhe.

Die Opernsängerin und der Lupen-Opa sind auch an ihrem Platz.

Nur nicht an der eigenen Entscheidung zweifeln.

Kapitolina hat Angst. Die Stadt, die ihr anfangs so groß und weitherzig schien, zischt von allen Seiten wie ein Drache.

Braucht mich denn HIER wirklich keiner?

„Was willst du eigentlich hier?“, will der Alte mit den Lupen plötzlich von Kapitolina wissen.

Etwas Feindseliges liegt in seiner Stimme.

„Genau, scheuch sie fort, Alexej!“, stachelt ihn die Opernsängerin an.

Kapitolina schaut verstört auf ihre Nachbarn.
„Habe ich Ihnen denn was getan?"
„Du lenkst unsere Kunden ab."
Der Alte mit den Lupen und die Opernsängerin kommen näher.
„Hau ab!", schreien sie, „du Oberheilige, du."
Fünf Lupen in der einen und fünf Lupen in der anderen Hand klirren drohend vor Kapitolinas Augen.
„Ich hab Ihnen doch nichts getan", winselt Kapitolina, „lassen Sie mich in Ruhe."
„Hau ab, hast du's nicht gehört! Handleserin, dass ich nicht lache!"
Die Opernsängerin zerrt Kapitolina an den Haaren und stößt sie zu Boden. Kapitolina fällt hin. Der Lupen-Opi tritt sie in den Bauch.
„Nicht in den Bauch, in die Nieren musst du treten", hetzt die Opernsängerin.
„Die dreht sich weg, da treffe ich nicht."
Kapitolina dreht sich nicht. Sie liegt geschlagen am Boden, in einer Pfütze, wie sie sich nach jeder feuchten Reinigung am Ende der Unterführung bilden. Die Lampen an den Wänden flackern. Vereinzelte Fahrgäste laufen gleichgültig vorbei und rasseln mit ihren Taschen und Rucksäcken.
Mein letztes Stündlein hat geschlagen, denkt Kapitolina, HIER braucht mich keiner.
Plötzlich taucht aus dem Nichts ein riesiger Schatten auf. Es fällt ein Schuss, die Opernsängerin und der Alte mit den Lupen gehen neben Kapitolina zu Boden.
Jemand hebt Kapitolina vorsichtig auf die Arme. Kapitolina reißt die Augen auf.
„Kolja, was machst du denn hier?"
Kolja drückt Kapitolina zärtlich an seine Brust.
„Seit wann spaziert denn eine junge Lady um drei Uhr nachts ohne Lakaien herum?"
Kapitolina schmiegt sich an seine breite Brust und atmet seinen männlichen Geruch. Und antwortet, die Nase stolz nach oben gereckt:

„Ich bin Ihnen keine Rechenschaft schuldig. Sie sind weder mein Vater noch mein Mann!“
„Also“, sagt er, und sein Blick wird wärmer, „damit ich eine Antwort auf meine Frage bekomme, muss ich Sie wohl heiraten.“
„Nur über meine Leiche!“
„Ein verführerisches Angebot. Ich glaube, Sie würden die schönste Braut abgeben im Totenreich.“
Er beugt sich nieder und küsst Kapitolina auf die Lippen.
„Wie kannst du es wagen“, braust Kapitolina auf, leistet aber keinerlei Widerstand.
„Ich frage Frauen nicht um Erlaubnis für einen Kuss.“

5

Kapitolina und Nata fahren mit dem Fahrstuhl in den achten Stock.
„Und was willst du jetzt sagen, Kapitolina?“
„Nichts, ich will sehen, wer da wohnt.“
„Da mach ich nicht mit. Ist mir peinlich.“
„Jetzt mach dir nicht ins Hemd, Nata.“
Sie sind im achten Stock angekommen.
„Die Wohnung hier ist es.“ Kapitolina tippt mit dem Finger an die alte Holztür und drückt auf den Klingelknopf.
„Mein Gott, warum höre ich eigentlich auf dich!“ Nata seufzt. „Dauernd gerate ich mit dir in irgendeine Klemme.“
Die Tür geht auf. Auf der Schwelle steht eine Oma in einem abgetragenen, verblichenen Hausmantel.
„Was wollt ihr?“, fragt die Oma verwundert. „Wer seid ihr?“
„Wir … wohnen unter Ihnen.“ Kapitolina zieht verlegen die Schultern hoch. „Entschuldigen Sie, dass wir Sie belästigen.“
Die Oma stützt sich auf einen Stock.
„Bitte“, sagt sie, „und was wollt ihr?“

„Sagen Sie bitte“, Kapitolina stockt, „warum … warum werfen Sie dauernd harte Brote vom Balkon?“
Die Oma schweigt.
Gleich schreit sie los, denkt Kapitolina, aber dazu ist die Oma offenbar schon seit längerem nicht mehr in der Lage.
„Hat etwa jemand was auf den Kopf gekriegt?“
Die Oma schämt sich.
„Tut mir leid“, murmelt sie, „dabei werfe ich die Brote extra nachts runter, damit ich keinen treffe. Da hab ich mich wohl vertan. Entschuldigt!“
„Nein, nein, Sie haben niemanden getroffen, keine Angst. Wir wollten nur wissen, warum Sie das machen?“
Die Oma lacht ein zahnloses Lächeln.
„Ich werf die runter, damit die Tiere was zu fressen haben. Die Beine machen nicht mehr mit, wisst ihr. Ich komme kaum noch runter. Und da hab ich mir überlegt, dass ich die Brote vom Balkon werfe. Wenn ich hartes Brot habe, werfe ich es über die Brüstung. Da unten rennen doch lauter hungrige Tiere rum und warten, dass ihnen jemand was bringt. Und ich füttere sie. Ich brauch nicht viel, und meine Kinder schleppen dauernd was an. Aber sagt bloß meinen Kindern nichts, sonst krieg ich Ärger.“

Lepus europaeus

(Der Hase)

1

Es fängt gerade an zu dämmern, da ruft Halschka Hulewytsch den Kunden, die sich an ihrem Obst- und Gemüsestand drängeln, zu:
„Ich mach jetzt zu! Sie brauchen sich nicht mehr anstellen! Am Nachbarstand gibt's dasselbe. Gehen Sie da rüber!"
Halschka mag weder das Stadtviertel noch den Markt noch die Kunden, die nichts als Kartoffeln kaufen.
„Da bietest du ihnen Apfelsinen und Mandarinen und Kiwi und Minneolas, die schönsten Bananen und sogar Pfirsiche im März", brummt Halschka vor sich hin, „und was nehmen sie? Kartoffeln. Kartoffeln sind hier im Viertel das Hauptnahrungsmittel. Kartoffeln sind Obst, Gemüse und Fleisch in einem."
Halschka, eine Kerze in der einen Hand, eine Zigarette in der anderen, packt hastig die unverkaufte Ware in Kisten für den nächsten Tag.
„Mit Kartoffeln, da machst du keinen großen Gewinn", brummelt sie weiter. „Mit Kartoffeln kriegst du kein Haus zusammen. Und für einen Urlaub in Truskawez reicht's auch nicht. Gute Kosmetik ist nicht drin. Warum sind Kartoffeln eigentlich so billig? Wenn sie teuer wären, also wenigstens so teuer wie die März-Pfirsiche, dann hätt ich kein Problem damit, sie zu verkaufen. Ich würd sie sogar vorher noch waschen und blank reiben, mit Wasser bespritzen, ach was, nicht mal ein einfaches Parfüm wär mir zu schade. Eigentlich sind Kartoffeln gar nicht so übel. Sie sind schnell gar, haben einen feinen Geschmack und passen zu verschiedenem Fleisch, sie passen eigentlich zu allem, außer zu Süßem. Man kann sie kochen, braten, überbacken, schmoren,

reiben und füllen. Keine Ahnung, ob man sie auch konservieren kann. Wozu auch? Man kriegt sie ja das ganze Jahr über in rauen Mengen, ohne Ende, in Hülle und Fülle. Warum gibt's die eigentlich in solchen Massen? Wenn's weniger gäbe, wären sie teurer. Angebot und Nachfrage. Davon verstehe ich was." Halschka lacht in sich hinein. „Wenn es doch nur weniger Kartoffeln gäbe ... Das hätte allergings auch einen Haken. Die Kunden würden ja trotzdem nicht mehr bezahlen. Ich kenne die doch, die Hungerleider, diese Säcke. Die würden einfach auf Nudeln umsteigen. Und Nudeln, das ist nun nicht mein Metier. Ich führe nur Obst und Gemüse."

Halschka zieht ihren fleckigen Kittel aus und schlüpft in ihre Übergangsjacke, kämmt sich nachlässig, steckt sich an der alten eine neue Zigarette an und lässt das Vorhängeschloss einschnappen.

„Morgen bin ich nicht da", ruft sie der Verkäuferin am Nachbarstand zu.

„Wieso nicht?"

„Hab was Wichtiges zu erledigen."

„Pass auf, dass dir dein Gemüse nicht verfault. Das musst du verkaufen."

„Ach, das verfault schon nicht. Ist doch nur Chemie."

„Meins ist auch nicht schlechter, und trotzdem fault es, verdammte Scheiße."

„Bespritzt du deins?"

„Womit denn?"

„Siehst du!", sagt Halschka vieldeutig und verlässt den Markt.

Halschka rennt zur O-Bus-Haltestelle. Da seht ihr sie: Halschka ist mäßig dick und übermäßig geschminkt, sie trägt eine Kunstlederjacke, schwarze Plateaustiefel und eine schwarze glänzende Umhängetasche, auf der das Label von Dolce und Gabbana prangt. Sie ist unscheinbar. Frauen wie sie laufen einem tagtäglich haufenweise über den Weg, man übersieht sie einfach.

Und sie wollen auch gar nicht gesehen werden. Die lautlosen, unauffälligen und fleißigen Frauen von nebenan. Wie Ratten, die, wenn man den neuesten Forschungsergebnissen glauben will, in maximal fünf Metern Abstand von jedem Erdbewohner leben. Stellt euch das mal vor. Ihr durchkämmt eine Fläche mit einem Radius von fünf Metern und stoßt mit Sicherheit auf eine Ratte. Ihr dürft nur keine Angst haben. Keinen Lärm schlagen und keinen Aufstand machen. Ratten haben schon immer in Menschennähe gelebt, und so wird es bleiben. Dazu sind sie da. Sie sind gräulich, winzig und harmlos, sie wühlen in Müllcontainern und reinigen verstopfte Abflussrohre. Sie schleppen ihren Nachwuchs auf dem Rücken von einem Bau zum nächsten. Auf der Suche nach Essbarem trippeln sie pausenlos hin und her. Seit Jahren. Seit Jahrhunderten. Seit Jahrtausenden. Sie bleiben unsichtbar. Ihr habt sie immer übersehen. Ihr blickt ihnen in die Augen und entdeckt sie nicht. Mehr brauchen sie nicht. Nur dann ist ihr Leben vollwertig – wenn sie unbemerkt bleiben.

Halschka wartet auf den O-Bus. Sie starrt in Richtung Horizont und hält Ausschau nach dem Bus. Einige Minibusse, die sie hätte nehmen können, fahren langsam vorüber, aber Halschka reagiert nicht. Halschka fährt aus Prinzip nicht Minibus, denn der ist einen Hrywnia teurer. Dreißig Tage im Monat sind dreißig gesparte Hrywnia.

Endlich kommt der halbleere O-Bus, und Halschka steigt ein. Immer weniger Leute fahren O-Bus, denkt sie. Sind alle auf die Minibusse umgestiegen. Und was ist an denen besser? Die sind rappelvoll, man wird eingequetscht wie eine Sprotte im Glas, und dann kostet es auch noch einen Hrywnia mehr. Der O-Bus ist ein bisschen langsamer, gut, aber viel macht das nicht aus. Dass die O-Busse langsamer sind, ist ein Vorurteil. Die fahren doch schnell. Wirklich. Manchmal muss man sich richtig festhalten, dass man nicht hinfällt. So schnell können die fahren.

Genau genommen spart Halschka sogar mehr als einen Hry-

wnia, wenn sie den O-Bus nimmt. Sie spart einen Hrywnia und fünfzig Kopeken. Denn im O-Bus bezahlt Halschka überhaupt nicht.
Wozu soll ich bezahlen?, denkt sie. Wofür soll ich denen was bezahlen? Die Sitze sind durchgescheuert, die Gänge schmutzig, besser gesagt, zugemüllt, alles voller Betrunkener und Junkies. Wofür soll ich da bezahlen?!
Wenn ein Kontrolleur kommt, was äußerst selten passiert, starrt Halschka aus dem Fenster und schweigt eisern. Bloß nicht den Kontrolleur anschauen. Egal, wie laut er schreit, egal, was er sagt und womit er droht. Wegschauen und fertig. Als ob du taub wärst. Der Kontrolleur tut dir schon nichts, das darf er nicht. Halschka kennt sich mit den Gesetzen aus. Sonst bist du doch auch aufgeschmissen. Wenn du die Gesetze kennst, bist du wer. Wenn nicht, bist du verloren. Da betrügen und bescheißen sie dich, machen dich lächerlich und du hast gleich dein Trauma weg für den Rest des Lebens.
Es gibt natürlich bessere Methoden, die Kontrolleure loszuwerden. Denn schweigen und aus dem Fenster schauen ist nicht gerade angenehm. Peinlich ist das. Alle starren dich an. Zeigen mit dem Finger auf dich. Dass du ganz kribbelig wirst. Manchmal gerät man auch an einen Kontrolleur von der penetranten Sorte, da ist gleich der ganze Abend versaut. Dann schleichst du nach Hause wie ein Schlafwandler und hast zu gar nichts mehr Lust. Würdest dich am liebsten erschießen. Du hasst dich und die fünfzig Kopeken und alles Schöne auf der Welt.
Es gibt noch eine andere Methode. Halschka hat ein paar Mal beobachtet, wie ein Typ, der immer auf dieser Linie fährt, diese Nummer ziemlich gekonnt abgezogen hat. Der Mann ist nicht reich, aber auch nicht arm. Mittleres Alter, normales Aussehen, das Gesicht leicht, aber nicht übermäßig aufgedunsen vom Schnaps. Er hat etwas Nettes. Und ist vor allem sehr gewieft. Der traut sich was. Halschka könnte das nicht.
Seine Methode ist folgende.

Er sitzt in dem halbleeren O-Bus. Da kommt der Kontrolleur und will den Fahrschein sehen oder kassieren. Freudig und voller Elan macht sich der Mann daran, seine Jackentaschen abzusuchen. Ganz eifrig. Er will bezahlen, das sieht man. Der Kontrolleur wartet. Der Mann kramt in den Jackentaschen, stülpt sie um – nichts. Keine einzige Kopeke. Als nächstes nimmt er sich die Hosentaschen vor. Ebenso Fehlanzeige. „Bitte zahlen Sie für Ihre Fahrt", sagt der Kontrolleur ungeduldig. „Gleich, einen Moment noch, gleich haben Sie Ihr Geld", antwortet der Mann. Und knöpft seine Jacke auf. Es wird still im Bus, alle, die Fahrgäste und auch der Kontrolleur, sind gespannt, wie es weiter geht. Der Mann hat nichts drunter, er ist nackt. Splitterfasernackt.

„Ach", ruft der Passagier verwundert, „jetzt hab ich vergessen, mein Hemd anzuziehen."

Eine bewährte Methode. Klappt hundert pro. Der Kontrolleur ist so verblüfft, dass er auf alles pfeift und weitergeht.

Halschka könnte das nicht, sie schweigt lieber.

Sie fährt über den Dnipro und sieht die Lichter der Stadt ins Wasser tauchen. Sieht die sakrale Landschaft auf den Kiewer Hügeln – das Lawra-Kloster, den Glockenturm der Sophien-Kathedrale, die Mutter Heimat mit dem Schwert in der Hand, den Fernsehturm und die anderen Brücken. Halschka fährt gern über den Dnipro. Mit dem O-Bus dauert das so fünf bis zehn Minuten. Wenn Stau ist, länger.

An der vierten Haltestelle hinter dem Dnipro muss Halschka aussteigen. Gut gelaunt verlässt sie den Bus. Diesmal ist kein Kontrolleur gekommen, ihre Stimmung ist ungetrübt.

In Trojeschtschyna, der Schlafstadt am linken Dnipro-Ufer, ist es schon dunkel. Halschka geht in den Supermarkt Kraj, um sich zwei Käsestangen zu kaufen. Die kauft sie beinahe jeden Abend. Sie kommen frisch aus dem Ofen und duften. Sind knusprig. Frisch schmecken sie am besten, am nächsten Morgen sind sie steinhart. Die Schnellstraße, die Halschka überqueren muss, um zu ihrem Haus zu kommen, ist um diese Zeit bereits leer. Halschka läuft über die Fahrbahn. Sie meidet die Unterführung, in der Unterführung stinkt es, sie ist nicht beleuchtet. Finster wie im Bärenarsch ist's da drin. Du läufst und siehst nicht, wo du hintrittst. Ringsum nur beißender Gestank und vor dir und hinter dir komisches Gekicher. Gruselig, obwohl Halschka nicht gerade zart besaitet ist. Ein paar Mal wurde sie in der Unterführung von Rowdies belästigt, die hat sie aber abgewehrt. Halschka ist sehr kräftig. Sie schleppt ihre Kartoffelkisten ohne fremde Hilfe. Das ist das einzig Gute an den Kartoffeln: dass du Muskeln kriegst. Rowdies? Lächerlich. Wenn du denen einen Stoß versetzt, fallen die gleich auf die Knie und bitten um Verzeihung. Die Jugend heute hat doch nichts mehr drauf. Alles schlaffe Säcke.

Halschka geht bis zur Straßenmitte und bleibt plötzlich stehen. Da hat doch eben direkt vor ihr etwas geglitzert. Hat geglitzert und ist weggerollt. Halschka reibt sich verblüfft die Augen. Was war denn das? Eine Goldmünze rollt über die Schnellstraße. Wie ein ukrainisches Fünf-Kopeken-Stück, nur größer. Aber das ist keine ukrainische Münze. So eine Münze hat Halschka noch nie gesehen. Sie stürzt ihr nach, die Münze scheint schneller zu rollen.

Gold, denkt Halschka, das ist eine Goldmünze. Ganz bestimmt. Würde sie sonst so glänzen?

Halschka hat in ihrem ganzen Leben noch nie eine Goldmünze gesehen. Natürlich hat sie als Kind Märchen von unerhörten Schätzen und sagenhaften Diamantenkisten auf den einsamen Inseln im Stillen Ozean gelesen, aber sie hat nie geglaubt, dass es Goldmünzen wirklich gibt. Das polnische Geld heißt Złoty, von złoto – Gold, aber wo, bitte schön, ist denn da das Gold? Das sind ganz normale Scheine. Keine Spur von Gold.

Die Münze rollt über den Asphalt, und Halschka läuft ihr nach. Weit und breit ist niemand zu sehen. Keiner, der die Münze verloren oder gerollt haben könnte. Wie ist sie nur hergekommen? Und was ist das für ein Porträt da drauf? Ein bärtiger Kopf im Profil. 1899.

Gleich wird sich Halschka die Münze schnappen, noch ein Stück, ein Schritt, ein halber, plötzlich flammt in der Ferne grelles Scheinwerferlicht auf. Halschka dreht sich um.
Ein riesiger Laster, der Beton zu Baustellen fährt, kommt auf sie zu. Halschka stürzt auf die Straße und schlägt die Hände vors Gesicht. Die zwei Käsestangen aus dem Supermarkt werden von einem gigantischen Rad zermalmt, und im nächsten Augenblick ist es wieder still in der Trabantenstadt Trojeschtschyna.

2

„Ich hatte großen Hunger", sagt Iwan Iwanowytsch auf dem Polizeirevier von Trojeschtschyna. „Ich hatte großen Hunger, sonst habe ich keine Schuld! Ich hätte essen sollen, bevor ich losgefahren bin. Ich habe auch was gegessen, aber es war eben zu wenig. Ich hab auch gewusst, dass es zu wenig ist. Wenn man nachts arbeitet, hat man einen Mordshunger. Viel schlimmer als tagsüber. Nachts könnte ich ein ganzes Wildschwein verdrücken. Ich bin nicht schuld. Ich habe sie nicht gesehen. Ich weiß nicht, wo sie auf einmal hergekommen ist. Was musste sie auch da auf der Straße rumstehen?"
Der Polizeiwachtmeister ist verstimmt. Er will ins Bett. In der Nacht soll man schlafen. Dafür ist die Nacht schließlich da. Dieser komische Betonmischerfahrer hat einer Frau sämtliche Knochen gebrochen, und jetzt will er nicht zugeben, dass er schuld ist. Fängt stattdessen immer wieder vom Essen an. Was hat das denn damit zu tun? Darum geht's doch hier gar nicht. Denken nur ans Fressen, diese Typen. Sich den Bauch voll schlagen und dann irgendwo abhängen, eingelullt vom Gurgeln der eigenen Magensäfte, das können sie.
„Reden wir doch mal nicht darüber, was Sie gegessen, sondern was Sie getrunken haben", sagt der Polizist.

„Ich habe nichts getrunken! Keinen Tropfen! Ich schwör's."
„Das sehen wir dann am Alkoholtest."
„Ich kann mit geschlossenen Augen auf einer Linie entlanglaufen, wenn Sie wollen! Oder mit dem Zeigefinger auf meine Nasenspitze tippen. Oder eine Brücke machen! Einen Querspagat! Ich habe nichts getrunken! Ich bin stocknüchtern!"
„Warum haben Sie sich überhaupt ans Steuer gesetzt und wo wollten Sie eigentlich hin?", fragt der Polizeihauptmeister gelangweilt nach.
„Das ist meine Arbeit! Ich habe den Betonmischer von A nach B gefahren."
„Nachts?"
„Wann denn sonst? Tagsüber haben Betonmischer Fahrverbot. Sie dürfen nur nachts fahren, zwischen 23 und 5 Uhr. So sind die Bestimmungen. Betonmischer brauchen viel Platz, tagsüber würden sie Staus verursachen, die haben wir ja sowieso schon zur Genüge!"
„Wir werden die Bestimmungen überprüfen. Waren Sie erschöpft? Müde?"
„Ich hatte Hunger. Das ja. Aber müde war ich nicht. Wie auch? Ich arbeite immer nachts. Ich nehme meine Arbeit ernst. Ich schlafe tagsüber. Ich habe einen tiefen Schlaf. Zum Glück."
„Kann das jemand bestätigen?"
„Das kann niemand bestätigen. Ich lebe allein. Aber ich sage die Wahrheit! Warum sollte ich lügen? Bei der Polizei doch nicht!"
„Iwan Iwanowytsch, Sie sehen ehrlich gesagt nicht besonders gut aus. Ihre Augen sind gerötet, Ihre Hände zittern. Das müssen wir im Protokoll vermerken."
Der Polizeiwachtmeister spannt einen frischen Bogen Papier für das Protokoll in die Schreibmaschine. Er schreibt gern Protokolle. Als Kind hat er davon geträumt, Schriftsteller zu werden. Wenn ihr jetzt ins Archiv gehen und seine Aufsatzhefte holen würdet, fändet ihr im Handumdrehen seinen Aufsatz zum Thema *Was ich einmal werden möchte.* Schriftsteller. So hat es der Poli-

zist geschrieben. Schriftsteller. Nicht Polizist, nicht Kosmonaut, nicht Arzt, nicht Bergarbeiter. „Ich möchte Schriftsteller werden und Gedichte schreiben. Damit mir die Leute Rosen aufs Grab legen", hat er geschrieben.

Iwan Iwanowytsch springt von seinem Stuhl auf und kreischt los: „Das ist normal, dass ich rote Augen habe. Sie dürfen das mit den roten Augen nicht ins Protokoll schreiben. Das kommt nicht von der Müdigkeit!"

„Und woher dann?"

„Ich habe geweint, so ist das!"

„Und warum haben Sie geweint? Seit wann weinen Männer denn?"

„Ist ein Mann etwa kein Mensch? Mir war nach weinen, und da hab ich geweint."

„Beruhigen Sie sich, Iwan Iwanowytsch, und setzen Sie sich. Und schreien Sie uns nicht an. Sie haben jemanden überfahren, nicht wir."

Iwan Iwanowytsch setzt sich wieder hin, aber nur mühsam bewahrt er die Fassung. Er ist am Ende, das sieht man.

Hysterischer Betonmischerfahrer mit Dauerarschkarte, fällt der Polizeiwachtmeister im Stillen sein Urteil. Mittleres Alter. Heruntergekomen. Bierbauch, kein Sport, schläft am Tag und fährt nachts Betonmischer von A nach B. Der Klassiker. Zugegebenermaßen nicht gerade beneidenswert. Keine Zeit für Freunde, keiner da zum Reden, keine Frau. Lebt wie ein Maulwurf. Ein Pechvogel. Da kann man leicht verrückt werden. Hysterie ist der erste Schritt zum Wahnsinn. Und diesen Schritt hat Iwan Iwanowytsch bereits getan.

„Erzählen Sie, was passiert ist."

„Ich hab doch schon alles erzählt."

„Erzählen Sie es noch einmal. Genauer. Was haben Sie davor, dabei und danach empfunden?"

„Ich hatte Hunger. Das habe ich empfunden. Hunger."

„Haben Sie kein Geld, um sich normal zu ernähren?"

„Natürlich habe ich Geld! Ich verdiene gut. Für eine Nachtschicht kriege ich doppelt so viel wie für eine Tagschicht. Ich esse gut. Ich muss auf nichts verzichten. Wenn ich Mais will, esse ich Mais. Wenn ich Fleisch will, esse ich Fleisch. Nicht nur Schweinefleisch. Auch anderes. Letzte Woche, da habe ich mir zum Beispiel Truthahn gekauft. Truthahn ist ja teuer, richtig teuer. Zweihundert Gramm kosten dreißig Hrywnja! Das Fleisch ist etwas trocken, aber es hat seinen eigenen Geschmack. Ich mache Sojasoße dazu. Schmeckt prima. Probieren Sie das mal! Ist in sieben Minuten fertig. Geht schnell und schmeckt ausgezeichnet."
„Wir werden es probieren."
„Aber am liebsten esse ich blutiges Steak. Es gibt nichts Besseres als ein Steak. Das können Sie mir glauben, ich verstehe was vom Essen. Auf das Blut kommt's an. Ein Steak ohne Blut ist rausgeschmissenes Geld. Der Mensch ist von Natur aus ein Raubtier. Er muss das Blut von seinem Opfer im Mund spüren. Sonst kann man gleich ein Möhrchen knabbern."
„Was haben Sie vor dem Unfall gegessen?"
„Ich habe bis neun Uhr abends geschlafen. Dann hat der Wecker geklingelt. Ich stelle ihn immer, damit ich nicht verschlafe. Dann habe ich mir die Zähne geputzt, mich geduscht und ein Stück Kalbfleisch gegessen."
„Roh?"
„Nein, wieso roh? Ich habe es gekocht. Mit Sellerie."
„Sie haben also gut gegessen?"
„Wie immer."
„Und warum haben Sie dann wieder Hunger bekommen?"
„Keine Ahnung. Nachts kriege ich immer einen Mordshunger. Als würde sich der Magen umdrehen. Der Mund läuft mit Spucke voll. Keine Ahnung, was das ist. Ich muss ständig ans Essen denken. Alles in mir kreist ums Essen."
„Fassen wir zusammen. Sie haben gut geschlafen, gut gegessen, keinen Alkohol getrunken, sich ans Steuer des Betonmischers gesetzt, sind losgefahren und alles in Ihnen ist ums Essen ge-

kreist und darum, was für einen Hunger Sie haben. Auf dem Majakowski-Prospekt haben Sie dann eine unschuldige Passantin überfahren. Das entbehrt jeder Logik, Iwan Iwanowytsch."

„So ganz unschuldig ist sie ja nun nicht, diese Passantin, wie Sie sie nennen!" Iwan Iwanowytsch springt wieder auf. „Was hatte die denn mitten auf der Fahrbahn zu suchen? Wo es doch direkt daneben einen Fußgängertunnel gibt! Und hundert Meter weiter eine Ampel! Und da steht sie mitten auf der Fahrbahn und lässt sich einfach überfahren! Unschuldig würde ich das nicht nennen. Vielleicht wollte sie sich umbringen?"

„Setzen Sie sich!"

Iwan Iwanowytsch setzt sich.

„Von einem Selbstmord wissen wir nichts", sagt der Polizeiwachtmeister. „Wir wissen überhaupt nichts. Aber wir müssen uns ein Bild machen von der Sache, oder etwa nicht? Wir müssen ein Protokoll aufsetzen, und dann gehen wir auseinander. Im Unterschied zu Ihnen haben wir nämlich tagsüber nicht geschlafen, Iwan Iwanowytsch. Wir sind schon den ganzen Tag auf den Beinen. Wir sind müde. Sehr müde. Und Sie kommen uns hier mit Ihrem Mordshunger und dem ganzen Gefasel."

„Was soll's. Ich habe heute auch nicht geschlafen, wenn ich ganz ehrlich sein soll. Ich kann nämlich manchmal nicht einschlafen, wenn draußen die Sonne scheint. Ich habe ferngesehen."

„Ach, so ist das! Angelogen haben Sie uns, von wegen geschlafen! Und von wegen geweint! Ihre Augen sind rot, weil Sie übermüdet sind und nicht weil Sie geweint haben!"

„Ich habe geweint! Das ist nicht gelogen!"

„Warum haben Sie geweint?"

„Ich gebe alles zu! Ich erzähle alles! Aber schreiben Sie das mit den roten Augen nicht ins Protokoll!"

„Also …"

„Ich fahre auf den Majakowski-Prospekt rauf", beginnt Iwan Iwanowytsch. „Alles ist so schön und still. Ich fahre gern nachts. Weil es ruhig ist. Weil es keine Staus gibt, keine wild gewordenen

Autofahrer, keine kopflosen Fußgänger. Ich fahre so vor mich hin, höre Radio und träume von einem Hot Dog. So war das. Ich hätte mich sogar mit einem Hot Dog zufrieden gegeben. Und dann steht da am Supermarkt Kraj plötzlich diese Frau auf der Fahrbahn. Wie ein Gespenst taucht sie aus dem Dunkel auf. Ganze fünf Meter entfernt. Ich konnte nicht mehr bremsen. Ich habe sie angesehen und sie mich. Sie ist nicht weggelaufen. Hat keinen Rettungsversuch unternommen. Hat die Hände vors Gesicht geschlagen und ist auf die Straße gestürzt. Das war's. Ich hab nur noch unter dem rechten Vorderrad ihre Knochen knirschen gehört. Erst nach zwanzig, dreißig Metern hab ich den Laster zum Stehen gebracht. Ich bin nicht schnell gefahren, genau nach Vorschrift, meine Herren Polizisten. Aber ein Betonmischer ist riesig. Das dauert, bis der zum Stehen kommt. So. Dann bin ich aus dem Fahrerhäuschen gesprungen, und sie liegt da, bewegt sich nicht. Die Beine unnatürlich verrenkt. Das habe ich gleich gesehen. Tot, hab ich gedacht. Unter so einem Betonmischer kommt man nicht so einfach lebend wieder vor. Die Frau hat wahnsinniges Glück gehabt. Ich gehe zu ihr hin, sie schaut mich mit aufgerissenen Augen an. Nicht vorwurfsvoll, sondern einfach so. Ich habe mich über sie gebeugt und ihr übers Haar gestrichen. Sie sah nicht alt aus, aber verlebt. War geschminkt wie die Mädchen aus der Provinz. Die Hände schwarz und rissig. Ich streichle sie und rede beruhigend auf sie ein: ‚Wird schon wieder, bloß nicht bewegen.' Das Wichtigste ist, dass man sich nicht bewegt, wenn so was passiert ist. Das weiß ich. Aus den amerikanischen Notarztserien. Schade, dass sie jetzt keine Krankenhausserien mehr im Fernsehen bringen. Die sind doch praktisch. Und lebensnah. Also. Die Frau deutet mit ihrem Arm irgendwohin. Schau mal, da liegt was. Ich folge ihrem Blick und kann zuerst nichts erkennen. Da liegt eine Tasche. Und daneben, auf der Straße, zwei zermalmte Stangen. Solche langen Dinger, wissen Sie. Käsestangen heißen die, glaube ich. Nicht zu verwechseln mit Krabbenstangen.

Krabbenstangen sind sehr ungesund. Die reinste Chemie. Das waren aber Käsestangen. Also, das waren mal Käsestangen gewesen. Jetzt waren das breitgefahrene Backwaren, um genau zu sein. Ich habe die Stangen von der Straße gekratzt und sie der Frau hingehalten. Willst du dich ein bisschen stärken, hab ich sie gefragt. Aber sie hat sich weggedreht. Dabei waren das ihre Stangen, ganz bestimmt. Vielleicht hatte sie sie kurz vorher im Supermarkt gekauft, denn sie sahen frisch aus und haben geduftet. Vielleicht eine halbe Stunde, dass sie aus dem Ofen waren, mehr nicht. Und da frage ich sie: ‚Darf ich? Es sind Ihre Käsestangen. Ich weiß. Aber ich habe wahnsinnigen Hunger. Mordshunger. Mir klebt der Magen am Zwerchfell, so einen Hunger habe ich. Und Sie brauchen die Käsestangen doch nicht mehr. So, wie es Ihnen die Beine verdreht hat.' Sie nickt. Iss schon, was soll's, wenn du so einen Hunger hast. Lass sie dir schmecken. Sie hat das nicht laut gesagt, konnte sie ja gar nicht, ihr lief Schaum aus dem Mund, aber ich habe auch so verstanden, dass ich die Stangen nehmen kann. Also hab ich mich neben sie gesetzt und sie mit der einen Hand weiter gestreichelt und mir mit der anderen Hand die Käsestangen in den Mund geschoben. Was für eine nette Frau. Die weiß, was Männer für Schwächen haben. Und sicher noch anderes mehr. Schade, dass ich nicht mit ihr reden konnte. Und so haben wir da im Dunkeln auf dem Majakowski-Prospekt gesessen. Ich habe ihre Käsestangen gegessen, und sie hat gestöhnt. Und dann, als die Stangen alle waren, wissen Sie, da wurde mir richtig komisch, weil, das hat mich gerührt, dass ein Mensch zu einem anderen so gut sein kann, wissen Sie, dass sie mir dieses Stück Brot gegönnt hat, und da sind mir die Tränen gekommen. Der Hunger war auf einmal weg. Ich hab geweint und sie angefleht, nicht zu sterben. Sie hat gestöhnt. Eine sehr starke Frau. Meine Tränen sind ihr ins Gesicht getropft, und es sah so aus, als würden wir beide weinen. Wir sitzen im Dunkel zwischen den Hochhäusern und weinen. Wie Kinder."

Der Polizeiwachtmeister spuckt auf den Fußboden und reibt die Spucke beiläufig mit dem Absatz seines Staatsstiefels breit.

3

Iwan Iwanowytsch, oder nennen wir ihn lieber etwas familiärer Wanja, liegt angekleidet auf seinem Bett und denkt nach.

Er ist erst gegen Morgen nach Hause gekommen.

Sein Kopf hämmert. Arme und Beine sind weich wie Watte. Im Magen gluckst ein krankes Grummeln.

Wanja fühlt sich zerschlagen, aus der Bahn geworfen. Ja, aus dem Leben geworfen. Er fühlt sich wie ein Verbrecher.

Ihm fällt ein, dass er noch ein paar Mohntaschen in der Küche liegen hat, die er jede Woche am Bäckereistand an der Metrostation Minska kauft. Er geht in die Küche und verputzt alle Mohntaschen auf einmal.

Die erste Mohntasche ist noch lecker, denkt Wanja, aber wenn du alle auf einmal isst, merkst du plötzlich, was für fettiges und ungenießbares Zeug das ist.

Mit seinem Bauch wird es schlimmer, obwohl das Grummeln aufgehört hat.

Öde, denkt Wanja, aber was soll's, ich muss mich hinlegen, sonst komme ich aus dem Rhythmus.

Wanja zieht die ausgebleichten dunkelroten Vorhänge zu, und im Zimmer wird es dämmrig.

Draußen fahren Autos, Leute gehen vorbei, Kinder rennen herum, draußen passiert etwas, und ich soll mich schlafen legen, denkt Wanja. Ist das deprimierend, tagsüber zu schlafen!

Wanja schaltet den Nachrichtenkanal 24 ein. Wanja mag die männliche Stimme auf diesem Sender. Er hört es gern, wie die Stimme unbeteiligt vor sich hin murmelt. So schläft Wanja schneller und besser ein.

Die Männerstimme auf Kanal 24 verkündet, dass im Atlantischen Ozean zwei submarine Boote kollidiert sind. Submarine Boote, sagt die Stimme, und nicht etwa U-Boote. Wanja lächelt im Halbdämmer.

Submarine Boote. Klingt ja komisch. Hört sich an wie marinierte Brote. Oder Marinade. Oder Marina.

Wanja schließt die Augen und versucht sich Marina vorzustellen. Das hat er in den letzten zwei Jahren oft gemacht. Er hat an Marina gedacht, und schon ging's ihm besser. In seiner Brust hat es gezogen, ob nun von den angenehmen Erinnerungen oder vom Schmerz über den Verlust. Manchmal haben ihm seine Erinnerungen Tränen beschert. Manchmal eine Erektion.

Plötzlich merkt er, dass er sich gar nicht mehr an Marina erinnern kann. Weder an ihr Gesicht noch an ihren Geruch, noch daran, wie sie sich gekleidet und gesprochen hat. Von Marina ist nichts mehr übrig.

Meine Güte, ist das deprimierend, tagsüber zu schlafen, denkt Wanja.

Und vor allem gruselig. Ganz gruselig. Die Leute glauben immer, nachts sei es gruselig, aber das ist ein Trugschluss. Richtig gruselig ist es tagsüber. Die Tagdämonen sind viel gefährlicher als die Nachtdämonen. Sie sind schlau, hinterhältig und unbesiegbar. Ihnen entkommt man nicht. Und Hilfe ist auch nicht zu erwarten, denn tagsüber haben alle Leute zu tun. Dem Nächsten zu Hilfe zu kommen, steht nicht auf ihrem Plan. Die Tagdämonen kommen immer genau dann, wenn du allein zu Hause bist und dir dessen bewusst bist, wenn deine Stimmung auf dem Nullpunkt ist, weil du nicht nur heute allein bist, sondern auch gestern und vorgestern allein warst und nächste Woche und nächstes Jahr immer noch allein sein wirst. Du bist ihnen ausgeliefert. Die Dämonen, die aussehen wie Skelette in Kapuzenmänteln, stehen in den Zimmerecken und lassen ihre Knochen knirschen.

Sie sind nicht fröhlich, nein, denkt Wanja, im Gegenteil, sie sind genauso traurig.

Darin unterscheiden sich die Tagdämonen von den Nachtdämonen. Die Tagdämonen sind eigentlich nicht böse, aber vor ihnen fürchtet man sich mehr als vor den Dämonen der Nacht. Denn nicht das Böse ist das Schlimmste auf dieser Welt. Nein, das Böse nicht. Sondern …

Langsam dämmert Wanja weg. Das Zimmer vibriert, es verwandelt sich in einen weit aufgerissenen Rachen. Im Schlaf noch hört Wanja dieses komische Knirschen, das vielleicht aus dem Zimmer kommt, vielleicht auch von draußen. Wanja fürchtet sich sehr. Er sieht Marina deutlich vor sich, bleich, eingefallen, in einem Kapuzenmantel. Sie steht in einer Zimmerecke und bewegt lautlos die Lippen, als wollte sie etwas sagen, bringt aber kein Wort heraus. Der Kopf ist von der Kapuze verdeckt, so dass man nur eine Hälfte des Gesichts sieht. Aber Wanja ist sich plötzlich nicht mehr sicher, ob es wirklich Marina ist.

Er murmelt:

„Fort mit dir, du Geist."

„Wanja", flüstert Marina kaum hörbar.

„Igitt, was hast du denn da für Pickel im Gesicht", ruft Wanja. „Hau ab."

Wanja dreht sich zur Wand, damit er nichts mehr sehen muss. Er zittert.

Diese Pickel, denkt er, wie konnte ich diese Frau nur lieben?

Die Männerstimme auf Kanal 24 teilt mit, dass im Staat Idaho ein Passagierflugzeug auf ein Wohnhaus gestürzt ist. Keiner hat überlebt, weder die Passagiere noch der Mann, der das Haus allein mit seinem Rudel wutschäumender Katzen bewohnte. Der einsame Mann litt an Agoraphobie und war zwölf Jahre lang nicht nach draußen gegangen. Aber das Draußen war zu ihm gekommen. Angeflogen gekommen, wenn man's genau nahm.

Hehe, denkt Wanja, hat's dich drinnen erwischt, du neunmal schlauer Angsthase!

Ein guter Sender. Immer was zum Lachen.

Wanja schlummert wieder ein, es kommt ihm so vor, als würde

er fallen. Als säße er in einem Flugzeug und würde fallen. Unter seinem Körper tut sich ein endloser Abgrund auf. Wanja fuchtelt mit den Händen, er sucht etwas zum Festhalten, aber alles um ihn herum stürzt ebenfalls ab. Er findet nirgends Halt. Die Welt stürzt ab. Die Luft stürzt ab. Wanja stürzt ab.

A-a-a-a-a-a-a-a!

Wanja springt aus dem Bett.

„Ich werde nicht schlafen! Warum sollte ich? Ich muss ja nicht, wenn ich nicht will. Wisst ihr, was ich mache?"

Wanja rennt wie angestochen in die Küche und hantiert mit Küchenutensilien, macht in einem ansehnlichen Aluminiumkessel Wasser heiß und häuft zwei Löffel braunes Pulver in eine Tasse.

„Ich mache mir Kaffee!", verkündet Wanja und füllt kochendes Wasser auf.

Kaffeeduft durchströmt durch die Küche.

Wanja schaut aus dem Fenster.

Tagsüber sollte man auf der anderen Seite des Fensters sein, denkt er.

Ich lebe falsch.

Ich werde bald sterben.

Mein Gott, was soll ich nur machen?

Die Tagdämonen rascheln mit ihren Kapuzenmänteln und lassen ihre Knochen knirschen.

Haut ab, denkt Wanja, ich habe noch alles vor mir.

„Wer sind Sie?", fragt die Krankenschwester misstrauisch.

Wanja lässt betrübt die Schultern hängen.

„Was meinen Sie?"

„Jetzt stellen Sie sich mal nicht so an! In welchem Verhältnis stehen Sie zu der Patientin? Sind Sie Ihr Mann, Ihr Bruder?"

„Ihr Bekannter."

„Bekannte haben keinen Zutritt."

„Warum denn nicht?", regt sich Wanja auf. „Sind Bekannte etwa keine Menschen?"

„Hören Sie mal zu, die Patientin ist sehr schwach. Was wollen Sie? Sie kann nicht sprechen, sie schaut nur. Ein Betonmischer hat sie überfahren, können Sie sich das vorstellen?"
„Ja", sagt Wanja. „Es war meiner."
Die Krankenschwester weicht vor Wanja zurück wie vor einem geisteskranken Mörder.
„Und warum sind Sie hier?", kreischt die Krankenschwester. „Wollen Sie ihr den Rest geben? Ich rufe das Wachpersonal!"
„Nun beruhigen Sie sich doch. Ich wollte sehen, wie es ihr geht. Die Sache lässt mir keine Ruhe."
„Mörder", zischt die Krankenschwester und versperrt ihm den Weg zum Krankenzimmer.

Halschka steht knietief im Nebel. Hier und da lichtet sich der Nebel, und die Treppe, auf der sie steht, wird sichtbar. Sie kommt aus dem Nichts und führt ins Nichts. Sonst gibt es nichts, nur Halschka, den Nebel, die Marmortreppe und den grellblauen Himmel über dem Nebel.
So was aber auch, denkt sich Halschka.
Sie versucht zu laufen, aber der Nebel ist so zäh wie Götterspeise oder Gelee. Sie versucht zu schreien, aber der Ton bleibt ihr im Hals stecken.
Aber Halscha ist ruhig. Sie wartet.
Ein paar Treppenstufen über sich erblickt Halscha nackte Füße. Was über den Füßen ist, verdeckt der Nebel. Halscha betrachtet die Füße. Sie gefallen ihr. So schöne Füße hat sie noch nie gesehen. Die Zehen, wenngleich fleischig, haben eine sehr schöne Form. Milchweiße Haut. Halschka möchte vor diesen Füßen niederfallen, sich mit ihrem ganzen Körper anschmiegen und weinen.
„Bist du's?", fragt Halschka, aber nicht mit ihrer Stimme.
„Was glaubst du?"
„Ich denke, ja."
„Dann soll's so sein."
Halschka fühlt sich so wohl wie noch nie zuvor in ihrem Leben.

Als ob alles Schlimme vorbei wäre und nie wieder käme. Ihr Körper ist schwerelos, gleich fliegt er los oder hat sogar schon abgehoben, nur dass Halschka es noch nicht bemerkt hat.
„Ich bin dreiundvierzig", sagt sie plötzlich, „ich heiße Halschka. Ich verkaufe Obst und Gemüse auf der Frunse-Straße. Ich habe meinen eigenen Stand. Ganz modern. Mit einem Vorhängeschloss."
Halschka sieht nur die Füße, aber sie spürt seine Anwesenheit. Frisch und kühl weht es von ihm herüber. So ähnlich fühlt es sich an, wenn man mitten im Sommer den Kühlschrank öffnet.
„Ich weiß alles über dich", sagt er. „Ist ja nicht so viel, wenn ich ehrlich sein soll."
Halschka lässt beschämt den Kopf hängen. Sie murmelt:
„Kein Wunder, ich bin ja keine Prinzessin."
„Du hast es in der Hand, etwas zu ändern."
Habe ich alles schon in diesen missionarischen Zeitschriften gelesen, denkt sie.
Laut sagt sie:
„Ich will nichts ändern."
Ihr Gesprächspartner ist verwundert:
„Wirklich nicht? Komisch. Das wollen doch eigentlich alle."
„Ich nicht."
„Glaube ich nicht."
Halschka ziert sich.
„Hm", sagt sie, „es gibt nur eins, was ich gern ändern würde."
„Und das wäre?"
„Kann ich DIR nicht sagen. Da schäme ich mich."
„Du brauchst dich nicht zu schämen. Was ich schon alles gehört habe. Ich werd's überleben."
„Also, vielleicht ..." Halschka verstummt. „Nein, es geht nicht. Ich kann es nicht sagen!"
„Halschka, du zierst dich wie eine Neuntklässlerin, meine Güte!"
„Also gut." Halschka holt tief Luft, um Mut zu schöpfen, und sagt: „Ich möchte gern reich sein! Viel Geld möchte ich haben!"
Stille.

„Siehst du, ich hab doch gleich gesagt, dass es Unsinn ist. Geld allein macht auch nicht glücklich … Das höre ich seit meiner Kindheit, aber trotzdem … Ausprobieren würde ich es mal, weißt du? Ich hätte gern mal richtig viel Geld, so dass ich überhaupt nicht drüber nachdenken brauche, dass ich alles machen kann, was ich will."
„Und was würdest du mit dem Geld machen, Halschka?"
„Ich würde", überlegt Halschka laut, „nach Bali fahren."
„Und das ist alles?"
„Natürlich nicht!", ruft Halschka und lacht. „Ich würde mir alles kaufen."
„Was denn so?"
„Na, alles eben." Halschka versucht mit Gesten zu zeigen, was sie meint. „Alles, verstehst du?"
„Nicht so richtig."
„Was gibt's denn da nicht zu verstehen. Ich würde ins Alta-Einkaufszentrum im Petriwka-Viertel fahren und ALLES kaufen."

Halschka erwacht im Krankenzimmer und sieht einen fremden Mann. Der sitzt auf ihrer Bettkante.
„Guten Tag", sagt der Mann, als er bemerkt, dass Halschka die Augen geöffnet hat, „erinnern Sie sich noch an mich?"
Halschka schüttelt verneinend den Kopf.
„Na, ich bin's!" Der Mann wünscht sich sehnlichst, Halschka möge ihn erkennen. „Ich habe Sie gestern mit meinem Betonmischer überfahren! Erinnern Sie sich? Sie haben mir Ihre Käsestangen überlassen."
Halschka muss lachen. Der Mann ist aufgeregt.
„Lebe ich noch?", flüstert Halschka.
„Sogar sehr, würde ich sagen." Der fremde Mann setzt sich wieder auf Halschkas Bettkante. „Es hätte schlimmer ausgehen können. Sie haben sich ja nur ein paar Knochen gebrochen, und im Bauch, da ist was gerissen, habe ich jetzt vergessen, wie das heißt."

„Und was wollen Sie? Warum sind Sie hergekommen? Ich werde Sie nicht anzeigen, keine Angst."

„Ich bin einfach so gekommen!", sagt der Mann gekränkt. „Ich wollte wissen, wie es Ihnen geht."

Sie schweigen einen Weile. Mustern sich. Die Patienten in den Nachbarbetten stöhnen träge.

„Ich habe Ihnen Apfelsinen mitgebracht", sagt der Mann, „aber Sie dürfen keine Apfelsinen essen, also nehme ich sie wieder mit, damit sie nicht schlecht werden."

„Wie heißen Sie denn?"

„Iwan … Wanja … Iwan Iwanowytsch Chropko."

„Chropko, der Schnarcher." Halschka lacht und unterdrückt den Schmerz.

„Wieso lachen Sie denn?", will Wanja wissen. „Wegen meinem Namen? Das ist ein ganz normaler Nachname! Er passt zu mir. Ich schnarche wirklich. Richtig laut. Mit mir hält es keiner im Zimmer aus."

Wanja sagt das voller Stolz.

„Hören Sie mal, was haben Sie eigentlich da auf der Schnellstraße gemacht, he?" Wanja wechselt das Thema.

Halschka schweigt.

„Ich erzähl's nicht weiter, ich will's einfach wissen. Sie haben was gesucht, stimmt's?"

„Sie glauben mir sowieso nicht."

„Und ob! ICH GLAUBE ALLES", sagt Wanja und schlägt sich an die Brust.

„Ich habe eine Goldmünze gesucht. Die Münze ist weggerollt, und ich wollte sie fangen."

„War das Ihre Münze?"

„Nein."

„Sind Sie denn sicher, dass es eine Münze war?"

„Ganz sicher."

„Und dass sie aus Gold war?"

„Auf jeden Fall."

„Und woher wollen Sie das wissen?"
„Sie hat so geglänzt, sie hat mich richtig geblendet."
Erstaunt reißt Wanja den Mund auf.
„Gehen Sie hin, Wanja, und suchen Sie die Münze", bittet Halschka plötzlich. „Sie muss irgendwo da liegen. Bitte. Finden Sie sie."
„Also, ich weiß nicht …" Wanja zögert.
„Es geht nur nachts, tagsüber fahren da zu viele Autos."
„Kann ich mir denken. Aber ich verstehe nicht, wo die Münze hergekommen sein soll. Jemand muss sie auf die Straße geworfen haben, sonst hätte sie da nicht rollen können."
Halschka weiß nicht, was sie sagen soll. Sie dreht den Kopf zum Fenster.
„War da vielleicht noch jemand?", erkundigt sich Wanja. „Jemand Anderes?"
„Da war niemand. Nur ich und die Münze."
„Komisch. Sehr komisch. Aber wissen Sie, Halschka, das ist wie mit dem Schnarchen. Alle sagen mir, ich würde laut schnarchen, aber ich höre das ja nie. Und werde es auch nie hören. Wissen Sie, worauf ich hinaus will?"
Halschka weiß es nicht.
„Ich will darauf hinaus, dass in der Welt manchmal Dinge ohne uns passieren. Also mit uns, aber ohne dass wir es wissen. Und man muss an alles glauben. Da kann ich noch so schreien, dass ich nicht schnarche, weil ich mich nie schnarchen gehört habe, und trotzdem schnarche ich! Und wem ist damit geholfen, wenn ich das leugne? Niemandem. Und mir selbst auch nicht. Es hält sowieso niemand mit mir zusammen in einem Zimmer aus. Deswegen", sagt Wanja resümierend, „muss man alles glauben. Also glaube ich Ihnen."

4

Marina war Kranführerin.

Wanja hatte den Betonmischer zu Punkt B gebracht und sie gleich entdeckt. Marina auf dem Kran.

Der Kran war ziemlich hoch, die Kabine war verglast und durchsichtig. Wanja konnte von unten ihren Pferdeschwanz, ihre grellrot geschminkten Lippen und ihren Secondhand-Wollpullover mit Rollkragen erkennen.

Er stellte sich unter den Kran und beobachtete Marina, sie blickte geradeaus. Sie sprach nie mit ihm, und irgendwann hatte Wanja aufgehört, auf ein Wort von ihr zu warten. Er liebte sie im Verborgenen, das reichte.

Das Leben bekommt einen Sinn, wenn man jemanden im Verborgenen liebt.

So dachte Wanja.

Verborgene Liebe vergeht nicht. Sie bereitet keine Schmerzen. Sie birgt keine Enttäuschungen. Sie fordert keine Gegenleistung, und wenn du keine Lust mehr hast, wenn du erschöpft bist oder eine Pause brauchst, kannst du einfach aufhören, und dir passiert nichts.

Beim Einschlafen stellte Wanja sich Marina vor, stellte sich vor, wie sie sich irgendwo trafen, miteinander sprachen, sich küssten und noch mehr.

Würde mich interessieren, ob Marina ahnt, was ich über sie denke, dachte Wanja.

Er fühlte sich als Superheld, Superman, Supercasanova. Natürlich ahnte Marina nichts.

Der Punkt B war vollkommen mit Zement bedeckt. Der Zementstaub lag in einer dünnen Schicht über allem, als wäre es überstäubt oder von einer Silberschicht überzogen.

Die Blätter an den Bäumen waren nicht grün, sondern grau. Die Bäume sahen aus wie Riesenausgaben der Plastiktannen, die es vor Weihnachten und Neujahr in den Läden zu kaufen gibt. Auf den Leuten, die am Punkt B arbeiteten, lag auch eine Zementschicht. Ihre Kleidung und ihre Gesichter waren grau. Ihnen fehlten nur noch Eselsohren, und dann hätten sie so ausgesehen wie die Zwerge, die im Märchen die unterirdischen Schätze bewachen. Nur Marina hatte noch Farbe. Das Glashäuschen auf dem Kran schützte sie vor dem Zementstaub, es schien, als wäre Marina versehentlich aus der Welt der Lebenden und Glücklichen in diesen Schwarz-Weiß-Film geraten. Man konnte sie nicht übersehen. Man konnte nicht umhin, sich in sie zu verlieben.

Wanja kuschelte sich immer in sein Bett, schloss in süßer Vorfreude die Augen und zog Marina aus dem Schwarz-Weiß-Film in seine Phantasie. Wenn sie sich sträubte, zog er mit aller Gewalt. Dann sagte Marina:

„Wanja, du bist ein imposanter Mann."

„Ach was!", sagte Wanja verschämt und platzte vor Stolz. „Ich? Ich bin doch nur ein einfacher Kraftfahrer."

„Auch Kraftfahrer können imposant sein."

„Da hast du Recht. Auch Kraftfahrer können imposant sein. Du bist so klug, Marina."

Die imaginäre Marina bat Wanja zu sich auf den Kran. Dort turtelten sie wie die Täubchen, trauten sich aber nicht, aus dem unschuldigen Flirt mehr werden zu lassen.

Wanja wäre gern für immer in dem Glashäuschen geblieben.

„Weißt du, Marina, ich habe diese endlosen Touren auf dem Betonmischer satt. Ich will nicht mehr. Das ist irgendwie nichts für mich, Betonmischer fahren."

„Und was würdest du gern machen, Wanja?", fragte Marina, und ihr Blick ruhte einen Moment länger auf Wanja, als die Anstandsregeln das zuließen.

„O-Bus würde ich gern fahren."

„O-Bus?" Marina bekam vor Verwunderung runde Augen. Das hatte Wanja erwartet. Er hatte sich gewünscht, dass die imaginäre Marina sich über seine Äußerung wunderte.

Wer will schon in unserer heutigen Zeit noch O-Bus-Fahrer sein?

„Ja, Marina. Das ist mein Traum, O-Bus-Fahrer. Ich liebe O-Busse. Seit ich Kind war."
„Du bist merkwürdig, Wanja."
Scheinbar zufällig legte Marina ihre Hand auf Wanjas Knie und Wanja seine Hand auf ihren Arm. Und so saßen sie im Glashäuschen in diesem 30 Meter hohen Baukran, ohne zu atmen, ohne sich zu bewegen, schweigend, damit Wanjas Traum nicht zerplatzte.
Eines Tages stellte Wanja fest, dass er nicht der einzige war, der Marina von unten beobachtete. Ein fremder Typ neben ihm tat das Gleiche. Und Marina warf ihm als Antwort aus 30 Metern Höhe ein winziges scheues Lächeln zu.
Wanja wusste sofort Bescheid. In seiner Brust stach es so heftig, als hätte sich sein Herz in einer Rippe verhakt. Ihm schossen die Tränen in die Augen wegen dieser Gemeinheit, aber er drehte sich rechtzeitig weg, damit ihn niemand weinen sah.
„Blöde Kuh", sagte Wanja leise zu sich selbst, „verraten hat sie mich, die Kuh, die blöde."
Er fuhr zur Metrostation Minska und kaufte sich am Bäckereistand zwei Dutzend Mohntaschen. Innerhalb von ein paar Stunden hatte er sie aufgegessen. Dann kaufte er noch zwei Schachteln Pralinen Prometheus zu je dreihundert Gramm und Pistazien-Halva, hundert Gramm kosteten sieben Hrywnia, weswegen sich Wanja den teuren Spaß früher nie geleistet hatte. Jetzt tat er es. Jetzt darf ich alles, dachte er. Ich sterbe sowieso bald.
Er lief wie ein Roboter herum. Mechanisch. Sprach mechanisch mit seinen Kollegen. Dachte mechanisch. Dachte pausenlos ein und dasselbe.
Was soll ich jetzt machen? Gott, was soll ich nur machen? Das ist das Ende.
Er hörte auf, sich Marina vorzustellen. Ihre Gegenwart versetzte ihm einen fürchterlichen Schmerz, denn sie kam nicht mehr allein, sondern mit ihrem Verehrer.
„Was kommst du mit dem da an?", schrie Wanja, „warum quälst du mich?"

„Schrei nicht so, Wanja, wenn du schreist, spritzt dir der Speichel aus dem Mund."
Wanja wischte sich mit dem Hemdsärmel über den Mund und schwieg, Marina fügte hinzu:
„Ich hätte nie mit dir zusammen sein können, Wanja. Du schnarchst so schlimm wie hundert Dampfloks. Dich kann man ja nicht auf die Menschheit loslassen."
Irgendwann in der Zeit tauchten die ersten Dämonen auf. Sie ließen ihre Knochen knirschen und raschelten mit den Kapuzenmänteln in den Ecken von Wanjas einzigem Zimmer.
„Dich hat's aber erwischt, Wanja. Richtig schlimm erwischt."
Dabei hatte die Liebe doch so unschuldig begonnen, dachte Wanja. Wie konnte sie sich nur plötzlich in einen derartigen Alptraum verwandeln? Das war doch alles nicht wahr! Ein Hirngespinst! Ich habe mir eingebildet, dass ich sie liebe, und nun leide ich wirklich. Das ist gemein! Ungerecht ist das!
Eines Tages, als Wanja tagsüber im Bett lag und nicht einschlafen konnte, beschloss er zum ersten Mal, dass er bald sterben würde. In einem Monat. Genau in einem Monat.
Anfangs wunderte sich Wanja über diesen Entschluss, dann erschrak er, dann fand er, ein Monat wäre gar nicht so kurz. Er kaufte sich einen großen Wandkalender und strich jeden abgelaufenen Tag mit einem schwarzen Filzstift ab. Wanja war erleichtert, wenn er an den einen Monat Leben dachte. Wahrscheinlich ähnlich wie ein Marathonläufer, der erleichtert ist, wenn er die Ziellinie am Horizont flimmern sieht.
Nach einem Monat starb Wanja nicht.
Macht nichts, dachte er, dann sterbe ich eben drei Tage vor dem 18. April, meinem Geburtstag.
Und wieder strich er die Tage ab.
Er überlebte seinen Geburtstag und setzte sich ein neues Datum, den ersten Mai, den Tag der Arbeit. Und so ging das zwei Jahre lang.
In der Nacht, als Wanja auf dem Majakowski-Prospekt mit sei-

nem Betonmischer Halschka Hulewytsch überfuhr, endete gerade wieder eine gesetzte Frist.
Macht nichts, dachte Wanja ruhig, und kratzte die Käsestangen von der Straße, wenn nicht heute, dann eben in einer Woche. Am selben Ort. Zur selben Zeit.

5

„Und? Haben Sie sie?"
„Wissen Sie, ich hatte gar keine Zeit, auf Arbeit war so viel los. Aber ich geh demnächst vorbei, versprochen."
Halschka ist enttäuscht. Sie kann schon wieder sitzen. Ihre rechte Wange ist von einem riesigen Bluterguss geschwollen.
„Keine Angst", plappert Wanja, „wenn die Münze wirklich auf der Straße gelegen hat, dann findet sie bestimmt keiner vor mir. Da fahren ständig Autos. Ein unglaublicher Verkehr. Wer läuft denn tagsüber auf so eine Straße rum? Nachts gibt's zwar keine Autos, aber im Dunkeln ist die Münze schwer zu erkennen. Weiß ja keiner, dass sie da ist. Sie haben richtig Glück gehabt, weil die Münze gerollt ist." Und einen Augenblick später fügt er hinzu: „Sehr merkwürdig, dass sie gerollt ist."
„Ich seh's immer wieder vor mir", sagt Halschka, „und ich weiß wirklich nicht, warum die Münze, also warum sie gerollt ist. Muss doch einer geworfen haben. Dass sie rollen konnte."
Wanja stellt seine Tasche mit Apfelsinen auf Halschkas Nachttisch.
„Ich habe Ihnen wieder Apfelsinen mitgebracht. Frische."
Warum kommt der überhaupt zu mir?, denkt Halschka, was will der eigentlich?
„Haben Sie die Münze genau gesehen?", fragt Wanja.
„Ja, natürlich, und ob! War so ein bärtiger Kopf im Profil drauf und das Jahr 1899."

„Dass Sie das so genau gesehen haben … ist doch auch komisch … wie konnten Sie denn das Jahr erkennen? Es war doch dunkel …“
„Ich hab’s eben gesehen!“
Wanja schüttelt gedankenversunken den Kopf, er denkt nach.
„Ich überlege, ob ich mir eine Saftpresse kaufen soll“, sagt er plötzlich. „Ich presse den Saft gern selbst.“
„Ja, klar. Ist sehr gesund, der Saft. Aber man braucht ’ne ganze Menge Obst.“
„Wie? Ach, ich habe das mal ausgerechnet. Für ein Glas Saft braucht man eine Apfelsine und einen Apfel. Oder zwei Apfelsinen. Oder zwei Äpfel.“
Was will der nur von mir?, denkt Halschka. Der ist irgendwie schräg. Halschka hat Angst vor schrägen Typen.
„Saftpressen sind wahrscheinlich teuer.“
„So teuer nun auch wieder nicht“, pariert Wanja gekonnt. „So um die dreihundert Hrywnia. Aber die kauft man einmal und hat sie dann ein Leben lang.“
Halschka stellt sich eine Mini-Saftpresse vor und ihr Leben und wie sie für den Rest ihres Lebens an einem Tisch sitzt und verschiedenfarbige Säfte in verschiedene Gläser presst. Wie sie alles vermischt und kostet. Sie verspürt keinerlei Freude.
„Sie sind ein Feinschmecker“, sagt Halschka, nur um etwas zu sagen.
„Ich mag, wenn’s schmeckt.“
Die von Kopf bis Fuß in einen Verband gehüllte Gestalt im Nachbarbett ruckelt nervös.
„Mir ist es egal, was ich esse“, flüstert Halschka und schaut aus dem Fenster. „Ich kann wochenlang von Kartoffeln leben. Und eigentlich würde ich jetzt gern schlafen.“
„Ja, ja, ich geh schon.“ Wanja steht auf. „Werden Sie schnell wieder gesund!“
„Ich denk ja gar nicht dran“, will Halschka schreien, aber stattdessen schließt sie einfach die Augen.

Ich bin schließlich keine Prinzessin, denkt Halschka. Ich darf mich nicht beklagen. Prinzessinnen müssen immer jammern, das gehört zu ihrem Beruf, ich darf das nicht. Ich habe das, was mir zusteht. Nichts also.

Halschka geht wie immer nach der Arbeit in den Supermarkt Kraj, lässt die Kühlregale, die Fleischtheke und die Schnapsregale links liegen und steuert direkt auf den Bäckereistand zu. Sie riecht den verführerischen Duft frisch gebackener Käsestangen. Der Supermarkt Kraj bäckt seine Käsestangen selbst. Er hat eine kleine Bäckerei. Hier arbeitet Serjosha, der Bäcker.

Halschka geht zu den leeren Körben und wartet, bis Serjosha, der Bäcker, frische Käsestangen bringt. Halschka ist die Erste in der Reihe. Sie richtet das immer so ein. Sie kennt den Zeitplan der Bäckerei auswendig.

Serjosha, der Bäcker, bringt in einem Wagen die letzte Runde Käsestangen für heute.

„Ach, da sind Sie ja", sagt er und lächelt Halschka zu. „Mal wieder Käsestangen?"

„Na klar", sagt Halschka und lächelt zurück. Sie streift einen Plastikhandschuh über, um das Käseglück in ihre Tasche zu befördern.

„Sie sind meine Stammkundin", sagt Serjosha, der Bäcker.

„Ich liebe Käsestangen. Das ist mein Abendbrot. Ohne sie kann ich gar nicht einschlafen. Und jetzt geht's heim?"

Die letzte Frage stellt Halschka erstaunlich ruhig, ganz beiläufig, als würde es sie eigentlich gar nicht interessieren.

„Ja, genau."

„Dann warte ich hier auf Sie, und wir können zusammen gehen", schlägt Halschka in demselben ruhigen Ton vor.

„Ja, warum nicht. Ich beeile mich."

Serjosha, der Bäcker, verschwindet im Personalraum, und Halschka legt sich noch weitere Käsestangen in die Tasche. Zehn hat sie schon. Meine Güte, wer soll die denn alle essen?

Serjosha, der Bäcker, hat sich umgezogen, sperrt den Raum zu

und trifft vor dem Supermarkteingang Halschka. Sie hat auf ihn gewartet.
Wieder im Hemd, denkt sie genervt. Warum hat er schon wieder ein Hemd angezogen? Ich mag es nicht, wenn er so elegant ist.
„Sie wohnen im Nebenhaus, nicht wahr?“, fragt Serjosha, der Bäcker, fröhlich.
„Ja. Da gegenüber. Wir können uns von Balkon zu Balkon etwas zurufen“, sagt Halschka und kichert.
Sie laufen die Treppe hinab auf den Gehweg und gehen eine Weile über den Majakowski-Prospekt. Halschka verlangsamt ihren Schritt. Sie will etwas Bedeutsames sagen, etwas, das ihn berührt.
„Wo haben Sie eigentlich Ihre Bäckerlehre gemacht?“
„Sie werden es nicht glauben“, antwortet Serjosha, der Bäcker, „nirgends. Ich konnte schon als Kind Brötchen backen. In der Armee war ich dann Küchenchef. Da mussten die Soldaten zu Übungszwecken herhalten.“
„Die Armen“, ruft Halschka theatralisch.
„Ach, so arm waren die gar nicht. In den zwei Jahren meiner Dienstzeit haben alle Soldaten zehn Kilo zugenommen. Manche sogar mehr.“
Der Fußgängertunnel. Im Tunnel ist es dunkel, nur irgendwo in der Mitte flackert eine einzige Lampe. Halschka sagt:
„Ich bin hier mal von Rowdies überfallen worden.“
„Das ist ja furchtbar! Und dann?“
„Nichts weiter. Haben sich in die Büsche geschlagen, die Typen. So schnell konnte man gar nicht gucken.“
„Sie sind eben eine starke Frau.“
„Ja. Aber manchmal würde ich auch gern schwach sein.“
Serjosha, der Bäcker, sagt nichts.
Auf der anderen Seite des Majakowski-Prospekts trennen sich ihre Wege.
„Bis bald.“
„Ja, bis bald.“
Allein schlendert Halschka die Allee entlang zu ihrem Haus.

Warum hat er nur dieses Hemd angezogen?, ist das Einzige, was sie denkt.
An den Mülltonnen bleibt sie stehen, holt die Käsestangen aus ihrer Dolce-&-Gabbana-Tasche und schmeißt sie ohne zu zögern weg.

„Ich werde bald entlassen. Ich kann schon allein zur Toilette gehen. Die Rippen tun allerdings noch weh, hier", sagt Halscha und zeigt, wo genau.
„Das ist doch schön", freut sich Wanja.
Er holt aus seinem Rucksack ein Literglas und hält es Halschka stolz hin.
„Ich habe die Saftpresse gekauft. Dreihundertdreißig Hrywnia. Ich habe Saft für Sie gepresst. Eine bunte Mischung: Apfelsinen, Äpfel, Möhren und sogar eine rote Beete. Sehr gesund."
Halschka öffnet das Saftglas und führt es zur Nase, um daran zu riechen.
„Danke, aber das wäre doch nicht nötig gewesen. Ich habe Ihnen doch gesagt, dass ich mir nicht so viel aus Saft mache."
„Man muss sich nicht unbedingt was aus Saft machen, um ihn zu trinken." Wanja ist sehr stolz auf sich.
Was will der nur von mir?, denkt Halschka. Warum kommt der her?
„Haben Sie Kinder?", fragt Wanja. „Verzeihen Sie, dass ich meine Nase in fremde Dinge stecke …"
„Hab ich nicht. Halb so wild. Haben Sie Kinder?"
„Nein, auch nicht."
„Irgendwie sind wir beide solche … Habenichtse."
Halschka fühlt es wieder, die Trauer und die Leere. Diesen Schmerz, irgendwo da drinnen.
„Naja", widerspricht Wanja keck, „ganz so ist es ja nicht. Ich habe zum Beispiel diese Saftpresse."

Hastig schließt Halschka ihren Obst- und Gemüsestand.
„Ich mach jetzt zu! Sie brauchen sich nicht mehr anstellen! Am Nachbarstand gibt's dasselbe. Gehen Sie da rüber!"

Was für ein widerliches Viertel, was für ein widerlicher Markt, denkt Halschka und steckt sich an der alten eine neue Zigarette an. Kartoffeln sind hier das Hauptnahrungsmittel. Kartoffeln sind hier Obst, Gemüse und Fleisch in einem.
„Morgen bin ich nicht da", ruft sie der Verkäuferin am Nachbarstand zu.
„Wieso nicht?"
„Hab was Wichtiges zu erledigen!"
„Pass auf, dass dir dein Gemüse nicht verfault. Das musst du verkaufen."
„Ach, das verfault schon nicht. Ist doch nur Chemie."
„Meins ist auch nicht schlechter, und trotzdem fault es, verdammte Scheiße."
„Bespritzt du deins?"
„Womit denn?"
„Siehst du!", sagt Halschka vieldeutig und verlässt den Markt.
Morgen bin ich nicht da, denkt Halschka auf dem Weg zur O-Bus-Haltestelle. Morgen ist für mich ein wichtiger Tag.
Man kann sich nicht sein Leben lang unterm Tisch verkriechen, manchmal muss man auch draufklettern, denkt sich Halschka. Ich bin zwar keine Prinzessin, aber nicht alles auf der Welt ist nur für Prinzessinnen. Auch ich hab das Recht auf ein Stück vom großen Kuchen, und das hole ich mir morgen.
Beim Gedanken an Kuchen steht Halschka der Korb mit den frisch gebackenen Käsestangen vor Augen, und sie schüttelt sich angewidert.
Ich kann die Dinger nicht mehr sehen, aber ein bisschen muss ich noch durchhalten. Ein klitzekleines bisschen.
Sie steigt in den O-Bus und fährt lange durch die nächtliche Stadt. Über die Moskauer Brücke. Auf dem Majakowski-Prospekt kämmt sie sich und zieht die Lippen nach. Je näher ihre Haltestelle rückt, umso aufgeregter ist sie.
Ich brauche doch keine Angst haben, ich muss mich zusammenreißen, denkt Halschka. Schau dich doch mal an! Was hast du

schon zu verlieren? Das muss dir doch nicht peinlich sein. Es gibt sogar Frauen, die vor dem Friedhof warten, um einsame Männer abzufangen. Ja, genau, die gehen zum Friedhof und machen Jagd auf Witwer, die um ihre Frauen trauern. So etwas mache ich nicht. Ich bin ehrlich und habe meinen Stolz. Na ja, ehrlich bin ich vielleicht nicht gerade, aber meinen Stolz habe ich auf jeden Fall. Eher würden mir die Beine abfallen, als dass ich auf einen Friedhof gehe. Peinlich! Wie soll man denn mit so einem Mann leben?
Fest überzeugt von ihren eigenen Tugenden trudelt Halschka im Supermarkt Kraj ein. Geht an den Kühl-, Fleisch- und Spirituosenregalen vorbei und steuert selbstbewusst die Backwarenabteilung an.
Genau im richtigen Moment, freut sie sich. Serjosha, der Bäcker, bringt gerade frische Käsestangen.
Wenn ich nicht wüsste, wie sie schmecken, würde ich denken, es sind Goldstücke, denkt Halschka. Und lächelt in sich hinein.
„Sie kommen genau im richtigen Moment", sagt Serjosha, der Bäcker.
„Glück gehabt."
Halschka streift den Folienhandschuh über und legt sich vier Käsestangen in die Tasche. Mit einem Auge schielt sie nach Serjosha. Um den richtigen Moment nicht zu verpassen.
Schließlich sagt sie:
„Wissen Sie was, ich hab mir gedacht, Sie könnten mir vielleicht zeigen, wie man Käsestangen bäckt. Ich bin ja schon richtig süchtig und komme jeden Tag her. Ich bin abhängig, ehrlich. Schrecklich ist das. Keine Ahnung, was wäre, wenn der Laden mal dichtmacht oder Sie sich eine andere Arbeit suchen …"
„Kein Problem, da gibt's nicht viel zu lernen."
„Vielleicht kommen Sie mal zu mir? Dann können Sie mir alles ganz genau zeigen. Und ich backe unter Ihrer Anleitung …"
Halschka erstarrt. Der ganze Supermarkt erstarrt.
„Wissen Sie, ich habe ziemlich wenig Freizeit", antwortet Serjosha, der Bäcker, „aber irgendwie kriegen wir das sicher hin."

Erleichtert atmet Halschka auf.
„Na, dann morgen vielleicht? Morgen haben Sie doch frei, oder?"
„Ja. Aber morgen kann ich nicht", sagt Serjosha, der Bäcker, und geht in den Personalraum, um sich umzuziehen.
Hätte ich doch bloß nicht so gedrängelt, denkt Halschka. Bin ich blöd. So was von blöd.
Sie weiß nicht, ob sie lachen oder weinen soll. Ihr ist schwindlig. In den Ohren rauscht es.
Halschka bezahlt an der Kasse ihre Käsestangen, und sie kommen ihr so schwer vor wie eine Tonne Zement, nein, wie eine Tonne Beton. Sie will sie so schnell wie möglich loswerden.
Langsam schlurft sie zum Ausgang, schlägt sich plötzlich an die Stirn und geht zurück zur Kasse, als hätte sie etwas vergessen. Sie wartet auf ihn. Um ihn wenigstens noch mal zu sehen.
Serjosha, der Bäcker, trägt ein Hemd und eine schicke dunkelblaue Krawatte. Er hat es sehr eilig.
„Sie sehen so elegant aus, das hat doch sicher seinen Grund." Halschka reißt sich zusammen, um nicht neugierig zu wirken.
Serjosha, der Bäcker, zuckt mit den Schultern. Halschka rennt ihm beinahe hinterher.
„Hören Sie mal, Serjosha, was hat das denn zu bedeuten, wenn ein junger Mann Hemd und Krawatte trägt? Ich frag nur so aus Interesse. Um mich besser in die Männer hineinzuversetzen", sagt sie und kichert ungezwungen.
„Es gibt Männer, die tragen immer Hemden."
„Und die, die nur manchmal Hemden tragen?"
„Die haben einen wichtigen Termin."
Halschka sieht ihn genau an, fixiert jede seiner Bewegungen und Gesten, studiert jeden Muskel in seinem Gesicht.
„Serjosha, Sie haben doch jetzt sicher keinen wichtigen Termin."
Serjosha lächelt vielsagend.
„Ihnen entgeht aber auch gar nichts. Sie sind immer im Bilde."
Auf der Treppe bleibt er für einen Moment stehen, um sich zu verabschieden.

„Heute haben wir nicht denselben Weg, entschuldigen Sie", sagt er und verschwindet in einer anderen Richtung als sonst.
Halschka fehlt die Kraft, um noch ein „Auf Wiedersehen" herauszuquetschen, sie nickt bloß. Sie geht mechanisch zum Majakowski-Prospekt hinunter. Die Tasche mit den Käsestangen zieht sie nach unten, als würde sie wirklich eine Tonne wiegen.
„Wie flott er auf und davon war", brummt Halschka laut. „Sieh zu, dass du nicht stolperst! Du kannst mir gestohlen bleiben!"
Sie überquert den Majakowski-Prospekt auf der Fahrbahn. Es ist still. Kein Auto weit und breit.
Halschka möchte weinen, aber rechtzeitig fällt ihr ein, dass nur Prinzessinnen weinen. Mühsam setzt sie einen Fuß vor den anderen.
„Scher dich doch zum Teufel. Du mit deinen dämlichen Käsestangen."
In der Straßenmitte blitzt etwas auf. Blitzt und rollt. Halschka reibt sich verwirrt die Augen. Was ist das denn? Eine goldene Münze rollt über die Straße.

6

Wanja lauscht auf die Männerstimme von Kanal 24. Manchmal wird die Männerstimme von einer Frauenstimme abgelöst, und auch die Frauenstimme findet Wanja angenehm.
Die haben doch ein Techtelmechtel, denkt Wanja, wie sie da so ihre Spielchen treiben.
Im vergangenen Jahr hat der Großviehbestand in der Ukraine um 30 Prozent abgenommen.
Im Nationaltierpark von Manila fehlt es den Koalabären an Futter. Vier Eukalyptusbäume, von denen sich die Koalabären ernährt haben, sind aus unerfindlichen Gründen gleichzeitig eingegangen. Ehe neue Eukalyptusbäume nachgewachsen sind, wird es mindestens hundert Jahre dauern.

Wanja liegt in seinem Bett und versucht einzuschlummern. Zum ersten Mal seit langer Zeit fühlt er sich zu Hause wohl. Er spürt weder Angst noch Unruhe. Die kleine Saftpresse steht auf dem Küchentisch, und Wanja kann sie vom Bett aus sehen. Die Saftpresse wärmt ihm das Herz.

Wanjas Tagdämonen rascheln wie immer mit ihren Kapuzenmänteln in den Zimmerecken, aber Wanja hat keine Angst. Er findet ihre Anwesenheit eher angenehm.

„Jetzt seid ihr nicht so traurig, oder?", fragt Wanja.

„Nein", flüstern die Tagdämonen. „Wir sind nicht traurig."

„Dann können wir uns doch endlich mal unterhalten wie normale Menschen! Wer seid ihr eigentlich? Wo kommt ihr her?"

„Aus der Wüste", flüstern die Dämonen.

„Hab ich mir gleich gedacht! Und wie ist es da so?"

„Heiß. Sehr heiß. Und nachts kalt."

„Ihr Armen", schnalzt Wanja mitleidig. „Und gibt's da Skorpione?"

„Viele."

„Und Kamele?"

„Auch. Zweihöckrige und einhöckrige."

„Sind sicher ziemlich groß, die Kamele", überlegt Wanja.

„Und ob", sagen die Tagdämonen. „In dem Zimmer hier hätte höchstens eins Platz. Aber das würde gar nicht durch die Tür passen."

„Na, so was."

Wanja öffnet den Schrank und schiebt die Kleiderbügel beiseite. „Redet ruhig weiter", sagt er zu den Tagdämonen. „Ich höre euch zu."

Er findet, was er gesucht hat: sein einziges Hemd, das er sich vor vielen Jahren für die Hochzeit eines Klassenkameraden gekauft hat. Das Hemd ist weiß mit kleinen blauen Karos.

„Wozu brauchst du denn das Hemd?", wollen die Gäste aus der Wüste wissen.

„Weil ich gut aussehen will." Wanja lächelt versonnen.

„Du siehst auch so nicht schlecht aus."

„Ich will aber noch besser aussehen. Ich will ihr gefallen."
„Wem? Marina?"
„Welcher Marina denn? Von wem redet ihr überhaupt? Von dieser pickeligen Tusse auf dem Kran? Dass ich nicht lache!"
Die Tagdämonen verstecken sich beschämt unter ihren Kapuzen.
„Schon gut. Ich nehm's euch nicht übel."
Sorgfältig glättet Wanja das Hemd, ein Lied aus seiner Jugend auf den Lippen. Die Männerstimme von Kanal 24 teilt freudig mit, dass die Koalabären im Zoo von Manila gerettet sind: Sie sind von den eingegangenen Eukalyptusbäumen auf die benachbarten Ahornbäume gesprungen und fühlen sich dort ausgesprochen wohl. Zoologen auf der ganzen Welt sind verblüfft.
„Techtelmechtel", sagt Wanja und zwinkert den Tagdämonen geheimnisvoll zu.

Was will der denn? Was kommt der dauernd an?
Morgen wird Halschka entlassen. Sie ist schon fast wieder gesund, ein paar Narben sind geblieben, die sicher nie mehr ganz verschwinden.
„Sehen Sie, hier, diese Narbe", sagt sie zu Wanja, „die bleibt für immer."
„Narben machen eine Frau nur schöner", antwortet Wanja unsicher.
„Wo haben Sie denn das her?"
„Habe ich in irgendeinem Buch gelesen."
„So was steht doch nicht in Büchern!"
Halschka schaut ihren Besuch schief an, seine Eleganz geht ihr auf die Nerven.
Hat sich in Schale geschmissen, denkt sie, fragt sich nur, wozu. Extra ein Hemd angezogen und sich mit Parfüm eingedieselt, dass man kaum Luft kriegt. Puh. Ich hasse Hemden und Parfüm.
„Ich habe heute etwas Merkwürdiges geträumt."
„Und was?" Wanja rückt näher.
„Ich habe geträumt, ich hätte einen Vogel, der mit menschlicher Stimme sprechen kann."

„Merkwürdig."
„Und der Vogel hat gesagt: Ich bin ein ganz cooler Vogel, denn eigentlich kann niemand gleichzeitig fliegen und sprechen, entweder ist man ein Mensch, dann kann man sprechen, oder ein Vogel, dann kann man fliegen. Und ich kann beides."
„Nicht schlecht, der Vogel!", ruft Wanja. „Ich hab so was Ähnliches, allerdings keinen Vogel."
„Und was?"
„Naja, ich bekomme manchmal Besuch. Aber ich möchte nicht so gern drüber reden …"
Spinner, denkt Halschka, aber der „Spinner" gefällt ihr sogar. Wenn er nur nicht dieses Hemd anhätte. Männer in Hemden wandern immer ab zu anderen Frauen.
„Und wo arbeiten Sie, Wanja? Auf der Baustelle?"
„Ich fahre einen Betonmischer von A nach B."
„Ungewöhnliche Arbeit."
„Steht mir schon bis hier. Ich würde lieber O-Bus fahren."
„O-Bus? Ich fahre oft mit dem O-Bus. Wenn Sie meinen Bus fahren würden, dann hätte ich einen Vorteil." Sie lacht. „Dann könnte ich gratis fahren."
Wanja lacht auch. Er stellt sich Halschka vor und wie sie zusammen im Fahrerhäuschen sitzen und in Wanjas O-Bus hin- und herfahren.
„Wanja, darf ich Ihnen eine unverschämte Frage stellen?"
„Natürlich." Wanja rückt noch näher.
„Warum haben Sie heute ein Hemd angezogen?"
Wanja schämt sich. In Gedanken verflucht er dieses Hemd. Er kann nicht sagen, warum er das Hemd angezogen hat. Also, er könnte vielleicht, aber er traut sich nicht.
Alle seine Frauen haben ihn für Männer in Hemden verlassen. Und jetzt möchte er auch so sein wie die, zu denen die Frauen gegangen sind.
„Manche Männer tragen immer Hemden", brummt Wanja.
„Aber Sie doch nicht."

Schuldbewusst senkt Wanja den Blick, wird blass, sackt zusammen. Sag's ihr doch!, ruft der kleine mutige Iwan in ihm, sag ihr, dass du ihr gefallen wolltest.
„Ich habe heute noch einen wichtigen Termin", sagt der große Angsthase Wanja ganz leise.
Ach, scher dich doch zum Teufel, denkt Halschka und dreht sich zum Fenster. Du kannst mir gestohlen bleiben! Ich war allein, bin allein und bleibe es auch. Und mir geht's gut damit. Betonmischer und Saftpresse, dass ich nicht lache …

7

Wanja fährt mit dem letzten O-Bus auf die andere Flussseite von Kiew. Ich finde die goldene Münze, bringe sie ihr morgen, wenn sie entlassen wird, und dann wird sie's schon verstehen.
Er steigt auf dem Majakowski-Prospekt aus, am Supermarkt Kraj. Er sieht auf die Uhr: gleich Mitternacht.
Warum muss man Frauen immer alles erklären, fragt sich Wanja. Warum verstehen sie es nicht von allein? Frauen sind irgendwie schwer von Begriff.
Er setzt sich auf die Bordsteinkante, um sich in Erinnerung zu rufen, wo genau Halschka in dem Moment gestanden hat, als er sie überfuhr. Die Straße ist leer. Zwei Straßenlaternen am Fußgängertunnel und ein paar vereinzelte Fenster in den umliegenden Hochhäusern leuchten noch.
Komisch, denkt Wanja, dass es hier jetzt so still ist. Es ist doch gerade mal zwölf.
Er holt eine Taschenlampe hervor, die er vorsichtshalber von zu Hause mitgenommen hat. Die Lampe hat einen Spezialgriff, den man gedrückt halten muss, damit das Licht nicht ausgeht.
Wie eine Nadel im Heuhaufen, denkt Wanja und leuchtet mit der Lampe die Umgebung ab.

Die Straße ist sauber, nicht das kleinste Steinchen oder Papierfetzchen, keine Chipstüte und keine leere Plastikflasche.
Vielleicht ist hier schon die Kehrmaschine durchgekommen, fällt Wanja plötzlich ein. Vielleicht kommt sie jeden Tag?
Durch die dumpfe Stille schlägt plötzlich ein grelles, fast gruseliges Klimpern, als wäre ein Metallgegenstand von weit oben auf die Straße gefallen und weggerollt.
Das ist sie, die Goldmünze, denkt Wanja erschrocken und wagt nicht, sich nach dem Ton umzudrehen. Wer kann sie geworfen haben? Wo ist sie hergekommen? Sagenhaft!
Langsam wendet Wanja den Kopf. Er bekommt eine Gänsehaut, am ganzen Körper.
„Was hast du denn hier verloren, Alter?“
Wanja sieht ein paar stämmige Typen in Jeans und Sportjacken vor sich. Sie trinken Bier. Einer hat sich gerade eine neue Flasche aufgemacht. Der Kronkorken rollt über die Straße.
Ich wäre besser nicht hergekommen, denkt Wanja und weicht in Richtung der großen Laterne zurück.
„He, wo willst du denn hin?“, ruft der größte der Halbstarken spöttisch. „Gib mal 'ne Kippe, los!“
Die Meute umringt Wanja. Er flüstert verzweifelt:
„Ich rauche nicht.“
Die Meute grölt, und Wanja hört seine Zähne klappern. Gleich werden sie ihm vor lauter Zittern aus dem Mund fallen und zusammen mit dem Kronkorken mit der Aufschrift „Spiel weiter“ über die Straße kullern.
Die Feinde kommen immer näher. Sie sind schon in Schlagweite.
„Was zitterst du denn so, weh tut's nur beim ersten Mal.“
Wanja kommt plötzlich sein Kalender mit den abgestrichenen Tagen in den Sinn. Ist etwa heute der Tag? Ist heute etwa der siebte Tag? Schon seit einer Woche hat Wanja die Tage aus dem Blick verloren, nicht mehr drauf geachtet, ist hierhin und dahin gerannt und hat sich so gut gefühlt, dass er den Tod ganz vergessen hat.

„Jungs, was haben wir denn heute für einen Tag?“
„Keine Ahnung, für dich ist es jedenfalls der letzte, hundert pro.“
Die Meute bricht in lautes Grölen aus.
Er kommt, wenn du ihn am wenigsten erwartest, denkt Wanja und stellt sich seinen Tod vor. Und jetzt will ich gar nicht. Ich habe doch die neue Saftpresse. Und sie, also Halschka, die erwartet mich morgen. Ich hab versprochen, dass ich komme.
„Hört mal, Jungs, vielleicht können wir uns einigen?“, fleht Wanja.
Die Halbstarken antworten nicht. Sie wollen überhaupt nicht reden.
Wanja stellt sich die zwei Polizisten vor, den Polizeiwachtmeister und den Polizeihauptmeister, wie sie ihn morgen früh finden werden und sich fragen … tja, was werden die sich wohl fragen?
„Guck dir den Pisser an, der wehrt sich nicht mal.“
Der größte Junge tritt Wanja in den Bauch, und Wanja klappt zusammen wie ein Taschenmesser.
„Jungs, ich dachte, wir hätten das beim letzten Mal geklärt!“
Wanja hört verschwommen Halschkas verrauchte Stimme.
Die Meute tritt auseinander.
„Jetzt puste ich euch das Gehirn weg. Einem nach dem anderen“, sagt Halschka ruhig und sicher.
Sie beugt sich über Wanja.
„Was machen Sie denn hier, Wanja?“
„Ich habe die Goldmünze gesucht.“
„Ich dachte, Sie haben mir gar nicht geglaubt.“
„Ich habe Ihnen doch gesagt, dass ich alles glaube.“
Halschka schnauft vor Enttäuschung und Wut. Die Jungs machen sich allein von ihrem Blick aus dem Staub.
„Wenn ich euch hier noch mal sehe, schneide ich euch die Eier ab“, ruft Halschka ihnen nach.
„Wie kommen Sie denn hierher?“, krächzt Wanja, auf dem Asphalt liegend.
„Hatte das Krankenhaus satt. Bin schon früher raus. Stehen Sie auf.“

Wanja steht auf.
„Und die Goldmünze? Die könnten wir doch jetzt suchen."
„Ach, wozu brauche ich die schon. Ich bin doch keine Prinzessin."
Wanja stützt sich auf Halschka, und schweigend gehen sie zu ihrem Haus.
„Käsestangen habe ich keine", sagt Halschka vorm Haus, „aber ich habe noch eine Packung Pelmeni im Gefrierschrank. Wollen Sie die?"
„Mit Ketchup?"
„Ja, mit Ketchup."
„Lecker."
Wanjas furchtsames kleines Herz füllt sich mit unglaublicher Freude.
Ich werde doch nicht sterben, denkt er, niemals.

Puma concolor

(Der Puma)

1

Wenn Sie in Kiew öfter in den Stadtteil Podil kommen und Haustiere haben, dann kennen Sie sicher die Zoohandlung *Ihr Treuer Gefährte*. Der Laden ist eigentlich nichts Besonderes. Es gibt weder Zierfische noch Amazonenpapageien, weder schmucke Meerschweinchen noch drei Meter lange Reptilien. Aber es gibt Maschka. Maschka hat einen Bart. Manchmal erlaubt sich Maschka einen Spaß und klebt sich ein Preisschild auf die Brust, als wäre sie auch zu verkaufen, denn mit ihrem Bart sieht Maschka fast aus wie ein exotischer Affe. In Wirklichkeit ist Maschka die Verkäuferin. Maschka hat Ahnung von Tieren. Sie kümmert sich um Sie und findet genau das, was Sie Ihr Leben lang gesucht haben. Sie hört Ihnen zu. Hat nützliche Tipps parat. Ihr treuer Gefährte und Sie werden gesund, satt und zufrieden sein. Solche beflissenen Menschen wie Maschka sind das Herz der ukrainischen Marktwirtschaft.

Aber Maschka ist unglücklich. Sie möchte gern geliebt werden, doch es liebt sie keiner. Im Gegenteil, außerhalb des *Treuen Gefährten* meiden die Leute Maschkas Gesellschaft, sie flüchten vor ihr, wollen von ihr und ihrem Bart nichts wissen. Als sie klein war, ist Maschka aus dem Haus der Eltern gelaufen und hat stundenlang an der Straße gestanden in der Hoffnung, mit jemandem reden zu können, sich mit jemandem anzufreunden, jemanden zu finden, der sie liebgewinnen würde. Sie hat die Passanten mit unnützen Fragen belästigt, und die sind Hals über Kopf mit unverhohlenem Erstaunen und Ekel geflohen. Manchmal hielt es Maschka nicht mehr aus. Da lief sie zum Beispiel einer Frau, die gerade eine Lampe gekauft hatte, hinterher und rief: „Ich bin Maschka, ich bin zwölf und habe einen Bart."

Ihr Bart begann schon sehr früh zu wachsen. Jetzt kommt es Maschka so vor, als hätte sie ihn schon von Geburt an. Zuerst glänzten die Partien um ihren Mund herum silbrig, dann fühlte es sich so an, als würde die Haut aufreißen wie eine Asphaltdecke, die ein Schößling durchbricht. Maschka vergleicht ihren Bart oft mit einem Rasen. Sie kann sich rasieren, so viel sie will, der Bart wächst sofort wieder nach, dichter, stacheliger und schwärzer als zuvor.

Alle zwei bis drei Tage rasiert sich Maschka gründlich mit einem chinesischen Rasierapparat und verfolgt bis zur nächsten Rasur voller Schrecken, wie ihr Gesicht seine Weiblichkeit allmählich wieder verliert.

So will mich keiner, denkt Maschka, wenn keine Kunden im Laden sind. Nur meine zwei verrückten, nicht kastrierten Kater lieben mich.

Die Kater sind Maschka vor zwei Jahren zugelaufen. Alle beide gleichzeitig. Sie hatten mehrere Tage lang vor der Tür ihrer Wohnung gehockt und gemauzt. Und um Einlass gebettelt. Maschka fütterte sie leichtsinnigerweise, weil sie dachte, sie mauzten vor Hunger. Die Kater verschlangen alles, aber das Mauzen ging weiter. Sie zerfetzten das Wachstuch, mit dem Maschkas Wohnungstür verkleidet war, pinkelten auf den Fußabtreter, und als Maschka eines Tages die Tür öffnete, um zur Arbeit zu gehen, schlüpften sie hinein. Mit einem Satz waren sie auf dem Bett und schnurrten los. Maschka brachte es nicht übers Herz, sie hinauszuwerfen. Sie fand, jeder ordentliche Mitarbeiter in einer Zoohandlung müsse auch Tiere haben. Um Erfahrungen zu sammeln. Um ein Fachmann zu werden.

Am Anfang dachte Maschka, sie hätte ein Pärchen. Als sie genauer hinsah, wurde ihr klar, dass es zwei Kater waren, zwei ausgewachsene, nicht kastrierte Kater, die sich merkwürdigerweise zusammengetan hatten.

Tagsüber schlummern die Kater süß auf Maschkas Bett. Nachts balgen sie sich, schreien, jaulen den Mond an, springen vom Fensterbrett auf den Schrank und vom Schrank in die Küche auf den Kühlschrank. Toben über die schlafende Maschka hinweg. Schaukeln an der Deckenlampe. Pinkeln in Maschkas Schuhe. Fetzen die bei Tag frisch geklebten Tapeten im Korridor wieder ab.
Maschka hat es schon unzählige Male bereut, die Kater aufgenommen zu haben, aber sie wird sie nicht wieder los. Die Kater sträuben sich. Sie räumen die Wohnung nicht freiwillig. Als würden sie und nicht Maschka jeden Monat die dreihundert Dollar Miete bezahlen. Wohin Maschka sie in ihrem Katzenkorb auch bringt, sie kommen immer zurück und treiben es nach ihrer Rückkehr noch ärger, aus Rache wahrscheinlich.
Die Kater lieben mich, denkt Maschka, wenn im *Treuen Gefährten* gerade keine Kunden sind. Sie lieben mich, aber sie zeigen das nicht, wie es sich für richtige Vertreter des männlichen Geschlechts gehört. Warum kämen sie sonst immer wieder zurück? Warum bleiben sie bei mir? Aus Liebe natürlich.
Manchmal, wenn auch selten, kommt ihr allerdings eine weitaus banalere Antwort in den Sinn. Womöglich sehen die Kater in ihr keinen Menschen. Sie halten Maschka für ein Tier, das mit ihnen auf einer Stufe steht. Für einen Affen. Für einen Affen mit Bart.

Maschka mag ihre Arbeit in der Zoohandlung, denn hier ist immer richtig was los. Und die Menschen, die herkommen, sind nie böse. Davon ist Maschka fest überzeugt. Wer ein Tier hat, kann nicht böse sein.
Hier ist sie die Königin. Die Expertin. Hier muss sie nicht um Aufmerksamkeit buhlen, die Leute kommen von selbst. Erzählen von ihren vierbeinigen oder gefiederten Freunden. Beschreiben, so gut sie können, den Charakter und die Vorlieben der Tiere. Fragen, ob Maschka auch Tiere hat.
„Ja“, antwortet Maschka, „zwei Kater.“

„Gleich zwei?" Die Kunden schnalzen bewundernd. „Und dann auch noch Kater. Alle Achtung, die machen sicher Mühe."
Ach was. Die machen Maschka keine Mühe. Maschka hört zu und redet, immer aufs Neue, geschwiegen hat sie ja früher genug. Seit Maschka im *Treuen Gefährten* arbeitet, wartet sie. Sie hofft, dass eines Tages ein Mann in den Laden kommt, der Maschka heiratet. Er kommt zu ihr, ohne es zu ahnen. Er sucht sie. Ganz bald schon wird er den Laden betreten, vielleicht schon heute. Seriös und gutaussehend, im schwarze Anzug, weißen Hemd und in Lackschuhen.
Zu Anfang gefällt Maschkas Zukünftigem ihr Bart überhaupt nicht. Er spricht eine andere Verkäuferin an, wahrscheinlich Ilona. Aber Ilona ist einfach nur dämlich. Von Tieren und ihren Bedürfnissen hat sie nicht die leiseste Ahnung. Ilona wird kokett mit den Wimpern klimpern und sagen:
„Ach, ich weiß gar nicht, was ich Ihnen raten soll. Wahrscheinlich fahren Sie am besten in die Tierklinik und lassen den Hund einschläfern."
Oder:
„Wozu wollen Sie denn Geld fürs Futter ausgeben, füttern Sie den Hamster doch mit Kraut, das geht genauso."
Oder:
„Kratzbäume bringen nichts. Die Katzen reißen trotzdem weiter die Tapete ab und zerkratzen die Sessel. Ich würde Ihnen raten, die Krallen ziehen zu lassen. Das ist das Einzige, was hilft."
Ilona wird Maschkas Zukünftigem nicht weiterhelfen können. Er wird sich höflich bei ihr bedanken und sich erst dann, wenn er keine andere Wahl hat, an Maschka wenden. Ein Bart und eine kluge Frau, das muss sich ja nicht ausschließen.
Mascha wird nicht zittern. Sie wird sich nicht anmerken lassen, dass sie so lange auf IHN gewartet hat. IHN herbeigesehnt hat. Maschka wird nicht sagen:
„Ich bin Maschka, ich bin 25 und habe einen Bart."
Nein, sie wird sich bewusst bescheiden geben. Ihre Worte mit

Bedacht wählen und Argumente anbringen. In ihrer Stimme wird kein Selbstmitleid schwingen, nach dem Motto, ach, ich armes Würstchen, ich habe einen Bart. Nein, Maschka wird ihn mit einer gezielten Wortwahl fesseln, mit ihrer Klugheit, die nur jemand besitzt, der nicht mit Schönheit gesegnet ist. Er wird wiederkommen. Immer und immer wieder. Und sich in ihre bärtige Seele verlieben.

Was der wohl für ein Tier hat, überlegt Maschka, wenn keine Kunden im Laden sind. Was hat er? Einen Kater? Einen Hund? Einen Hamster? Nein, einen Hamster bestimmt nicht. Wahrscheinlich eher einen Hund. Einen Scottish Terrier. Scottish Terrier gefallen Maschka. Irgendwo hat sie gelesen, dass sie böse Geister fangen können.

Im *Treuen Gefährten* ist es leer. Es dämmert. Maschka ist allein. In zwanzig Minuten schließt sie den Laden und geht heim, zu ihren verrückten, nicht kastrierten Katern.

Plötzlich geht die Tür auf, und ER steht leibhaftig vor ihr. Schwarzer Anzug, weißes Hemd, Lackschuhe. Maschka erkennt ihn sofort.

„Sie haben noch auf?", fragt der Mann.

„Ja, ja, noch 20 Minuten", antwortet Maschka und steckt ihren Kopf zwischen die Regale, damit er nicht gleich verschreckt ist, damit er näher kommt.

Der Mann betrachtet aufmerksam die Auslagen, und Maschka betrachtet verstohlen – ihn. Sie hätte nicht zu hoffen gewagt, dass ihr Zukünftiger so hübsch ist. Bildhübsch. Vielleicht hat Maschka so einen schönen Mann gar nicht verdient, aber man weiß doch nie, was man wirklich verdient. Wie kann man sich sein Glück schon verdienen? Es kommt einfach. Als Geschenk. Als Gnade.

Der Mann tut, als wäre ihm Maschkas Bart gleichgültig. Gute Kinderstube. Kann ja gar nicht anders sein. Nicht umsonst hat Maschka jahrelang auf ihn gewartet. Er schaut Maschka an, und

sie steht da wie eine echte Zoologie-Prinzessin, zwischen Katzenklos auf der einen und Rattenkäfigen auf der anderen Seite.
„Ich brauche Puma-Futter", sagt der Mann.
Maschka versteht nicht.
„Entschuldigung, was für Futter?"
„Puma-Futter. Haben Sie welches?"
„Wir haben Futter für junge und ausgewachsene, für trächtige und kastrierte Katzen, für Singvögel, Hamster, Zierfische, für Chamäleons und für Kaninchen ..." Maschka rattert das mechanisch runter und hört sich dabei fast wie Ilona an.
„Und für Pumas?"
„Für Pumas nicht. Wofür brauchen Sie das denn?"
„Komische Frage. Um meinen Puma zu füttern."
„Sie haben einen Puma?"
„Ja."
„Hab ich ja noch nie gehört, dass in Kiew jemand einen Puma hat."
„Wieso denn? In Kiew gibt es viele."
„Ach." Mascha schlägt sich an den Kopf „Sie meinen den Zoo? Sind Sie vom Zoo?"
„Nein, mit dem Zoo habe ich nichts zu tun."
„Und wo halten Sie Ihren Puma?"
„Bei mir zu Hause."
Maschka ist wie gelähmt. Puma-Futter gibt's in ihrem Laden nicht. Das weiß sie genau.
„Also, haben Sie nun Puma-Futter oder nicht?", fragt der Mann und wird ungehalten.
„Ich fürchte, nein."
„Schade", sagt er und will gehen.
Das kann Maschka nicht zulassen, dass er einfach so verschwindet. Gleich ist er weg. Und kommt nie wieder.
„Warten Sie mal", ruft Maschka. „Hier im Laden hab ich keins. Aber ich kann im Lager anrufen und es bestellen. Im Lager liegt bestimmt welches. Sie haben dort alles Mögliche und noch mehr."

„Dann rufen Sie bitte an."
„Heute ist es leider schon zu spät. Kommen Sie in ein paar Tagen wieder. Gleich morgen früh bestelle ich Ihnen das Futter, und übermorgen wird's geliefert. Ich hoffe, Ihr Puma hält so lange durch." Maschka lächelt liebenswürdig, obwohl sie weiß, dass das Lächeln nicht zu ihrem bärtigen Gesicht passt.
„Gut", sagt der Mann, „dann komme ich in ein paar Tagen noch mal vorbei. Aber vergessen Sie's nicht."
„Nein, natürlich nicht."
Ein Puma, denkt Maschka, ein Puma. Er ist anders als die anderen.

Maschka ist oft mit dem Lager in Kontakt, mehrmals pro Woche. Meistens hat sie mit Walera zu tun, dessen Nachnamen keiner kennt. Man ruft ihn an, dann bringt er eigenhändig die bestellte Ware und verschwindet im Nichts, dorthin, von wo er gekommen ist. Im *Treuen Gefährten* weiß auch keiner, wo sich das Lager befindet. Alle kennen nur die Telefonnummer und Walera ohne Nachnamen.
„Walera", sagt Maschka am Telefon, „ich möchte was bestellen."
„Für dich hab ich alles, meine Schöne!", antwortet Walera am anderen Ende der Leitung, Maschka schilt ihn zum x-ten Mal einen Dummkopf, denn sie ist sich sicher, dass sich Walera über sie lustig macht.
„Ich brauche Futter."
„Was für welches? Ich notier's mir."
„Ein sehr spezielles."
„Menschenfutter?", fragt Walera und wiehert in den Hörer. „Ich presse Brot, saure Gurken und Kochwurst zu einer Masse und verkaufe das als universelles Menschenfutter. Damit lässt sich was verdienen. Das wird der Renner, du wirst sehen."
„Nein. Ich brauche Puma-Futter. Hast Du welches da?"
Am anderen Ende der Leitung ist für einige Sekunden Schweigen.
„Puma-Futter? Gibt's das überhaupt?"

„Na, wenn's Pumas gibt, wird's wohl auch Puma-Futter geben", sagt Maschka.
„In Kiew gibt's keine Pumas."
„Doch. Viele sogar."
„Woher willst du das denn wissen, Maschka? Hast du je hier auch nur einen Puma gesehen?"
„Nicht persönlich, aber jemand hat mir erzählt, dass er einen gesehen hat. Es waren Leute im Laden, die wollten Puma-Futter. Das sagt doch schon was, oder? Wenn sie Puma-Futter brauchen, müssen sie auch einen Puma haben. Und der muss irgendwas fressen."
„Meine Liebe, ich kenne alle Tiere, die es in Kiew gibt, gab und geben wird. Jeden noch so lausigen Löwen, Tiger, Leopard oder Bären. Ich kenne sie alle. Das ist meine Arbeit. Pumas gibt's nicht. Glaub mir. Da hat dich jemand reingelegt."
Was für ein Idiot, denkt Maschka.

Diesen Reklameflyer hat Mascha mehrere Monate mit sich herum getragen. Jetzt ist der Moment gekommen, um von ihm Gebrauch zu machen. WIR ENTFERNEN IHR ÜBERFLÜSSIGES HAAR. DAUERHAFT.
„Es tut nicht weh", sagt die hübsche, aufgedonnerte Blondine im kurzen Kittel und führt Maschka in den Behandlungsraum.
„Ich habe keine Angst", antwortet Maschka. „Ich habe mich lange darauf eingestellt."
„Setzen Sie sich bitte auf den Stuhl. Der Arzt kommt gleich." Mit professionellem Interesse betrachtet sie Maschkas Gesicht.
25 Jahre, stellt sie fest. 25! Und erst jetzt kommt dieses bärtige Ungeheuer auf die Idee, einen Arzt aufzusuchen. Die hat doch bestimmt noch keinen geküsst. Wer will denn so was küssen? Ich zum Beispiel würde so schnell wie möglich das Weite suchen, wenn die mir auf der Straße begegnet. Da kriegt man ja einen Schreck fürs Leben. Die Frauen von heute sind irgendwie komisch. Sie scheren sich überhaupt nicht drum, wie sie aussehen.

Die sind alle so hässlich. Nur ich bin schön.
„Und was hat Sie dazu bewogen herzukommen?“, fragt die Blondine.
„Entschuldigen Sie, es geht mich ja eigentlich nichts an. Aber es interessiert mich einfach.“
„Nichts Besonderes. Der Bart eben. Er stachelt.“
„Das glaube ich Ihnen nicht“, flüstert die Blondine kokett. „Da ist doch sicher ein Mann im Spiel. Nur ein Mann kann eine Frau verändern.“
Maschka sitzt auf ihrem Stuhl und muss an den Puma denken. Eigentlich weiß sie gar nichts über Pumas. Sie hat immer so getan, als gäbe es die gar nicht. Als gehörte die Welt allein den Tigern und Leoparden. Aber das stimmt nicht. Die Pumas sind auch noch da. Amerikanische Berglöwen. Hellbraun. Jeder einzelne Puma verzehrt etwa 48 Paarhufer pro Jahr. Das ist eine Tonne Fleisch. Der Puma ist immer allein, bis auf drei Paarungstage. Manchmal reichen drei Tage, dass man sich nicht einsam fühlt.
„Und die Augenbrauen?“, fragt die Blondine.
„Was ist mit den Augenbrauen?“
„Zupfen Sie die denn nie aus?“
Maschka lässt beschämt die Schultern sinken.
„Sie haben unanständig dichte Brauen. Die müssen Sie auszupfen.“
„Vielleicht“, sagt Maschka, „aber ich dachte immer, eine Frau sollte Brauen haben. Je dichter, umso hübscher.“
„Wo haben Sie das denn her? Das stimmt nicht. Wozu braucht eine Frau dichte Brauen?“
„Damit ihr der Schweiß nicht in die Augen fließt.“

Eine Woche ist vergangen, und er ist nicht gekommen. Maschka wartet auf IHN, auf ihre Weise, bewusst bescheiden. Sie zieht ihr schönstes Kleid an. Schminkt sich die Lippen. Geht keine Minute aus dem Laden. Er wird schon kommen, er hat es doch versprochen, denkt Maschka, er wird mich doch jetzt nicht versetzen.

„Was hast du denn mit deinem Bart gemacht?“, fragt Walera, als er wieder einmal Zoobedarf anliefert. „Mit Bart hast du mir besser gefallen.“

Maschka hört gar nicht hin. Sie schaut ununterbrochen auf die belebte Straße und sucht in jedem Mann ihren Zukünftigen. Schwarzer Anzug, weißes Hemd, Lackschuhe.

Maschka hat etwas für SEINEN Puma. Sie hat einen Supermarkt gefunden, der Wild führt, die Abteilung ist ihr früher gar nicht aufgefallen. Dort wird gefrorenes Filet vom sibirischen Rentier angeboten. Maschka hat es gekauft. Macht nichts, dass das Rentier aus Sibirien stammt und der Puma aus Amerika, hat sie sich gesagt. Geschmacklich unterscheidet sich das sibirische Rentier wohl kaum von seinen amerikanischen Artgenossen. Maschka hat das Filet in kleine Stücke zerteilt, sie mit Semmelmehl bestreut und portionsweise in Plastiktüten verpackt.

Das würde, so hat Maschka ausgerechnet, etwa für einen halben Monat reichen. Wenn man den Puma nicht überfütterte.

Aber ER kommt nicht.

„Ilona“, instruiert Maschka ihre Mitstreiterin, „wenn ein Mann in einem schwarzen Anzug auftaucht, also, so ein eleganter, weißt du, mit Lackschuhen, und nach mir fragt oder komisches Zeug redet, dann hol mich unbedingt. Egal, wo ich gerade bin, ja?“

„Gut“, antwortet Ilona, „und wie merke ich, dass er ‚komisches Zeug‘ redet?“

Nach zwei Wochen wird Maschka unruhig.

Vielleicht ist SEIN Puma gestorben, und deswegen kommt ER nicht? Was sollte ER auch mit ihrem hausgemachten Futter, wenn der Puma tot war. Das Futter war inzwischen schon ziemlich angegammelt. Maschka wollte im Supermarkt neues kaufen, frisches, aber das Rentierfleisch war alle. Ausverkauft.

Komm doch, denkt Maschka. Ich sehe jetzt richtig hübsch aus, wenn du das nur sehen könntest. Ohne Bart bin ich wirklich hübsch. Du brauchst dich nicht wegen mir zu schämen. Wir machen es uns zusammen schön. Ich, du und unsere Katzen, die

kleinen und die großen. Wir werden es gut haben. Aber kommen musst du.
Eines Tages sucht eine aufdringliche alte Frau eine halbe Stunde lang nach Futter für ihren genauso alten räudigen Hamster.
„Was meinen Sie“, fragt sie Maschka, „welches Futter soll ich nehmen? Das mit den Fruchtstücken oder lieber das mit Vitamin A?“
„Kommt ganz darauf an, was Sie wollen“, brummt Maschka. „Wenn Sie wollen, dass Ihr Hamster flink ist, dann nehmen Sie das mit den Fruchtstücken. Wenn Sie wollen, dass der Hamster ein schönes Fell bekommt, dann das mit Vitamin A.“
„Und dass er flink ist und schön aussieht, welches muss ich dafür nehmen?“
„Nehmen Sie das normale. Da ist alles drin.“
„Von dem normalen muss mein Hamster immer so komisch aufstoßen.“
„Hören Sie mal“, ruft Maschka, „wozu kaufen Sie überhaupt Futter für Ihren Hamster? Füttern Sie ihn mit Kraut, das geht genauso.“
In dem Moment weiß Maschka, dass er nicht mehr kommen wird.
Ihr Bart wächst wieder nach. Noch dichter, noch schwärzer, noch stacheliger. Maschka freut sich. Ohne Bart hat sie sich nackt gefühlt.

2

„Ich muss meine Erfindung zum Patent anmelden“, sagt Walera. „Hab ich dir von meinem Menschenfuttter erzählt? Jetzt mal Spaß beiseite, da ist wirklich was dran. Wenn man Kochwurst, Brot und saure Gurken pressen würde. Das hat was. Natürlich müsste man das Futter noch etwas verfeinern. Vielleicht mit

Senf. Oder mit Meerrettich. Ich werde mir die Erfindung auf jeden Fall patentieren lassen. Sonst kommt vielleicht noch jemand anders auf die Idee. Jetzt wird doch alles Mögliche patentiert. Damit kann man gutes Geld verdienen, mit Patenten."

Maschka liegt neben ihm. In ihrem Bett. Die zwei verrückten, nicht kastrierten Kater schaukeln an der Lampe.

„Du musst was machen mit denen", sagt Walera, „solche dämlichen Kater habe ich noch nie gesehen. Bestimmt haben die mir wieder in die Schuhe gepinkelt."

„Alles zwecklos. Kater kommen immer zurück."

„Na, lassen wir die Kater, sag mal, kannst du dich noch an den Puma erinnern? Weißt du noch, wie du mich angerufen hast und Puma-Futter wolltest?

„Ja."

„Das war doch ein Witz, oder?"

„Ja."

„Und ich dachte, du meinst es ernst." Walera lacht laut und drückt Maschka fest an sich. „Ich hab gedacht, du bist verrückt geworden."

„In Kiew gibt es keine Pumas. Ich wollte dich reinlegen."

„Hör mal, Maschka, lass uns heiraten, was hältst du davon? Ich mag dich schon lange."

„Mit Bart?"

„Was ist denn dabei? Dein Bart ist doch sehr schön. Da wäre mancher Mann neidisch. Also? Was ist?"

„Nein."

Walera vergeht das Lachen, und er dreht sich weg.

„Und überhaupt, Walera", sagt Maschka und blickt auf die Kater, „du kommst besser nicht mehr zu mir."

„Nicht mehr kommen? Warum denn? Gefällt es dir nicht mit mir? Kann ich dich nicht befriedigen? Ist doch gerade mal drei Tage her, dass wir uns näher kennen. Hast du mich so schnell über?"

„Darum geht's nicht. Ich bin's einfach gewöhnt, allein zu sein."

Walera springt auf und sammelt hastig seine herumliegenden Sachen ein.

„Weiberflausen, verstehe ich nicht!", schreit er. „Dran gewöhnt, allein zu sein. Sag doch einfach, dass ich dir nicht gefalle, dass du nicht mit mir zusammen sein willst! Aber red nicht so einen verschwurbelten Mist!"

Er knallt die Tür zu und ist weg, Maschka bleibt im Dunkeln liegen.

Sie denkt gar nichts. Es geht ihr gut. Sie ist nicht mehr einsam.

Drei Tage sind wirklich genug.

Sus domestica

(Das Schwein)

1

„Alles muss Tschiki Piki sein", sagt sie, „hast du mich verstanden?"
Pasjo hat verstanden.
„Und was ist Tschiki Piki?"
„Also, du gehst jetzt los und kaufst ein Kilo Schokopralinen, verschiedene Sorten. Nicht dass du mir ein Kilo Romaschka anbringst, hast du gehört? Dann duschst du. Und kämmst dir die Haare."
„Was soll ich denn da kämmen? Ich hab doch fast keine Haare."
„Das kommt dir nur so vor. Deine Haare sind richtig lang geworden und stehen nach allen Seiten. Und zieh ein frisches Hemd an. Und zieh um Himmelswillen diese Schlabberhose aus. Du siehst ja aus wie ein abgerissener Klempner."
„Ich weiß gar nicht, was du gegen die Hose hast. Das ist eine normale Haushose. Ich fühle mich darin wohl."
„Zieh sie aus. Und zieh die Hose von deinem Trainingsanzug an."
„Seit wann hab ich denn einen Trainingsanzug?"
„Natürlich hast du einen. Du hast ihn einfach vergessen, du machst ja keinen Sport."
„Ich und keinen Sport? Ich gehe jeden Morgen mit Diana raus."
„Mit dem Hund Gassi gehen, das ist kein Sport."
Fanja räumt schnell noch die Wohnung auf. Sachen, die ihrer Ansicht nach nicht für fremde Augen bestimmt sind, stopft sie in Schränke und Truhen. Sie wischt den Fußboden. Zieht die Überwürfe auf dem Sofa und auf den Sesseln glatt.
Schon halb fünf. Gleich müssen sie da sein.
Jetzt ich, denkt Fanja. Was ziehe ich denn an? Sie sollen nicht denken, dass ich wunder wieviel Aufwand treibe für ihren Besuch. Ja, ich freue mich, dass sie kommen. Sie sind noch nie bei

mir gewesen. Aber es soll nicht nach großem Bahnhof aussehen. Ich ziehe mein Longshirt und meine Leggins an. Den Lippenstift lasse ich weg. Von Lippenstift wird mir immer kotzübel.
„Pasjo!", ruft Fanja durch die Tür, „und Kognak, bring noch eine Flasche Kognak mit."
Pasjo sagt: „Mach ich" und geht ins Treppenhaus. Er mag diese Treppe. Solche Treppen gibt es nicht mal in den alten Lemberger Häusern. Oder doch, aber sie sind ein bisschen anders. Nicht so schmutzig. Und weniger gefährlich. Diese Treppe ist gefährlich. Hier kann man leicht zu Tode stürzen.
Komisch, dass hier noch nie was passiert ist, denkt Pasjo. Die Treppe ist morsch, einzelne Stufen fehlen ganz. Eigentlich hätte schon längst mal jemandem etwas zugestoßen sein müssen. Tag und Nacht laufen hier die Leute treppauf und treppab. Sie wollen nicht zu Fanja und Pasjo. Die beiden bekommen selten Besuch, obwohl sie mitten in der Innenstadt wohnen, direkt gegenüber dem Rathaus. Die Leute strömen scharenweise in die Nachbarwohnung. Beim Psychiater heißt sie. Das ist eine private, illegale Spelunke, wo jeder, der will, einen Doppelten kriegt. Pasjo ist noch nie Beim Psychiater gewesen und hat den Psychiater, der die Doppelten ausschenkt, auch noch nie gesehen, aber er hat von anderen gehört, wie die Sache abläuft.
Direkt gegenüber dem Rathaus, zwischen der Post und dem Schreibwarenladen, steht ein altes Haus, das noch von den Österreichern erbaut wurde, mit einem dunklen, unscheinbaren Eingang. Dort schlüpfst du möglichst ungesehen hinein. Steigst die schmutzige Treppe hinauf bis in den letzten, den zweiten Stock. Hier oben gibt es nur zwei Wohnungen. An der ersten gehst du vorbei. Das ist die Wohnung von Fanja und Pasjo. Du gehst den Hausflur bis ans Ende. Dort siehst du eine angelehnte Tür. Sie ist immer angelehnt, egal, wann du kommst, hier wirst du erwartet, hier wirst du geliebt.

Du stehst in einem leeren, dunklen Zimmer, einem Mittelding zwischen Wohnheimküche und öffentlicher Toilette. An den

Wänden sind Keramikfliesen mit Veilchenmuster. In der Mitte steht ein hoher Tisch, der aussieht wie ein Tresen. Du gehst an den Tresen und legst eine Hand darauf. Das ist das Zeichen, dass du einen Doppelten willst. Wenn du beide Hände auf den Tisch legst, kriegst du zwei Doppelte. Legst du zwei Hände und einen Hut hin, bestellst du zwei Doppelte und ein Räucherwurstbrot. Dann vergehen ein bis zwei Minuten. Aus dem Nebenzimmer kommt ein großer kräftiger Mann. Das ist der Psychiater. Du schaust ihn nicht an. Es gibt keinerlei Kontakt zwischen euch. Schweigend bringt er die bestellten Sachen und verschwindet wieder. Du trinkst schnell den Schnaps aus und verschlingst dein Wurstbrot, wenn du eins bestellt hast, dann legst du das Geld auf den Tisch und gehst.

Beim Psychiater ist der Schnaps nur halb so teuer wie in normalen Kneipen. Das Wurstbrot gibt's sogar gratis. Aber Pasjo war noch nie dort.

Ist schon sehr merkwürdig, dass auf der Treppe noch niemand zu Tode gekommen ist, denkt Pasjo. Hunderte von Trinkern gehen hier tagtäglich ein und aus, und eigentlich erwischt's die doch oft. Komisch.

Pasjo geht in den zentralen Feinkostladen ganz in der Nähe, nur ein paar Dutzend Meter von ihrem Haus entfernt, und betritt die Süßwarenabteilung. Reiht sich in die nicht allzu lange Schlange ein und sagt zu der genervten angegrauten Verkäuferin:

„Ein Kilo Schokopralinen bitte."

„Und welche Sorte?", fragt die Verkäuferin gereizt.

Pasjo ist überfordert. So schnell kann er nicht sagen, welche Sorte er haben möchte.

„Was haben Sie denn so da?"

„Hören Sie mal, ich habe hier 30 verschiedene Sorten Schokopralinen."

„Haben Sie Romaschka?"

„Ja."

„Dann nehme ich die."

„Ein Kilo?", fragt die Verkäuferin noch gereizter.
„Ja. Meinetwegen. Geben Sie mir ein Kilo Romaschka."

Sie kommen genau um fünf. Drei elegante Damen im mittleren Alter. Enge Freundinnen von Fanja. Sie drängen sich im Flur, Fanja bittet sie nachdrücklich, die Schuhe anzubehalten.
„Geht doch gleich ins Wohnzimmer", sagt Fanja. „Bitte."
„Oh, was für eine schreckliche Treppe!", flüstert eine der Damen, „schmutzig und vor allem so steil! Da kann man sich ja den Hals brechen."
„Ja", stimmt Fanja zu, „die Treppe ist wirklich lebensgefährlich. Es ist eben ein altes Haus. Wohl noch aus der Zeit der Österreicher. Wir wollen die Wohnung eigentlich verkaufen, aber irgendwie kommen wir nicht voran. Die Zeit ist immer zu knapp."
„Die Wohnung ist doch sicher einiges wert. So mitten im Zentrum."
„An die hunderttausend", sagt Fanja, „vielleicht sogar zweihunderttausend."
Die Damen marschieren ins Wohnzimmer. Sie benehmen sich irgendwie seltsam. Fanja merkt das. Offenbar passen die drei tunlichst auf, nichts zu berühren, um sich nicht schmutzig zu machen. Um sich keine tödliche Infektionskrankheit zu holen.
„Wollt ihr einen Tee? Oder vielleicht einen Kognak? Ich habe einen guten Kognak da."
„Nein, danke. Wir bleiben nicht lange", flüstern die Damen einstimmig. „Du weißt doch, wir sind gekommen, weil wir deine Sammlung sehen wollen."
„Ach ja, die Sammlung, genau."
Verwegen wie ein Zauberer zieht Fanja die Gardine zurück.
„Hier!"
Auf dem Fensterbrett sind Kakteentöpfchen aufgereiht. Fanjas Sammlung. Ihr ganzer Stolz. Schon seit zwei Jahren züchtet sie Kakteen. Sie geht dafür extra in Spezialgeschäfte, verwendet spezielle Kakteenerde und stellt die Töpfchen aufs Fensterbrett. Im Sommer stehen die Kakteen auf dem Balkon, damit sie auch

Sonne abbekommen. Fanja gießt sie nur mit Regenwasser. Sie hegt und pflegt die Pflanzen.

„Sind die schön!", rufen die drei Frauen aus und beugen sich über die Kakteen. „Du hast so oft davon erzählt, dass wir uns diese Pracht unbedingt mal anschauen mussten. Die sind aber herrlich. Blühen sie auch?"

„Noch nicht. Sie sind noch zu klein. Die ältesten habe ich gerade mal zwei Jahre." Fanja ist ganz in ihrem Element. „Aber wenn sie anfangen zu blühen, dann zeige ich sie euch auf jeden Fall."

Die Damen wuseln um die Kakteen herum und teilen hin und wieder ihre begeisterten Beobachtungen mit. Fanja, in Longshirt und Hausschuhen, steht am Fernseher und platzt vor Stolz. Zu Recht. Wer weiß schon, wie viel Arbeit Kakteen machen! Allein die Stacheln! Fanja zieht beim Umtopfen immer ihre Winterhandschuhe aus Leder an, und trotzdem hat sie sich schon ein paar Mal gestochen. Kakteenstiche tun unheimlich weh. Die verletzte Haut ist manchmal noch lange gerötet, geschwollen und juckt. Aber auch die Seele leidet. Von einem Dutzend Kakteen geht etwa ein Drittel ein. Erst stirbt der Pflanzenkörper langsam ab, dann wird er unten schwarz, und schließlich bekommt er eine dicke stinkende Schimmelschicht. Der Schimmel bedeutet, dass der Kaktus verfault ist.

Die kleinen Kaktusleichen wickelt Fanja sorgfältig in Folie und bereitet ihnen nachts vor dem Rathaus ein würdiges Begräbnis.

Eine der Frauen, diejenige, die bislang kaum gesprochen hat, sagt plötzlich mit einer überraschenden Sachkenntnis zu Fanja: „Meine Liebe, ich glaube, deine Kakteen haben Schmierläuse."

„Wo?" Fanja stürzt erschrocken zum Fensterbrett.

„Hier, sieh mal. Die haben alle so eine weiße Schicht. Ich glaube, das sind Schmierläuse, der Tod für jeden Kaktus."

Fanja tut so, als würde sie die Kakteen betrachten, und dann antwortet sie gelassen:

„Nein, das sind keine Schmierläuse. Das ist eine natürliche Schicht. Die haben alle Kakteen. Die kriegen alle so einen Flaum, wenn der Winter kommt."

Plötzlich ist es im Wohnzimmer merkwürdig still.
„Vielleicht wollt ihr doch einen Tee? Oder einen Kaffee? Oder Kaffee und Kognak? Ich habe guten Kognak da. Und Pralinen."
„Nein, wir sind auf Diät", antworten die gestandenen Damen wie aus einem Munde. „Wir müssen jetzt los. Deine Kakteen haben wir ja gesehen. Sie sind toll. Wir müssen wieder."
Die Damen rennen fast zurück in den Korridor, passen aber auf, dass sie ja nichts berühren, ziehen ihre eleganten Jäckchen an, bedanken und verabschieden sich und sind auch schon weg.
Fanja geht ins Wohnzimmer. Sie nimmt einen Schluck Kognak, einfach aus der Flasche, und steckt sich eine Praline in den Mund.
Pasjo, der die ganze Zeit still in der Küche gesessen hat, fragt gut gelaunt:
„Na, wie war's? Nette Freundinnen hast du, sie sind so elegant."
Fanja nimmt noch einen Schluck Kognak aus der Flasche und weint lautlos.

„Du bist schuld", schreit Fanja schluchzend. „Du!"
„Warum denn ich?", wundert sich Pasjo. „Ich habe die ganze Zeit still in der Küche gesessen. Ich habe gar nichts gemacht."
„Du! Du bis schuld!"
„Wie immer."
„Du hast ein Kilo Romaschka gekauft, obwohl ich dich gebeten hatte, verschiedene Sorten zu nehmen. Hab ich's gesagt oder nicht?"
„Ja, schon, aber ich kann diese Verkäuferin nicht ausstehen. Sie ist so patzig. Wenn ich die sehe, würde ich am liebsten flüchten. Oder ihr mit der Waage eins überbraten."
„Dann wärst du doch in einen anderen Laden gegangen, wenn du so empfindlich bist."
„Der andere Laden ist zu weit weg. Da wär ich zu spät zurück gewesen."
„Wärst du eben zu spät gekommen."
Pasjo versucht Fanja zu beruhigen. Aufmunternd streicht er ihr über den Rücken. Fanja weint nur noch lauter.

„Jetzt beruhige dich doch“, sagt Pasjo. „Ist doch alles nicht so schlimm.“

„Und diese Schlabberhosen, du hast dich nicht umgezogen. Du siehst aus wie ein Klempner.“

„Na, und wenn schon. Was ist denn Schlechtes an einem Klempner? Sind das etwa keine Menschen? Jetzt beruhige dich doch. Es ist alles nicht so schlimm, wie es dir im Moment vorkommt.“

„Nicht mal einen Tee wollten sie“, schluchzt Fanja. „Keine Pralinen, keinen Tee, keinen Kognak! Haben sich wahnsinnig vorgesehen, dass sie ja nirgends anstoßen, wenn du gesehen hättest, wie sie hier rumgeschlichen sind, ganz vorsichtig, als wär hier in der Wohnung alles … unhygienisch.“

„Ach, das sind doch blöde Kühe. Mit denen brauchst du dich nicht mehr zu treffen. Die nehmen dich nicht ernst.“

„Und mit wem soll ich mich dann treffen? Ich habe ja keine anderen Freundinnen. Nur die drei.“ Fanja ist krebsrot, vor lauter Weinen und Reden bekommt sie keine Luft mehr.

„Wozu brauchst du denn solche Freundinnen, wenn die sich so benehmen?“

Fanja springt auf und läuft hysterisch durch die Wohnung.

„Schau dich doch mal um“, sagt sie, „wie schrecklich unsere Wohnung aussieht. Wie dreckig es überall ist! An den Wänden und Decken kleben Spinnenweben, auf den Gardinen liegt Staub, die Sofas sind voller Hundespuren. Wenn ich in so eine Wohnung kommen würde, würde ich auch lieber nichts anfassen! Wenn du ihre Wohnungen gesehen hättest! Alles neu. Alles glänzt. Alles blitzblank, dass du vom Boden essen kannst!“

„Aber unser Haus ist alt“, rechtfertigt sich Pasjo. „Noch aus der Habsburger Zeit. Und so sind die alten Häuser eben. Die lassen sich nicht auf Hochglanz polieren. Wenn du willst, dann verkaufen wir die Wohnung. Und ziehen in einen Neubau. Da ist alles neu und glänzt.“

„Das will ich aber nicht. Ich will hier bleiben, hier in diesem

Schweinestall. Ich bin ein Schwein, und ein Schwein lebt in einem Schweinestall! Ich bin ein Schwein!“

Pasjo hat Mitleid mit Fanja. Er weiß nicht, was er noch sagen soll, damit sie ihre Fassung wiedergewinnt.

„Fanja, jetzt hör mir mal zu: Wenn du ein Schwein bist und ich dein Mann, dann bin ich auch ein Schwein. Ich will aber kein Schwein sein.“

„Dann hau doch ab! Verlass mich! Verlass das Schwein!“ Fanja lässt sich aufs Sofa fallen und vergräbt die Nase im Kissen.

„Dann gehe ich eben“, sagt Pasjo beleidigt.

Er steht auf. Fanja reagiert nicht.

„Ich gehe“, wiederholt Pasjo. „Ich gehe.“

Stille.

„Ich bin dann weg. Tschüs.“

Pasjo geht in den Korridor und hofft noch, dass Fanja ihm nachkommt oder wenigstens etwas hinterher ruft. Er zieht seine Jacke an. Aber Fanja rührt sich nicht.

Pasjo knallt die Tür zu und bleibt auf der Treppe stehen. Ihm ist ganz schlecht.

Im Treppenhaus ist es schon dunkel. Arschdunkel. Pasjo will eigentlich nach unten, hält aber im letzten Moment inne. Überlegt. Zögert.

Ich werfe nur einen kurzen Blick hinein, sagt er sich. Ich habe einen Grund. Mir ist schlecht.

Pasjo dreht um und läuft den Flur bis ans Ende. An der eigenen Wohnungstür vorbei. Weiter nach hinten. Ein Tunnel, denkt er, dieser Flur ist wie ein Tunnel, und am Ende glimmt ein Licht.

Die Tür Beim Psychiater ist angelehnt. Pasjo steckt seinen Kopf hinein und sieht nach, ob jemand drin ist. Keine Menschenseele. Nur auf einen Sprung, denkt er, nur eine Hand. Einen Doppelten. Ich will den Typen mal sehen.

Schüchtern geht Pasjo in die „Küche“, und die sieht wirklich aus wie eine Wohnheimküche. An den Wänden sowjetische Keramik-

kacheln mit Veilchenmuster. Es riecht wie in einer öffentlichen Toilette: nach Chlor und Dreck. In der Mitte steht ein Tisch, die Imitation eines Tresens. Pasjo legt eine Hand auf den Tisch und wartet. Es vergeht eine Minute. Eine zweite. Pasjo hört im Nebenraum jemanden mit Gläsern hantieren. Aus dem Halbdunkel taucht plötzlich ein Hüne auf, als wär's ein Gespenst, und Pasjo erschrickt. Er ist ja noch nie hier gewesen. Er weiß nicht, was das für ein Typ ist und wie dieses ganze Abenteuer endet.
Der Psychiater stellt ein Glas mit durchsichtiger Flüssigkeit vor Pasjo hin. Pasjo schaut ihn verwirrt an. Und sagt:
„Danke."
Der Psychiater antwortet nicht und verschwindet im Nebenraum.
„Meine Frau", flüstert Pasjo, aber so, dass er nebenan gehört wird, „meine Frau, sie ist ein Schwein."
Und kippt seine „Bestellung" hinunter.

2

Keiner nimmt mich ernst, denkt Fanja, geschieht mir ganz recht, warum sollte mich auch jemand ernst nehmen? Ich war immer eine Witzfigur. Ein Clown.
Fanja weiß noch ganz genau, wie sie sich zum ersten Mal blamiert hat.
Sie war noch ganz klein. Von allen Kindern im Kindergarten konnte sie am besten singen. Die Musikerzieherin wollte Fanja vor einem großen Publikum das *Lied vom Stickdeckchen* vorsingen lassen. Allerdings hatte sie Fanja vorher nicht verraten, wohin sie gehen würden. Sie hatte sie einfach an die Hand genommen und war mit ihr losgezogen.
Sie waren lange unterwegs, zumindest kam es der kleinen Fanja lange vor. Zuerst liefen sie durch die endlosen Korridore im Kindergarten, dann die Straße entlang, dann wieder durch endlose

Gänge, dieses Mal in einem fremden Haus. Fanja war sehr stolz, sie fühlte sich auserkoren, denn die anderen Kinder mussten währenddessen Mittagsschlaf machen oder langweilten sich einfach, Fanja hingegen hatte eine wichtige Aufgabe wie die Erwachsenen. Sie würde singen.

Sie betraten einen winzigen Raum, in dem es vor fremden Menschen nur so wimmelte. Die Erzieherin sagte:

„Du setzt dich hier auf die Bank und wartest, bis ich dich hole."

Fanja setzte sich und wartete.

Der winzige Raum hatte zwei Türen. Die eine war die, durch die sie hereingekommen waren. Die andere war ganz klein. Von Zeit zu Zeit ging sie quietschend auf. Menschen kamen herein oder gingen hinaus. Alle waren schick gekleidet.

Neben Fanja auf der Bank saß noch ein anderes Mädchen. Es hatte eine hübsche bestickte Bluse mit kurzen Ärmeln an. Sie sprachen nicht miteinander, sie warteten einfach nur. Schließlich kam eine füllige Frau und nahm das Mädchen mit durch die kleine Tür. Es war ein paar Minuten weg. Dann kam es zurück, und die füllige Frau strich ihm über den Kopf.

„Gut gemacht, Katja", sagte sie.

Dann kam Fanjas Erzieherin. Sie wies das andere Mädchen an, seine bestickte Bluse auszuziehen. Das Mädchen gehorchte.

„Los, zieh die schnell über", sagte die Erzieherin und hielt Fanja die Bluse hin.

„Aber das ist nicht meine", antwortete Fanja.

„So, wie du aussiehst, kannst du nicht auftreten. Sieh mal, du hast dich heute früh mit Ei bekleckert."

Fanja genierte sich und drehte die fremde Bluse hin und her. Die Blusenbesitzerin schaute Fanja mitleidig an, wie ein Gesunder einen Behinderten anschaut, sagte aber weiterhin kein Wort.

„Was trödelst du denn so!", rief die Erzieherin. „Los, zieh die Bluse an!"

Und schon hatte sie Fanja kurzerhand ihren mit Frühstücksei bekleckerten Pullover ausgezogen.

Die Bluse war zu eng.
„Macht nichts, die paar Minuten geht das schon, du bist gleich dran." Die Erzieherin nahm Fanja bei der Hand und zog sie hinter sich her durch die geheimnisvolle Tür.
Von da an verschwamm alles.
Fanja fand sich plötzlich auf einer großen, auf einer sehr großen Bühne wieder. Das Scheinwerferlicht blendete grässlich. Fanja geriet in Panik. Sie wollte zurücklaufen, aber die Erzieherin schob sie in die Bühnenmitte, wo sie ein im Voraus präparierter Stuhl mit einem Deckchen erwartete.
Fanja setzte sich.
„Nimm das Deckchen auf den Schoß und tu so, als würdest du sticken, während du singst."
Fanja nickte. Nur das Sticken nicht vergessen, dachte sie. Ganz schön schwierig, gleichzeitig zu singen und zu sticken.
Die Erzieherin nahm am Klavier Platz und fing an zu spielen. Fanja hob ihre Augen, die sich langsam an das Scheinwerferlicht gewöhnten. Sie blickte in einen riesigen, bis auf den letzten Platz besetzten Saal. Die Leute beobachteten Fanja interessiert, lächelten gütig, als säße da ein Hündchen, das sich gleich auf die Hinterbeine stellen würde.
Und dann war der Moment da: Das Vorspiel war zu Ende, Fanjas Einsatz kam.

Bloß das Sticken nicht vergessen, sagte sich Fanja immer wieder. Sie nahm ihre Finger zusammen und fuhr mit der Hand immer von rechts nach links, von oben nach unten. Wahrscheinlich sah das Sticken verblüffend echt aus.
Das Lied vom Stickdeckchen, ES SINGT EIN ZÖGLING AUS DEM KINDERGARTEN *RUSSALOTSCHKA*.
Das Publikum wartete gespannt auf das Lied, aber Fanja sang nicht. Verwirrt drehte sie sich zu ihrer Erzieherin um, die nickte ihr aufmunternd zu, na los, mach schon, sing, nicht so schlimm, dass du den Einsatz verpasst hast. Ich mache noch ein Vorspiel.

Und sie spielte noch einmal von vorn.
Dann kam ein Einsatz nach dem anderen, aber Fanja sang nicht. Das vermaledeite *Lied vom Stickdeckchen* war wie aus dem Gedächtnis geblasen, obwohl sie es doch auswendig kannte, seit sie denken konnte. Fanja saß auf ihrem Stuhl und war in ihre Stickarbeit vertieft. Sie stickte und stickte.
Die Zuschauer – lauter alte Onkel und Tanten, die irgendeinen Feiertag begingen, den Tag der Solidarität der Werktätigen oder etwas Ähnliches – hatten zuerst Mitleid mit Fanja und taten so, als hätten sie nichts bemerkt. Das Vorspiel war etwas lang geraten, na und? Macht doch nichts, Mädel, los, sing, wir sind extra hergekommen, um dir zuzuhören, du bist so ein talentiertes kleines Mädchen, kommst mal groß raus als Sängerin. Dann lächelten die Leute ihr verschwörerisch zu. Offen und ehrlich. Es half nichts, Fanja saß auf ihrem Stuhl und stickte.
Nach etwa zehn ergebnislosen Vorspielen fingen die Zuhörer an, auf ihren Stühlen hin- und herzurutschen, und man konnte die Onkel und Tanten verstehen. Sie schämten sich für Fanja. Sie schämten sich dafür, dass sie sich so blamierte – die kriegt doch nicht den kleinsten Ton gekräht, gepiepst oder geschrien. Entweder sie singt jetzt endlich oder sie soll von der Bühne verschwinden. Meine Güte! Nehmt doch dieses doofe Kind da weg! Schließlich nahm die Erzieherin Fanja bei der Hand und führte sie wieder zurück in den winzigen engen Raum. Auf dem Weg sagte Fanja sehr laut, so dass es der ganze Saal hörte:
„Ich habe schön gestickt, nicht wahr? Ich kann das nämlich. Das hat mir meine Oma beigebracht."
Das Publikum brach in schallendes Gelächter aus.
„Ja, du hast fein gestickt. Und vergiss nicht, dem Mädchen seine Bluse zurückzugeben."

Das war erst der Anfang. Immer haben mich alle ausgelacht, denkt Fanja. Und ich habe nie verstanden, dass sie über mich lachen.
Verschwitzt stürmt Pasjo ins Wohnzimmer und ruft aufgeregt:

„Fanja, es ist passiert! Ein tödlicher Unfall! Auf unserer Treppe!"
Fanja wirft seelenruhig ihre Kakteen in den Mülleimer. Einen Kaktus nach dem anderen. Mitsamt den Töpfen.
„Ein Mann ist die Treppe runtergestürzt", redet Pasjo weiter, als habe er nichts bemerkt. „Er liegt tot im Erdgeschoss. Sicher ein Säufer. Ein Kunde vom Psychiater. Es musste ja mal so kommen. Die Treppe ist einfach gefährlich."
Auf dem Fensterbrett steht kein einziger Kaktus mehr. Sie haben alle in einem einzigen Mülleimer Platz gefunden.
„Die Polizei ist da. Und der Notarzt. Vielleicht verhören sie jetzt den Psychiater. Vielleicht hat der das arme Schwein mit Absicht die Treppe runter gestoßen? Weil der Trinker kein Geld hatte und nicht bezahlen konnte, und da hat ihn der Psychiater die Treppe runter geschubst, he? Was meinst du?"
Sie sind nur gekommen, um sich über mich lustig zu machen, denkt Fanja. Die Kakteen haben sie gar nicht interessiert. Es ist einfach furchtbar komisch, wenn jemand Kakteen sammelt und sie betuttelt wie ein kleines Kind und immer mit derselben Leier kommt, Kakteen vorne, Kakteen hinten. Diese Lachnummer wollten sie sich doch gern mal aus der Nähe anschauen.
„Pasjo, bring bitte den Müll runter", sagt Fanja, „der Eimer quillt ja schon über. Und pass auf der Treppe auf."

Leise, in Hausschuhen und nur mit ihrem Longshirt bekleidet, schleicht sich Fanja durch den dunklen Hausflur. Ganz hinten schimmert ein trübes Licht. Fanja geht ihm nach. Sie bleibt in der wohnheimähnlichen Küche stehen. Es stinkt wie in einer öffentlichen Toilette, aber der Gestank schreckt Fanja nicht ab.
Sie geht auf den frei stehenden, nicht gerade sauberen Tisch zu und fegt die Brotkrümel weg. Sie wartet. Im Nebenraum hört sie ein Klirren, jemand hantiert mit Gläsern.
Aus dem Dämmer taucht ein stattlicher fremder Mann auf. Er sieht aus wie ein Geist. Nein, er sieht aus wie ein richtiger amerikanischer Indianer, denkt Fanja. Ihr ist mulmig.

Der Psychiater serviert ihr ein Glas mit einer durchsichtigen Flüssigkeit und ein winziges belegtes Brot.
„Danke", sagt Fanja.
Der Psychiater antwortet nicht. Er verschwimmt im Dunkeln.
Fanja nimmt das Glas von einer Hand in die andere, dreht es auf dem Tisch, riecht daran. Noch nie hat sie so viel Wodka auf einmal getrunken. Das sind zwei Doppelte.
„Alle lachen über mich", flüstert Fanja, der Psychiater hört sie trotzdem, „ich bin eine Witzfigur. Ich bin ein Schwein."
„Verehrteste", kommt es aus dem Nebenraum, „über Schweine lacht man nicht. Die werden gegessen."

3

Im Stadtzentrum ist richtig was los, die Leute sind guter Stimmung. Fanja und Pasjo sitzen auf einer Bank und knacken Sonnenblumenkerne.
„Was machen deine Freundinnen?", fragt Pasjo, „hast du dich mal wieder mit ihnen getroffen?"
„Ja, sie haben mich für Freitag zu einem Ausflug eingeladen, an den Fluss, zum Sonnen."
„Und? Gehst du hin?"
„Weiß noch nicht genau. Aber wahrscheinlich schon."
„Was ist denn da los?" Pasjo zeigt auf eine merkwürdige Menschenansammlung vor dem Rathauseingang. „Massen von Leuten. Da muss was passiert sein."
„Ständig wünschst du dir, dass etwas passiert, am besten was Schlimmes. Das ist ja schon krankhaft", sagt Fanja und lacht.
„Ja. So bin ich eben. Na, und? Los, sehen wir mal nach, was passiert ist."
Pasjo rennt zum Rathaus, Fanja folgt ihm widerwillig.
Ein ganzes Rudel aufgerissener Münder säumt die Blumenrabatte.

„Nun lassen Sie uns doch mal durch“, schreit Pasjo. „Was gibt’s denn zu sehen? Wir sind Journalisten!“

Die Menge gibt den Weg frei. Auf der Rabatte stehen in einem Kreis Fanjas Kakteen. Und blühen allesamt. Ein großer kräftiger Mann, der ein merkwürdiges Indianerkostüm trägt, drückt der verdatterten Fanja eine Kamera in die Hand.

„Excuse me! Could you make a photo from me and these beautiful flowers?“, bittet er.

Fanja drückt auf den Auslöser, der Indianer bedankt sich und taucht in der Menge unter.

„Pasjo, hast du das gemacht?“

„Was?“

„Das mit den Kakteen. Ich hatte sie doch weggeworfen.“

„Siehst du, und nun blühen sie.“

„Ein Kilo Schokopralinen, bitte.“

Die genervte angegraute Verkäuferin in der Süßwarenabteilung rückt geschäftig ihre Haube zurecht.

„Welche Sorte?“

„Was haben Sie denn da?“

„Hören Sie mal, ich habe hier 30 verschiedene Sorten Schokopralinen!“

Pasjo beugt sich über den Ladentisch, packt die Verkäuferin und schleudert ihren Kopf gegen die elektronische Waage. Die Verkäuferin sackt zusammen, vor Schmerz oder vor Verblüffung. Sie schlägt auf den Boden und reißt gequält die Augen auf.

„Und jetzt hören Sie mir gut zu“, sagt Pasjo, „ich nehme je 100 Gramm Krokant, Gelee, Nuss, wenn sie frisch sind, dann noch je hundert Bilotschka, Koriwka, Roter Mohn, Kirsch in Schokolade, Dörrpflaume in Schokolade, Prometheus, Vogelmilch. Und zwar zack, zack. Ich hab’s eilig. Fanja wartet.“

Thysania agrippina

(Der Schmetterling)

1

Auf dem Bahnhof von Myroniwka ist es zu dieser Jahreszeit besonders schön. Wer einmal Ende Mai hier gewesen ist, der weiß das, der hat es gespürt. Es ist, als würdest du irgendwo in Wien auf einem riesigen Platz stehen, auf einem großen, weißen Platz aus Marmor. Ringsum lauter fremde Menschen mit Reisetaschen, Schwärme von Zigeunern mit Wagen, Koffern und schmutzstarrenden Kindern auf dem Arm, Polizisten, die unter der unerwartet stechenden Sonne schwitzen, zwei Mülleimer, aus einem steigt dicker Qualm (der kommt von deiner nachlässig ausgedrückten Zigarette), sorgfältig gestrichene Bänke an einem niedrigen Zaun, österlich blütenweiße Bordsteinkanten, sechs, sieben identische Kioske mit Bier und Snickers – und Kartoffelpiroggen.

Die dürfen nicht fehlen, die Kartoffelpiroggen. Verkauft werden sie natürlich von einer molligen, unscheinbaren Frau um die vierzig, wobei ihr Alter keine Rolle spielt.

In zwanzig Minuten geht die Elektritschka, der Vorstadtzug, nach Kiew. Die Zeit reicht noch. Mechanisch holst du Kleingeld hervor, verlangst eine Pirogge, ohne die Verkäuferin dabei anzusehen, klackerst ungeduldig mit den für Männerschuhe viel zu hohen Absätzen, sagst dir „Brust raus" oder was Ähnliches, und schon hast du eine Pirogge in der Hand. Sie duftet. Und dampft. Du willst sie haben. Du läufst träge den Bahnsteig auf und ab und machst dich gierig über den weichen Teig her, warm ist er, das ist aber auch schon alles. Deine Finger triefen vor Fett. Die öligen Lippen glänzen in der für Mai übergrellen Sonne.

Wieso habe ich die überhaupt gekauft, denkst du und schmeißt die angebissene Pirogge weg. Früher, als ich kleiner war, haben die Piroggen viel besser geschmeckt.

17:52. Die Elektritschka aus Kiew fährt ein. Von allen Seiten stürzen die Leute auf den Zug zu, stürmen mit ihren Reisetaschen und den schmutzigen Kindern in die Wagen, sie haben genug von diesen möchte-gern-Wiener Platz samt den Kiosken und dem Marmor, und du stehst immer noch am selben Fleck und schaust dem Treiben gelangweilt zu.

Zu dieser Jahreszeit ist es hier besonders schön, denkst du. Du nimmst dein Megafon, das die ganze Zeit auf deinem Rücken gebaumelt hat, holst tief Luft und machst eine höfliche Ansage:

„Sehr geehrte Passagiere! Wir möchten Sie dringlich bitten, Ihre Zugfahrkarten vor Fahrtantritt an den Bahnhofskassen zu erwerben. Anderenfalls sieht sich die Bahnhofsleitung gezwungen, zum letzten Mittel zu greifen und die Anzahl der Vorstadtzüge auf der Strecke Kiew-Myroniwka zu reduzieren."

Shanna braucht keine Fahrkarte. Sie verlässt Myroniwka fast nie, obwohl sie schon seit etlichen Jahren ihre meiste Zeit auf dem Bahnhof verbringt. Sie sitzt da auf einer Bank und schaut auf die mechanische Uhr am Bahnhofsturm.

Shanna ist nicht etwa behindert und geistig minderbemittelt. Wenn sie wollte, könnte sie wegfahren, eine längere Reise oder einfach einen Tagesausflug machen. Ihre Freunde und Verwandten haben ihr schon öfter geraten, mal ein wenig auszuspannen, sich die Welt anzuschauen, aber Shanna findet das nicht nötig. Wo gibt's schon mehr zu sehen als auf dem Bahnhof? Auf dem Bahnhof kreuzen sich die Welten. Hier verfolgt Shanna die Zeit. Kann sie mit Händen greifen.

„Was für ein Mann!", sagt ihre Freundin Irma zu Shanna.

„Welcher?" Shanna spielt die Ahnungslose.

„Der da." Irma Iwaniwna deutet mit dem Kopf auf den Mann mit dem Megafon. Schon zum dritten Mal droht er den braven

Fahrgästen der ukrainischen Eisenbahn eine verringerte Anzahl von Zügen auf der Strecke Kiew-Myroniwka an. „Der sieht doch gut aus."

„Weiß nicht. Ist mir nicht aufgefallen."

„Also, entweder du lügst oder du bist blind."

Reflexartig rückt Shanna ihre alte Brille mit dem klobigen Gestell zurecht.

„Du bist bescheuert, Shanna. Da hängst du nun schon ewig auf diesem beschissenen Bahnhof rum und hast noch kein einziges Mal mit ihm gesprochen."

„Worüber soll ich denn mit dem reden?"

„Ich bitte dich. Seit wann sind denn Männer zum Reden da?"

„Wozu denn dann?"

Irma Iwaniwna faucht. Shanna geht ihr auf die Nerven.

„Wetten, dich hat noch nie einer geküsst?"

„Reg dich ab, Irma! Ich war sieben Jahre verheiratet."

„Du?! Das hätte ich nicht gedacht!"

„Verlangt ja gar keiner, dass du denken sollst."

Die Turmuhr zeigt 17:45 Uhr. In sieben Minuten kommt die Kiewer Elektritschka. Shanna hat noch sieben Minuten.

„Und was ist mit deinem Mann passiert?", fragt Irma Iwaniwna.

Shanna setzt die Brille ab und starrt verdrossen vor sich hin. Sie hat nichts zu verlieren. Ihr bleiben noch sieben Minuten.

„Was ist denn nun mit deinem Mann?"

„Nichts. Lebt sein Leben."

„Und du?"

„Ich lebe mein Leben."

Noch fünf Minuten. Shanna spürt, wie sich ihre Augen mit roter Hoffnungslosigkeit füllen. Im Hals sitzt ein Krampf, den sie herausschreien, herauswürgen oder ausspucken möchte oder besser noch so tief runterdrücken, dass sie vor Schmerz ohnmächtig wird.

Noch drei Minuten.

„Shanna, wie alt bist du eigentlich?" Irma Iwaniwna nimmt es heute ganz genau.

„Alt."
Noch eine Minute. Shanna ballt die Fäuste. Sie will weg von hier, so schnell und so weit wie möglich. Verschwinden. Es nicht mehr aushalten müssen. Sich in der Erde verkriechen. Sich in den Himmel schnipsen. Irgendetwas machen. Sich die Eingeweide rausreißen, zerstückeln und den hungrigen Hunden zum Frass vorwerfen.
„Hör mal", regt sich Irma Iwaniwna auf, „wenn du nicht reden willst, dann sag's doch gleich. Fräulein Rührmichnichtan."
„Nimm's mir nicht übel, Irma, ich fühl mich nicht besonders."
Leise wie eine Schlange kriecht der Zug übers Gleis. Shanna reißt die Augen auf. Das war's. Ende. Aus.
Die Fahrgäste steigen aus. Die meisten sind von hier, Shanna kennt sie alle. Haben in Kiew Milch-Käse-Sahne verkauft, ein bisschen was dazuverdient, jetzt kommen sie wieder, um Shanna das Leben zu vermiesen.
„Na, Shanna-Mäuschen, wie läuft das Geschäft?", fragt ein Typ in einer schwarzen Lederjacke und Billigturnschuhen mit einer fröhlichen Bassstimme.
„Gut", antwortet Shanna-Mäuschen tonlos.
„Läuft wahrscheinlich mau, wenn du antwortest, als wärst du schon tot. Na, dann bringen wir doch mal ein bisschen Schwung in den Laden. Los, fünf Stück, aber die besten, dass das klar ist!"
„Ich habe gerade noch fünf."
„Na, so ein Glück", freut sich der Mann in der Lederjacke. „Ich habe solchen Knast, Shanna, dass ich gleich zehn Stück auf einmal verdrücken könnte."
Kraftlos langt Shanna in die Pappkiste, die vor ihr auf dem Boden steht, holt die letzten fünf Kartoffelpiroggen raus und reicht sie dem hungrigen Kunden.
„Macht sieben fünfzig."
Lustlos steht Irma Iwaniwna von ihrer Bank auf.
„Hast du's gut, Shanna! Bist alles losgeworden, und jetzt kannst

du mit gutem Gewissen heimgehen und dich erholen. Und ich muss hier noch drei Stunden schuften."

„Ja, ja. Ich gehe jetzt", murmelt Shanna und packt hastig ihr Zeug zusammen. „Ich hab alles verkauft, jetzt kann ich mit gutem Gewissen heimgehen und mich erholen."

„Bis morgen."

„Bis morgen, Irma."

Shanna rennt wie angestochen vom Bahnhofsgelände. Ihre Beine fühlen sich fremd an.Tränen laufen ihr übers Gesicht und verdunsten, so dass Shannas Brille von innen beschlägt. Shanna sieht nicht, wohin sie läuft. Sie ringt nach Luft. An der Straße, dort, wo der letzte der sieben identischen Kioske steht, versucht sie nicht mehr, die Tränen zurückzuhalten.

Wieder so ein sinnloser Tag, denkt Shanna. Genauso wie gestern und morgen. Mein Gott, wie soll man das nur aushalten!

Shanna hält einen Moment inne, wischt mit dem Finger die Brille ab und verschwindet hinter dem einstöckigen Gebäude mit dem Schild „Eisenwaren".

„Den ganzen Tag", murmelt Shanna, „hat er mich kein einziges Mal angeschaut."

Oma Vika macht Shanna die Tür auf. Shanna tritt ein und zieht die Schuhe aus.

„Hast du alles verkauft?", fragt Oma Vika.

„Wie immer."

Shanna zieht ein zusammengeknülltes Bündel Geldscheine aus der Tasche und legt es auf den Tisch.

„Bravo, Shanna. Du hast ein Händchen fürs Geschäft." Flüchtig zählt Oma Vika die Scheine.

„Auf dem Bahnhof nehmen die Leute alles, Viktoria Viktoriwna."

„Nun mach dich mal nicht kleiner, als du bist. Ich habe fünf Jahre lang Sonnenblumenkerne auf dem Bahnhof verkauft, und höchstens ein, zwei Mal bin ich alles losgeworden."

„Von Sonnenblumenkernen wird ja keiner satt. Auf dem Bahnhof muss man was verkaufen, das satt macht, da gibt's nämlich immer Leute, die Hunger haben."

Oma Vika trägt eine ärmellose Kittelschürze aus Kattun. Unter den Achseln hängen Fettlappen herunter.

„Willst du was essen?", fragt Oma Vika. „Eine Kartoffelpirogge vielleicht?"

„Nein, danke", ruft Shanna.

Oma Vika lacht.

„Wissen Sie", beginnt Shanna zaghaft, „ich wollte schon lange mal mit Ihnen reden. Wegen den Piroggen."

„Ist was mit den Piroggen?" Oma Vika wird hellhörig.

„Keine Angst, alles in Ordnung." Shanna kaut an der Nagelhaut des Zeigefingers an ihrer rechten Hand.

„Ich hab nur gedacht … Wissen Sie, wenn man am Verkaufen ist, da hat man viel Zeit, da kommt einem so das eine oder andere in den Sinn …"

„Raus mit der Sprache! Red nicht um den heißen Brei herum, Shanna, das kann ich nicht leiden."

„Wie würden Sie es finden, wenn wir, also, Viktoria Viktoriwna, also was halten Sie davon, wenn wir … unser Business erweitern würden?"

Oma Vika starrt Shanna entgeistert an.

„Was erweitern wir?"

„Unser Business."

„Wie bitte? Jetzt mach mich mal nicht kirre mit deinem klugen Gequatsche. Sag, worum's geht, ich versteh nicht, worauf du hinaus willst."

„Wie wär's denn, wenn wir nicht nur Kartoffelpiroggen verkaufen würden? Das war's, was ich sagen wollte."

Oma Vika klatscht in die Hände und läuft aufgeregt im Zimmer umher. Shanna drückt sich an die Wand.

„Keine Angst, Viktoria Viktoriwna", flüstert Shanna, „wenn nicht, dann nicht. War nur eine Frage."

„Was willst du eigentlich, Shanna?" Oma Vika stemmt kämpferisch die Arme in die Hüften und geht auf Shanna zu. „Schmecken dir meine Piroggen nicht?"

„Wie kommen Sie denn darauf! Das wollte ich doch gar nicht sagen ..."

„Haben etwa Kunden behauptet, die Priroggen würden nicht schmecken?" Oma Vikas Ton wird schärfer.

„Ihre Piroggen sind sehr lecker, Viktoria Viktoriwna! Das wissen Sie doch. Wirklich." Shanna hat ständig ein und dieselbe Szene vor Augen: Er läuft den Bahnsteig entlang, wirft die angebissene Pirogge in den Mülleimer und wischt sich im Weitergehen mit dem Ärmel über die fettverschmierten Lippen. „Ihre Piroggen sind die besten ... auf ihre Art ..."

„Auf ihre Art? Shanna!"

Shanna nimmt ihren ganzen Mut zusammen und platzt heraus: „Ich habe nichts gegen Kartoffelpiroggen. Aber Geschäft ist Geschäft. Von Zeit zu Zeit muss man sich was Neues einfallen lassen, sonst geht man ... pleite. Wir könnten doch noch andere Piroggen anbieten. Das Sortiment erweitern, wie es so schön heißt. Piroggen mit Fleisch zum Beispiel. Na? Fleischpiroggen. Krautpiroggen. Piroggen mit Ei und Lauch. Oder was Süßes."

„Was faselst du da, Shanna?"

Oma Vika klinkt sich aus. Sie rennt in die Küche, von dort kommt ein schrilles, fast beißendes Zischen von überhitztem Öl. „Wegen dir", schreit Oma Vika aus der Küche, „sind die Piroggen verbrannt. Tja, das ist jetzt dein Problem. Sieh zu, wie du sie loswirst."

Shanna zieht ihre Schuhe an. Oma Vika kommt aus der Küche und hält eine frische Kartoffelpirogge in der Hand.

„Was rennst du denn fort, Shanna?"

„Ich renne nicht fort. Ich hab zu Hause noch jede Menge zu tun. Ich kommen morgen, um sieben, wie immer."

„Siehst du diese Pirogge hier?" Oma Vika fuchtelt mit der Pirogge vor Shannas Gesicht herum.

Shanna sagt nichts.

„Shanna, siehst du die Pirogge?“
„Ja, sehe ich.“
„Das, meine Liebe, ist eine einzigartige unvergleichliche Kartoffelpirogge! Schau sie dir an! Schau dir diese wunderbare Pirogge an! Ja, es gibt andere Piroggen, mit Fleisch, mit Kraut, meinetwegen mit Goldstaub oder mit Scheiße, das interessiert mich nicht, Shanna. Mich kriegst du nicht rum. Sollen die anderen doch reden, was sie wollen, wer Hunger hat, kauft sich eine Kartoffelpirogge und fertig! Fleisch ist riskant, Kraut macht nicht satt, und die süßen Piroggen, die schaut doch keiner an, wenn er für dasselbe Geld einen Snickers haben kann. Habe ich recht, Shanna?“
„Ich weiß nicht.“
„Aber ich weiß es. So ist es! Die Kartoffelpirogge wird mich überleben und dich auch. Dein Geschäft kannst du mit Liebschaften erweitern, aber meine Piroggen, die lass in Ruhe.“
„Bis morgen, Viktoria Viktoriwna“, sagt Shanna schon im Flur, aber die hört sie gar nicht. Sie redet weiter mit sich selbst:
„Das ist ja wohl die Höhe! Fleischpiroggen will sie! Fleischpiroggen! Und wo nehme ich so viel Fleisch her? Das sind Zeiten. Auf einmal wollen alle Fleisch.“

Es ist Nacht.
Shanna glaubt an Gott. Im bloßen Nachthemd steht sie am Fenster und betet. Im Zimmer ist es dunkel. Das Bett ist aufgeschlagen und wartet auf Shanna, will sie in seine warmen, weichen Arme schließen. Aber sie hat es nicht eilig, ins Bett zu kommen. Sie betet.
Im Zimmer hängt weder eine Ikone noch ein Bild. Shanna betet immer zum Fenster, als wäre das Fenster eine Ikone. Als stünde im Fenster das Antlitz Gottes.
„Ich glaube an dich“, flüstert Shanna vor sich hin, „ganz fest glaube ich an dich. Aber sag mal, warum glaubst DU nicht an mich?“
Das Fenster schweigt.

Im Fenster ist nichts, aber auch gar nichts zu sehen. Die Nächte in Myroniwka sind zu jeder Jahreszeit gleich, sogar im Mai. Immer gleich dunkel und einsam.
Tränen laufen Shanna über die Wangen. Sie presst mit aller Kraft im Gebet die Handgelenke aneinander, dass sie zittern.
„Ich glaube schon so viele Jahre an dich", flüstert Shanna. „Und du hast mir trotzdem noch nie geholfen. Und komm mir jetzt bitte nicht damit, dass Glaube selbstlos sein soll. Ich glaube an dich, und du hast einen Nutzen von meinem Glauben, also hilf mir wenigstens ein Mal, bitte! Ich habe dich noch nie um etwas gebeten, jetzt tu ich's. GIB IHN MIR!!!"
Shanna sinkt vor dem Fenster auf die Knie.
„Gib ihn mir, ich bitte dich."
Das Fenster schweigt. Shanna wischt sich die Tränen ab und legt sich ins Bett. Aber der Schlaf will nicht kommen.
Gottes Antlitz – bärtig und gut – schwebt über Shanna. Shanna geht es besser.
„Du bist gut", sagt sie, „du wirst mir helfen, ich weiß es. Du hast doch Mitleid mit mir, oder? Versteh mich nicht falsch, ich habe dich nicht gebeten, mir zu helfen, weil ich schwach bin. Ich bin stark. Ich kann auch ohne ihn weiterleben. Aber wozu, Gott? Das frage ich mich oft. Wozu? Habe ich mein Leben denn nur, um auf alles zu verzichten?"
Die Finsternis im Zimmer ist nun weniger dicht und trostlos. Shanna seufzt erleichtert.
„Ein ganzes Jahr ertrage ich das jetzt schon. Ein ganzes Jahr beobachte ich ihn heimlich. Ich kenne seine Gewohnheiten und seinen Dienstplan. Ein paar Mal hat er eine Kartoffelpirogge bei mir gekauft, ein paar Mal habe ich meinen ganzen Mut zusammengenommen und ihn direkt angeschaut. Nichts, Gott. Ich bin für ihn Luft."
Der bärtige Gotteskopf schaukelt schnalzend auf der Gardinenstange. Shanna hat Angst, die Gardienenstange könnte unter der Last zusammenbrechen.

„Aber das Schlimmste, mein allerbester Gott“, betet Shanna weiter, „das Schlimmste ist, dass ich das alles für mich behalten muss. Ich schweige schon ein ganzes Jahr. Du, dessen Anfang das Wort war, du kannst das nicht begreifen. Dass man schreien, kreischen, winseln, stöhnen möchte und nicht kann. Wie ich um Luft ringe! Wie mir die Lungen weh tun vor lauter Schweigen und der Hals und alles hier drin.“ Shanna tippt sich mit dem Finger unter die Rippen. „Wenn du nur wüsstest, wie weh mir mein Schweigen tut.“

Shanna schaut in das mitternächtliche Dunkel ihres Schlafzimmers, und ihr scheint, als lege Gott den Zeigefinger der rechten Hand an seine Lippen und bedeute Shanna zu schweigen. Noch ein kleines Weilchen zu schweigen.

„Ach nein“, besänftigt Shanna Gott, „glaub mir, wenn ich ein Jahr lang geschwiegen habe, kann ich auch noch länger schweigen. Das macht mir nichts aus. Ich schweige, solange du willst. Aber ehe du fortfliegst, versprich mir bitte, dass alles gut ausgeht. Also, dass sich bald was ändert … in meiner Beziehung … zu ihm …“

Gott verspricht es. Shanna sieht die Geste seines Versprechens genauso deutlich, wie ihr Shanna seht. Mit einem Mal beruhigt sich ihr Herz und wird süß wie eine Mango. Shanna springt aus dem Bett und knipst das Licht an. Sie ist voller Vorfreude auf ihren bevorstehenden Sieg. Nicht mehr lange. Ein bisschen noch. Noch ein klitzekleines Weilchen, und dann kommt das leidvoll erstrittene Glück.

Shanna öffnet den Kleiderschrank, nimmt das erstbeste Kleid heraus und dreht sich damit durchs Zimmer. Sie fliegt zum Spiegel im Bad, betrachtet sich lange en face und im Profil, und es scheint ihr, als gäbe es niemanden Schöneres auf der Welt. Zumindest nicht in Myroniwka. Und in Wien auch nicht. Wieso hat Shanna das bislang übersehen? Sie ist doch hübsch. Sehr hübsch.

„Ich habe verstanden, Gott“, flüstert Shanna und schminkt sich die Lippen mit einem bordeauxroten Chemie-Lippenstift. „Ich habe alles verstanden, du musst es mir nicht zweimal sagen.“

Shanna holt aus ihrem abgewetzten Glitzerschminktäschchen Wimperntusche und Lidschatten der Marke Ruby Rose hervor.
In der letzten Zeit habe ich überhaupt nicht auf mich geachtet, das ist wahr. Den Lidschatten habe ich ehrlich gesagt noch nie aufgelegt. Den hatte ich mir für die Hochzeit von meiner Nichte gekauft, aber an dem Tag hat es geregnet, und da habe ich mich lieber nicht geschminkt, dass mir nicht am Ende alles in die Fresse läuft. So viele verschiedene Farben! Da kann ich mich ja gar nicht entscheiden. Fürs erste Mal nehme ich vielleicht hellblau. In einem Film habe ich mal gehört, dass blauer Lidschatten immer dezent ist. Das war so eine aufgedonnerte Mode-Mieze, die das gesagt hat. Die wusste sicher, wovon sie redet.
Shanna trägt dick blauen Lidschatten auf, dann tuscht sie sich die Wimpern schwarz. Der Herstellername auf der Verpackung ist längst verblasst. Die Tusche hatte sich Shannas Mutter Anfang der 1980er gekauft, dann ist sie zusammen mit dem Schminktäschchen in Shannas Besitz übergegangen.
Morgen muss ich mir Haarspray kaufen. Die Haare hängen runter wie Stroh. Ich mache mir eine Föhnwelle und nehme Haarspray. Vielleicht schaue ich sogar mal beim Friseur vorbei. Nein, lieber erst beim Zahnarzt.
Shanna öffnet den Mund und sieht im Spiegel die lückenhafte Reihe ihrer schiefen Schneidezähne.
Genau, erstmal zum Zahnarzt.

Irma Iwaniwna zwinkert Shanna von ihrem Eisstand aus vielsagend zu. Offenbar hat sie heute gute Laune. Sie ist fröhlich und zum Plaudern aufgelegt.
Shanna sitzt wie immer hinter ihrem Pappkarton mit den Kartoffelpiroggen. Irma sitzt drei, vier Meter von ihr entfernt. Nicht gerade der optimale Abstand für ein Gespräch.
„Wir sind ja keine Konkurrenten, du und ich“, beginnt Irma Iwaniwna, „du verkaufst Piroggen und ich Eis. Das sind die zwei wichtigsten Waren auf einem Bahnhof: Piroggen und Eis.“

Shanna nickt. Die Gesetze der Marktwirtschaft sind ihr im Moment völlig egal. Shanna starrt vergebens auf die Schwärme von Eisenbahnpassagieren, die in Erwartung der nächsten Elektritschka herumstreifen. Er ist nirgends zu sehen. Vielleicht ist er krank? Aber warum ausgerechnet heute, wo Shanna zum entscheidenden Schritt bereit ist?!

„Du siehst heute so anders aus, Shanna", sagt Irma Iwaniwna scheinbar beiläufig.

„Anders? Wieso?" Shanna tut verwundert. Es freut sie. Auf das Kompliment von Irma Iwaniwna hat sie schon lange gewartet.

„Na, geschminkte Lippen, Lidschatten, enger Rock ..."

„Mal was Jugendliches, hab ich gedacht", antwortet Shanna bescheiden und erstarrt im nächsten Moment.

Aus dem Verwaltungsgebäude des Bahnhofs von Myroniwka kommt er.

Eigentlich wollte Shanna aus Gewohnheit schnell den Kopf senken, damit keiner sieht, wie sie den Bahnhofsvorsteher anglotzt, aber dann überlegt sie es sich anders. Was ist schon dabei? Warum soll ich ihn nicht anglotzen?, denkt Shanna. Ich kann doch anschauen, wen ich will und solange ich will, das ist meine Sache. Schließlich hat niemand den Bahnhof für sich gepachtet.

Ihr geschminktes Gesicht strahlt. Er kommt direkt auf sie zu. Gebügelte Uniform, gewienerte Schuhe, blütenweißes Hemd unter der Uniformjacke. Auf dem Rücken baumelt das Megafon. Aus der Tasche ragen zwei Fähnchen.

Wie gut er aussieht, denkt Shanna. Die Anspannung lässt sie vom Bauch abwärts erzittern. Shanna wird rot. Für den Bruchteil einer Sekunde stellt sie sich vor, mit ihm intim zu sein, und das Blut jagt ihr mit Lichtgeschwindigkeit durch die Adern.

Danke, Gott.

Bestimmt kauft er eine Pirogge, denkt Shanna, das ist die einzige Gelegenheit, ins Gespäch zu kommen.

Shanna kramt in ihrem Piroggenkarton, um für ihn das schönste Exemplar herauszusuchen, duftend und heiß. Sie hört seine Stimme in unmittelbarer Nähe.

„Ein Eis, Irma, los, aber ein richtiges Sahneeis."

Entgeistert springt Shanna von ihrer Bank auf. Der Piroggenkarton kippt um. Niemand beachtet sie.

„Ein Sahneeis muss man sich verdienen, Wanja", sagt Irma Iwaniwna mit einem koketten Lächeln.

„Sag mir, wie, Herzchen."

„Na, fürs Erste könntest du mich ins Café einladen."

„Aber immer. Wann?"

„Wenn's rote Rosen schneit."

Er lässt sich von Irma Iwaniwna ein Sahneeis geben und geht zum Bahnsteig. Irma Iwaniwna schaut ihm verträumt nach.

„Was für ein Mann ..."

Shanna rührt sich nicht. Der umgekippte Piroggenkarton liegt immer noch vor ihren stocksteifen Füßen.

„Wie findest du ihn, Shanna?", fragt Irma Iwaniwna.

„Wen?"

„Wanja."

„Welchen Wanja?"

„Na, den Bahnhofsvorsteher", sagt Irma genervt. „Jetzt erzähl mir bloß nicht, dass du nicht weißt, wie er heißt. Irgendwie bist du komisch, Shanna. Zig Jahre verkaufst du hier schon deine Piroggen und interessierst dich kein bisschen für die Leute, die du jeden Tag um dich hast. So kann man doch nicht leben. Wie ein Tier in seiner Höhle, also wirklich."

„Ich wusste, wie er heißt", sagt Shanna.

„Und wie findest du ihn?"

„Nicht besonders."

Irma Iwaniwna stützt sich mit den Ellenbogen auf ihren Eiswagen.

„Der will mich, das sieht man, aber ich weiß nicht, ob ich mich drauf einlasse."

„Wieso das?"

„Irgendwie zu viel des Guten. Zu perfekt, wie's so schön heißt. So einer ist nicht einfach. Erst machst du dir Hoffnung, und dann ist alles Schrott."
Die Bahnhofsuhr schlägt zwei. Es hat sich bewölkt.
„Ich hasse den Mai", sagt Irma Iwaniwna. „Gleich gibt's ein Gewitter, und wir werden nass bis auf die Wäsche."
Irma Iwaniwna schließt ihren Eiswagen.
„Mach, was du willst, ich für meinen Teil gehe in den Laden und warte dort das Gewitter ab."
Shanna sitzt auf ihrem Bänkchen.
Gewitterwind kommt auf. Es fängt an zu regnen. Die ersten Tropfen fallen Shanna ins geschminkte Gesicht.
„Erst machst du dir Hoffnung, und dann ist alles Schrott", wiederholt Shanna Irma Iwaniwnas Worte. „Erst Hoffnung, dann Schrott."
Der Regen wird stärker. Die Passagierschwärme flüchten ins Bahnhofsgebäude, der Bahnsteig verwaist. Shanna bleibt allein zurück. Die Wimperntusche ohne Herstellerhinweis läuft ihr in die Fresse wie ein schwarzer Strom der Verzweiflung.

2

Sie steht immer sehr zeitig auf, wenn es draußen schon hell, aber noch nicht belebt ist. Dreht den staatlichen Radiosender auf volle Lautstärke, setzt sich ans Fenster und schaut hinaus. Die Welt ist so morgendlich einladend, dass man glatt die eigene Nichtigkeit vergisst.
Gegen sieben ist Shanna schon bei Oma Vika. Die wartet auf sie, wie immer in ihrer ärmellosen Kattunschürze.
„Ich hab die ganze Nacht nicht geschlafen", sagt Oma Vika schon an der Tür.
„Was ist passiert? Alpträume?"

„Ich hab so ein Ziehen, hier, unter den Rippen. Was das nur ist?"
„Keine Ahnung", sagt Shanna, „ich hab keine Ahnung von Medizin. Sie müssen zum Arzt, Viktoria Viktoriwna."
„Ach, was redest du da! Zum Arzt! Die Ärzte von heute verstehen so viel von der Medizin wie ich vom Ballett."
Shanna weiß nicht, was sie sagen soll.
„Vielleicht geht es wieder weg?"
„Shanna" – Oma Vika wechselt plötzlich das Thema – „warst du eigentlich schon mal im Ballett?"
„Nein."
„Wie mag das wohl aussehen? Ballett …"
„Kommt manchmal im Fernsehen. Da hüpfen Frauen in bauschigen Spitzenkleidern über die Bühne, und die Männer tragen enganliegende Leggins … wo man alles sieht … Ich weiß nicht, ich verstehe nichts vom Ballett."
Oma Vika gibt Shanna das Wägelchen mit dem Pappkarton.
„Sind heute alle wie gemalt, die Piroggen", sagt sie.
Shanna will sich auf den Weg zum Bahnhof machen.
„Weißt du was, Shanna? In all den Jahren habe ich dich richtig ins Herz geschlossen."
„Ich Sie auch, Viktoria Viktoriwna."
„Und man kann mit dir reden, über dies und das …"
Shanna lächelt.
„Ich hab dir da ein Geschenk in den Karton gelegt, wirst schon sehen."

„Zwei Piroggen."
„Drei Hrywnia", antwortet Shanna mechanisch und wühlt in ihrem Karton.
„Shanna, willst du mich nicht wenigstens anschauen?"
Erschrocken hebt Shanna den Kopf.
„Jura? Was machst du denn hier?"
„Darf ich etwa nicht auf den Bahnhof kommen? Hast du ihn vielleicht für dich allein gepachtet?"

„Noch nicht. Fährst du weg?"
„So kann man es auch sagen. Ans Ende der Welt. Kommst du mit?"
Shanna hält Jura seine Piroggen hin.
„Hast wohl schon einen neuen Mann, Shanna, was? Bist ja geschminkt wie eine Nutte. Also hast du einen. Und, wie ist er so? Besser als ich?"
„Was geht's dich an? Lass mich in Ruhe."
„Ich wollte bisschen mit dir quatschen", sagt Jura.
„Hast du ja nun."
„Ach, wie geistreich wir sind!"
„Tja, gute Schule."
Jura setzt sich neben sie auf die Bank. Shanna rückt weg.
„Was ist nur mit uns passiert, Shanna?", sagt der Mann leise und versucht vergeblich, Shanna um die Taille zu fassen. „Wir waren doch so verliebt."
„Verliebtsein allein reicht nicht."
„Was braucht man denn noch? Kannst du mich aufklären?"
Shanna antwortet nicht. Fieberhaft versucht sie zu analysieren, was sie gerade empfindet. Ob sie ihn vermisst. Ob sie seine Hände berühren möchte. Ob sie seinen Geruch mag.
Schließlich sagt sie:
„Halt mich nicht von der Arbeit ab, ich muss weitermachen."
„Die kann warten, deine Arbeit."
„Geh weg."
„Bin ich dir denn so zuwider? Dass du es keine fünf Minuten aushältst?"
„Hör mal, Jura." Shanna dreht sich zu ihm um. „Was willst du von mir? Bist du hergekommen, um deiner glücklichen Vergangenheit nachzutrauern? Ja, wir hatten es gut miteinander. Dann wurde es schlecht. Wir haben uns getrennt. Ich weiß nicht, ob das richtig war, dass wir uns getrennt haben, aber wir haben das so entschieden. Und ich bereue nichts. Bereuen und zu dem zurückkehren, was mal gewesen ist, das ist blöd. Wir haben uns

getrennt und leben nicht mehr zusammen. Wir sind jetzt fremde Leute, Jura."
„Ach ja? Liebst du mich denn gar nicht mehr?"
„Aber um die Liebe geht's doch gar nicht, Jura. Ich rede nicht von der Liebe. Ich rede davon, dass es im Leben kein zweites Mal gibt."
Ihr Ex-Mann beißt nervös von der Pirogge ab, die er die ganze Zeit durchgeknetet hat. Und spuckt gleich darauf aus.
„Shanna, was ist das denn für ein Dreckszeug? Wo ist denn die Kartoffel? Ach … du kannst mich …"
Er schleudert die Pirogge ins Beet und geht schnellen Schrittes davon.
Shanna hebt die Pirogge auf, begutachtet sie, probiert mit dem Finger von der Füllung und rennt verärgert zu ihrem Pappkarton zurück.
Zwei junge Männer mit Rucksäcken bleiben stehen.
„Sagen Sie, womit sind die Piroggen gefüllt?"
Stumm klimpert Shanna mit ihren Augen.
„Entschuldigen Sie, verkaufen Sie die Piroggen?"
Shanna strahlt stolz.
Die Jungs zucken mit den Schultern und gehen weg.
„Was für welche wollen Sie denn?", schreit Shanna ihnen so laut hinterher, dass es der ganze Bahnhof von Myroniwka hört. „Ich habe welche mit Kartoffeln, mit Fleisch, mit Kraut, mit Ei und Lauch, mit Erbsen und … und … und mit APRIKOSENKONFITÜRE! Suchen Sie sich eine aus! Aber die Wahl wird schwer! Wir haben ein großes Angebot. Alle Piroggen sind wie gemalt!"

Irma Iwaniwna ist hübscher geworden. Sie achtet auf sich. Keine löchrigen Strumpfhosen mehr, keine fettigen Haare, keine schmutzige Schürze. Ihre Nägel sind manikürt und rosarot lackiert.
„Ich will dir was sagen, Shanna", sagt Irma Iwaniwna, „das Wichtigste an einer Frau sind ihre Fingernägel. Irgendwie vergessen das alle Frauen. Werden nachlässig. Denken, wenn sie ihre

Fingernägel nicht sehen, sieht sie auch niemand anders. Dabei braucht man gerade mal alle drei Tage ein Viertelstündchen dafür. Und schon sind die Nägel wieder tiptop."
Shanna vergräbt ihre Hände in der Tasche.
Irma Iwaniwna redet weiter:
„Überhaupt achten die Frauen in letzter Zeit viel weniger auf sich. Die denken, es reicht, wenn sie sich die Lippen schminken und ein bisschen Haarspray nehmen. Ich würde Haarspray und Lippenstift verbieten. Wie man ohne Chemie auskommt, das kann jeder lernen. Die Schönheit einer Frau kommt von innen. Und Schönheit muss sein, egal ob mit Mann oder ohne. Die Schönheit einer Frau hängt nicht von einem Mann ab."
Irma Iwaniwna holt aus ihrem Verkaufswagen ein Päckchen Zigaretten und zündet sich eine an.
„Willst du auch eine, Shanna?"
„Nein, danke. Ich rauche nicht."
„Hast du nie geraucht?"
„Nein, nie."
„Ach was? Rauchen macht Spaß, besonders in deinem Alter."
„Ich krieg keine Luft, wenn ich rauche."
„Ach, das ist nur am Anfang, das gibt sich dann. Probier doch mal."
„Außerdem stinken die Klamotten."
„Und wozu gibt's Eau de Toilette? Ich rauche schon 20 Jahre, und mir hat noch keiner gesagt, dass ich stinke. Männer mögen Frauen, die rauchen. Raucherinnen sehen irgendwie unabhängig aus. Und unantastbar. Das reizt die Männer."
Der Bahnhofsvorsteher taucht auf dem Bahnsteig auf. Irma schmeißt sofort die Zigarette weg. Ihr Körper wird plötzlich unnatürlich lang, schmiegt sich katzenartig an den Verkaufsstand, will Aufmerksamkeit erregen, mit Erfolg, der Bahnhofsvorsteher schwenkt auf den asphaltierten Weg ein, der direkt zu ihrem Stand führt. Er kommt näher. Shanna zieht den Kopf zwischen die Schultern. Wenn man auf Kommando im Erd-

boden versinken könnte, würde Shanna in diesem Augenblick verschwinden. Ihr Herz pocht wie wild, ihre Hände zittern. Das sollte ich mir nicht erlauben, denkt Shanna, ich bin doch wirklich eine Niete.
„Irma, kannst du mal auf meine Piroggen aufpassen." Shanna springt auf. „Ich muss mal aufs Klo. Bin gleich wieder da."
„Klar, Shanna, geh ruhig aufs Klo", sagt Irma Iwaniwna übertrieben laut und beobachtet, wie er langsam näher kommt.
„Ach, nein", sagt Shanna und packt ihren Kram zusammen, „ich mach Schluss. Hab heute meinen kurzen Tag …"

Shanna sitzt an einem lackierten Klapptisch im Lesesaal der Bibliothek von Myroniwka. Die Bibliothekarin blickt Shanna schief an. Der Karton mit den nicht verkauften Piroggen steht unter dem Tisch, er verströmt einen markanten Ölgeruch.
„Haben Sie sich schon entschieden, was Sie lesen wollen?", fragt die Bibliothekarin.
„Noch nicht."
„Vielleicht kann ich Ihnen helfen? Soll ich Ihnen was empfehlen? Es gibt einen ganzen Stapel Modezeitschriften. Wollen Sie die mal sehen? Viele Frauen aus dem Ort kommen wegen der Schnitte zu mir."
Shanna schweigt. Sie schaut sich um. Der Lesesaal ist leer. Am Fenster steht ein riesengroßer Gummibaum, auf seinen Blättern liegt genauso viel Staub wie in den Bücherregalen. Die Bibliothek riecht nach Feuchtigkeit und Schimmel. Die Bibliothekarin auch. Ihr Haar, das sie am Hinterkopf zu einem Knoten gebunden hat, ist dicht und vollkommen grau. Der Kopf ist so klein, dass der massive Haarknoten wie ein Turban aussieht.
„Wissen Sie", sagt Shanna, und ihre Stimme hallt durch die ganze Bibliothek, „ich habe sehr wenig gelesen."
Die Bibliothekarin zuckt mit den Schultern.
„Heute liest kaum noch jemand."
„Ehrlich gesagt war ich in der neunten Klasse zum letzten Mal

hier. Kann mich noch an die damalige Bibliothekarin erinnern. Sie hatte ein großes Muttermal auf der Nase. War sehr gebildet …"

„Iwanna Stepaniwna. Die hat sich umgebracht."

Das Gespräch stockt. Shanna starrt auf den lackierten Tisch. Eine halbe Stunde vergeht.

„Also, was soll ich Ihnen nun bringen?", macht sich die Bibliothekarin erneut bemerkbar. „Haben Sie sich entschieden?"

„Nein."

„Der Lesesaal ist zum Lesen da." Die Bibliothekarin spricht diesen Satz mit einer solchen Würde aus, als hätte sie ihn mehrere Jahre lang vor dem Spiegel geübt.

„Ich bin hergekommen, weil draußen so viel Pappelflaum rumfliegt, verstehen Sie? Ich bin allergisch. Ich habe einen Anfall. Die Pappelpollen sind überall, in der Luft, in der Nase, in den Lungen."

Die Bibliothekarin schaut Shanna strafend an.

„Und was machen wir jetzt? Soll ich den Notarzt holen?"

„Nein." Shanna bekommt einen Hustenanfall. „Es wird gleich besser, und dann gehe ich."

Die Bibliothekarin springt auf.

„Wissen Sie, ich bringe Ihnen mal was. Damit wenigstens ein Buch auf dem Tisch liegt. Ich kann das nicht mit ansehen. In die Bibliothek kommt man, um Bücher zu lesen und nicht, um sich vor Pollen zu verkriechen."

Sie verschwindet im Nebenraum und kommt mit dem größten Buch zurück, das Shanna je gesehen hat.

„Wozu denn so ein dickes Buch? Das schaffe ich nie im Leben."

„Das erwarte ich auch gar nicht", antwortet die Bibliothekarin streng und legt das Buch auf Shannas Tisch. „Soll es ruhig da liegen. Und Sie tun so, als würden Sie lesen."

„Wie denn?"

„Sie schauen es sich einfach an."

Shanna rückt an das Buch heran. *Die Welt der Schmetterlinge*.

„Ich habe extra eins mit Bildern genommen", sagt die Bibliothekarin und kehrt an ihren Arbeitsplatz zurück. „Da können Sie drin blättern und sich die Schmetterlinge anschauen. Manche sind sehr schön."

Es ist Nacht.
Shanna glaubt nicht an Gott. Sie steht einfach im Dunkeln am offenen Fenster. Betet nicht. Sagt nichts. Fühlt nichts.
Vielleicht sterbe ich bald, denkt sie, und wenn nicht jetzt, dann in zwanzig Jahren. Wie auch immer. Ich sterbe sowieso, und wofür dann das alles? Warum stehe ich hier? Warum wünsche ich mir was? Warum will ich etwas, wenn ich sowieso sterbe?
Das Fenster schweigt. Shanna bleibt stehen.
Ich glaube nicht an dich, Gott, aber das macht es nicht besser. Von draußen weht eine leichte, frische Brise herein. Dieser Mai will gar nicht enden.
„Ich hab die Hoffnung aufgegeben", sagt Shanna. „Hast du das gewollt? Ich bin jetzt Realistin. Ich weiß, dass er mich nie anschauen wird. Er ist zu attraktiv für mich. Er ist so hübsch …"
„Das war's. Das war's, Gott. Ich glaube nicht an dich und du nicht an mich, und wir gehen im Guten auseinander. Ich bin nicht dein und du nicht mein. Wir sind frei."
Shanna kriecht ins Bett und deckt sich zu, aber sie friert. Der Wind vorm Fenster wird stärker und kälter.
„Ich werde dir nicht zuhören", ruft Shanna, „was willst du mir denn sagen? Ich habe schon alles gehört."
Gottes bärtiger Kopf schwebt nervös unter der Zimmerdecke, schlägt gegen den Leuchter, der Leuchter stürzt zu Boden.
„Jetzt mach hier mal keine Szene!", ruft Shanna. „Flieg in deinen Himmel oder nach Lappland oder auf die Karibischen Inseln, aber lass mich in Ruhe. Ich will dich nicht hören. Ich hab mich genug abgeplagt! Es reicht. Ich werde weiter meine Piroggen verkaufen und essen, Fernsehen schauen, aufs Klo gehen und mir alle zwei Monate eine teure Bluse leisten. Das war's, und so werde ich leben. Wie eine Fliege."

Gottes Kopf schlägt gegen die Fensterscheibe, und die geht klirrend zu Bruch.

„Wieso machst du mir hier meine Sachen kaputt?", jault Shanna. „Gott, na, sehr schön. Seht ihn euch an. Anstatt zu helfen und was aufzubauen, zerdeppert er die Scheiben! Perfekt! Ich zeige dich an! Irma hat gesagt, dass jetzt jeder, der will, einen anderen verklagen kann …"

Shanna schaltet das Licht an. Sie nimmt den Besen und fegt die Scherben auf. Spürt, wie sich Gottes bärtiger Kopf leise auf ihre Schultern setzt.

Jetzt habe ich zwei Köpfe, denkt Shanna und wagt sich nicht zu rühren, einer gehört mir, der andere Gott.

„Also gut, was hast du mir zu sagen?"

Shanna strengt sich an, um Gottes Flüstern zu hören.

„Verdienen?" Shanna kommt aus dem Staunen nicht heraus. „Was soll das heißen, verdienen? Habe ich denn bis jetzt nichts verdient? Ich habe jeden Abend gebetet. Ich habe niemanden umgebracht … habe nicht gestohlen … und habe meine Mutter ordentlich beerdigt … Gutes tun? Was soll das heißen? Bin ich etwa böse?"

Shanna fasst sich an den Kopf, weil sie das Gefühl hat, er müsse gleich zerspringen.

„Was machst du mich hier verrückt? Wie kann ich ihn denn verdienen? Du bist maßlos! Mein Glaube reicht dir nicht, du willst mich ganz …"

„Ihn verdienen …" Shanna legt sich mit dem Rücken auf den Fußboden, so dass ihr sie ganz sehen könnt. „Also gut. Aber wenn du mich wieder reinlegst, vernagele ich das Fenster, dass du's nur weißt."

3

Die Bibliothekarin heißt Pawlina. Sie ist 45, ledig, hat aber eine erwachsene Tochter.
Shanna kommt schon zum dritten Mal in die Bibliothek von Myroniwka. Pawlina erwartet sie.
„Was wollen Sie heute lesen?"
„Wie immer", antwortet Shanna geschäftig und hängt ihr Jackett sorgfältig über die Stuhllehne, „*Die Welt der Schmetterlinge*".
Im Handumdrehen hat die Bibliothekarin die Bestellung ausgeführt.
Shanna schlägt die Schmetterlingsenzyklopädie auf, und dann ist es wieder still im Lesesaal. Pawlina strickt einen Pullover für ihre Tochter, Shanna studiert die Schmetterlinge.
„Übrigens habe ich", sagt Pawlina plötzlich, „ein Gedicht von Wolodymyr Sosjura über Pappelflaum gefunden. Gegen Gedichte sind Sie doch nicht allergisch, oder?"
„Ehrlich gesagt, ich weiß es nicht. Hab's nie getestet."
Pawlina legt ihre Strickarbeit beiseite, richtet sich auf und lässt ihre Augen in die Ferne schweifen.

Die Pappeln blühen, ein Frühlingsfest.
Wir zwei auf der Brücke. Wind spielt im Geäst.
Spaziergeher streifen flaumweiß umher.
Schon vergeht der Moment und ist nicht mehr.

„So ein trauriges Gedicht", sagt Shanna nach einer angemessenen Pause.
„Ja, es ist traurig."
„Lesen Sie gern Gedichte, Pawlina?"
„Ja, hin und wieder."
„Pawlina", sagt Shanna gedehnt, „ich wollte Sie um etwas bitten."
„Ja, bitte. Nur zu. Bitten Sie."
„Vielleicht kommt Ihnen meine Bitte etwas merkwürdig vor ..."

„Ach, wieso. Ich bin selbst merkwürdig, das können Sie mir glauben!“

„… Also, es ist Bitte und Frage zugleich. Vielleicht kennen Sie jemanden, der Hilfe braucht, dem es nicht gut geht, oder Sie hören von jemandem, … der sehr arm ist, der Hilfe braucht. Ich bitte Sie, geben Sie mir Bescheid.“

Pawlina sieht Shanna gebannt an.

„Shanna“, murmelt sie, „Sie … Sie sind so gut, so herzensgut …“

Dieser Mai nimmt überhaupt kein Ende. Irma Iwaniwna blättert träge in einem abgegriffenen Freizeitmagazin.

„Shanna, wir müssen was machen“, sagt sie, „so kann man doch nicht leben.“

„Stimmt“, erwidert Shanna gähnend.

„Ich will was Richtiges in Angriff nehmen. Ich mache eine eigene Firma auf.“

„Du?“

„Na und? Muss ich vielleicht bis ans Ende meiner Tage Eisverkäuferin bleiben?“

„Keine Ahnung. Was ist denn schlecht am Eis?“

„Du ordnest dich immer unter, auch in Gedanken, Shanna. Wenn dir einer sagt: ‚Putz das Klo‘, dann putzt du das Klo. Und sagst keinen Piep.“

Demut, denkt Shanna bei sich.

Irma Iwaniwna redet weiter:

„Ich hab mich mal schlau gemacht, wie's geht. Zuerst muss ich einen Privatbetrieb anmelden. Damit ich nur noch eine Steuer zahle. Dann lasse ich meine Firma registrieren, bei mir zu Hause, und schon läuft die Sache, du wirst sehen.“

„Und was willst du mit deiner Firma verkaufen?“

„DIENSTLEISTUNGEN.“

„Dienstleistungen“, wiederholt Shanna. „Klingt gut.“

„Ist jetzt angesagt. Du kannst jetzt ein Vermögen machen mit Dienstleistungen. Alle verkaufen Dienstleistungen. Myroniwka

ist ziemlich hintendran, was Dienstleistungen angeht. Ist noch keiner von Kiew rübergekommen. Ein Paradies für angehende Geschäftsleute. Du legst los, und dann kannst du die Dollars nur so im Gefrierfach stapeln."
„Und was für Dienstleistungen willst du anbieten?"
Irma Iwaniwna stutzt:
„Also, was genau, das habe ich noch nicht entschieden."

Es dämmert. Auf Bahnsteig eins des Bahnhofs von Myroniwka steht die letzte Kiewer Elektritschka. Sie ist leer. Die Türen sind offen. In den Wagen brennt noch Licht.
„Was würde ich nur ohne dich machen, Shanna", sagt Stjopa, der Schaffner. „Du bist ein Geschenk des Himmels."
Shanna schweigt.
Zu zweit gehen sie von Wagen zu Wagen.
„Ein kleiner Fang heute", sagt der Schaffner Stjopa. „Anders als gestern."
„Ja. Heute sind's nur vier."
„Aber warte mal. Wir haben ja noch drei Wagen."
Shanna und Stjopa betreten den nächsten Wagen. Sie laufen ihn ab. Auf einer Bank schläft, die Arme unter dem Kopf, seelenruhig der Mann in Lederjacke und Billigturnschuhen.
Stjopa, der Schaffner, rüttelt den Schlafenden.
„Los, steh auf, Mensch, wir sind da."
Der „Mensch" rührt sich nicht. Der Schaffner Stjopa rüttelt kräftiger.
„Ach, diese Säufer sind eine Landplage!", sagt er. „Lassen sich in Kiew irgendwo volllaufen, schleppen sich in den Zug und nach ihnen die Sintflut! Und dann sieh zu, Stjopa, wie du in Myroniwka mit denen fertig wirst. Schnapp sie und bring sie zum Schrotthändler! Bin ich dafür da, die ganzen Alkis zu betutteln, oder was? Meine Schicht geht bis zehn, dann will ich nach Hause, zu meiner Familie, zu meinen Kindern. Los, Mensch, steh auf, sonst vergess ich mich und hol die Polizei!"

Shanna packt den Säufer am einen Ende, Stjopa, der Schaffner, am anderen. Langsam schaffen sie ihn aus dem Zug auf den Bahnsteig. Instinktiv erahnt der Säufer die Bank und streckt sich gleich aus, wobei er die Arme sofort wieder unter den Kopf schiebt. Auf den Nachbarbänken liegen schon seine Kumpels.

„Was würde ich nur ohne dich machen, Shanna“, wiederholt Stjopa, der Schaffner, ein ums andere Mal.

Er gibt dem Lokführer ein Zeichen, dass der Zug „sauber“ ist und die Wagen ins Depot gefahren werden können.

„Und, alles wie immer, Shanna?“

Shanna nickt.

„Mach dir keine Sorgen“, sagt sie, „ich krieg das schon hin.“

„Was würde ich nur ohne dich machen, Shanna …“

Der Schaffner schüttelt Shanna die Hand.

„Also wenn ich nicht verheiratet wäre, das kannst du mir glauben, dann …“

„Geh nach Hause, Stjopa.“

„Hör mal, Shanna, was ich dich schon lange fragen wollte.“ Stjopa windet sich vor Unbehagen. „Es geht mich ja nichts an, aber diese Männer, die sind doch total runter …“

„Stjopa, das darfst du nicht sagen, sie sind einfach betrunken …“

„… Ich meine, an die verschwendet doch keiner einen Gedanken. Ihren Familien ist es doch scheißegal, ob sie noch leben oder schon tot sind. Aber du, Shanna, was hast du für ein Interesse an ihnen?“

„Ich hab gar kein Interesse.“

Stjopa, der Schaffner, schaut Shanna ungläubig an.

„Du bringst jeden Tag die abgerissenen Bahnhofssäufer nach Hause. Drei Stunden gehen dafür sicher drauf. Wozu machst du das? Du musst doch ein bestimmtes Interesse haben. An Nächstenliebe habe ich schon im Kindergarten nicht mehr geglaubt. Du … räumst ihnen die Portemonnaies aus, oder?“

Shanna lässt verlegen die Schultern sinken.

„Es geht mich ja nichts an“, platzt Stjopa, der Schaffner, heraus. „Mir können ihre Portemonnaies ja vollkommen egal sein! Du hast da ein Recht drauf, ganz klar. Du quälst dich mit den runtergekommenen Alkis ab, schleppst sie drei Kilometer weit … Wenn ich bei der Bahn was zu sagen hätte, würde ich dir sogar ein Gehalt zahlen für deine Mühe. Und ihre Portemonnaies, was ist das schon, sind wahrscheinlich sowieso nur ein paar Kopeken drin.“

„Du musst dich nicht rechtfertigen, Stjopa, alles bestens.“

„Na, dann gute Nacht“, sagt Stjopa, der Schaffner, und verschwindet.

„Gute Nacht.“

Shanna setzt sich auf die Kante einer Bank und überlegt. Der Mann in Lederjacke und Billigturnschuhen wälzt sich im Schlaf unruhig hin und her.

„Du Armer.“ Shanna streicht ihm über den Kopf. „Was hast du nur mit dir angestellt?“

Shanna zögert.

Dann schiebt sie vorsichtig ihre Hand in die Tasche der Lederjacke und holt sein … Portemonnaie heraus. Darin sind wirklich nur Kopeken. Shanna schüttet sich die Kopeken in die Hand.

„Schau her“, sagt Shanna zu dem Schlafenden, „ich nehme die paar weißen, und die gelben lasse ich dir.“

Der Schlafende brummelt den Liedtext von *Eine Kiefer brannte, loderte* vor sich hin.

„Verzeih mir“, sagt Shanna zu dem Schlafenden, „ich muss dir das Geld stehlen, damit die Leute mich nicht für besser halten, als ich bin.“

Viktoria Viktoriwna hatte in der Nacht den Notarzt gerufen, weil sie wieder dieses Ziehen unter den Rippen hatte.

„Hör mal, Shanna“, sagt sie, „wir sollten unser Geschäft einstellen. Ich habe Angst.“

„Wovor denn, Viktoria Viktoriwna?“

„Den ganzen Tag backe ich Piroggen, Shanna. Und dann, nachts, denke ich über sie nach. Entweder backe ich Piroggen oder ich denke an sie. Die Piroggen fressen meine ganze Zeit. Und dabei bleibt mir nicht mehr viel Zeit. Ich habe Angst."
„Wovor haben Sie Angst, Viktoria Viktoriwna?"
„Vor dem Tod, Shanna. Ich habe Angst vor dem Tod."
Shanna seufzt erleichtert.
„Sie brauchen keine Angst zu haben, Viktoria Viktoriwna. Das dauert noch, bis es bei Ihnen so weit ist. Wie alt sind Sie denn?"
„67."
Shanna schweigt.
„Dieser Mai will gar nicht vergehen", sagt Oma Vika plötzlich melancholisch. „Weder warm noch kalt. Ich kann solches Wetter nicht leiden. Jeden Tag gießt es. Draußen wuchert alles wie verrückt."
„Stimmt. Die ganze Stadt ist voll von Pappelflaum, und ich habe eine Allergie. Jeden zweiten Tag ein Anfall. Die Pappeln blühen in diesem Jahr zeitig."
„Siehst du, Shanna", sagt Oma Vika und massiert sich an der Stelle, wo sie das Herz vermutet, „in dem Land hier macht keiner für einen anderen einen Finger krumm. Da haben sie Pappeln gepflanzt, weil die schnell wachsen. Aber dass es Leute gibt, die eine Pappelallergie haben, das interessiert sie nicht. So geht's doch nicht, oder? Das ist ein Verbrechen."
„Da haben Sie recht", sagt Shanna.
„Hätten sie mal lieber Sonnenblumen gepflanzt."
„Sonnenblumen?"
„Sonnenblumen."
„Sonnenblumen."
Oma Vika blickt verträumt aus dem Fenster. Shanna blickt Oma Vika an.
„Zehn Jahre lang habe ich auf dem Bahnhof Sonnenblumenkerne verkauft", sagt Oma Vika. „Also, vor den Piroggen, das weißt du ja. Ich habe sie geröstet und säckeweise unter die Leute gebracht, aber

Sonnenblumen habe ich nie zu sehen gekriegt, damit du es weißt. Eine Städterin durch und durch." Oma Vika lacht gekünstelt.
„Wenn man mit der Elektritschka nach Kiew fährt, sieht man ganze Felder voller Sonnenblumen."
„Hast du die denn gesehen, Shanna?"
Shanna windet sich. Sie weiß es nicht mehr genau.
„Ich glaube schon", sagt sie. „Vielleicht war's auch nur im Fernsehen."
„Ja, im Fernsehen habe ich die auch gesehen. Im Fernsehen zeigen sie alles. Weißt du was, Shanna? Lass uns doch nach Kiew fahren. Mit der Elektritschka. Wenn die Sonnenblumen blühen. Was meinst du?"
„Gut, Viktoria Viktoriwna, das machen wir."

Sie traut sich nicht aufzublicken. Sie starrt auf den rissigen Asphalt. Auf ihre Füße. Auf die Form ihrer Schuhe.
Er kommt, da ist sich Shanna sicher. Er kommt näher. Die Eisbude hat heute geschlossen. Er kommt zu ihr, zu Shanna.
„Eine Pirogge", sagt er und reicht Shanna einen Hrywnia fünfzig.
„Welche Füllung?" Shanna nimmt mit zitternden Händen das Geld und schaut ihn verstohlen an.
Mein Gott, denkt sie, sieht der gut aus.
„Was gibt's denn?"
„Ich hab welche mit Kartoffeln, mit Fleisch, mit Kraut, mit Ei und Lauch, mit Erbsen und … und … und mit Aprikosenkonfitüre."
„Oh, da weiß man ja gar nicht, was man nehmen soll."
Das erste Mal in den zwei Jahren sieht er Shanna an.
Eine mollige, unscheinbare Frau in den mittleren Jahren. Ist das dieselbe, die gestern mit ihren Piroggen hier gestanden hat? Letzte Woche?
„Wie heißen Sie?", fragt er plötzlich.
Shanna steht auf. Sie ist fast genauso groß wie er, früher schien er ihr immer hoch wie ein Turm.

„Shanna. Ich heiße Shanna.“
„Das ist ein … praller Name.“ Sein Megafon rutscht von der Schulter zu Boden. Er ist aufgeregt.
„Prall? Spielen Sie drauf an, dass ich dick bin?“
„Nein, nein.“ Er bückt sich, um das Megafon aufzuheben. Er tastet über den rissigen Asphalt, als wäre er blind. „Ich habe vom Namen gesprochen. Ein praller Name. So könnte eine Torte heißen.“
„Eine Torte?“
Er tastet auf dem Asphalt herum, sie wühlt in ihrem Piroggenkarton.
„Was für eine Pirogge möchten Sie?“
Leise wie eine Schlange kriecht der Zug übers Gleis. Die Türen öffnen sich: Die Menschenmenge ergießt sich auf den Bahnsteig. Die Bahnhofsuhr zeigt 13:48 Uhr. Die Luft ist voller Pappelflaum. Das war's. Aus der Traum, denkt Shanna.
Sofort ist Shanna von vier Stammkunden umringt.
„Vier Fleischpiroggen, Shanna.“
„Eine mit Kartoffeln.“
„Zwei mit Aprikosenkonfitüre und eine Tüte bitte.“
Das Megafon hängt wieder über der Schulter. Er kämpft sich durch die Mauer aus Lederjacken und Turnschuhen.
„Moment mal, Freunde, erst bin ich dran. Shanna“, spricht er sie an, „suchen Sie mir eine Pirogge aus. Ich esse die, die Sie mir geben.“
Shanna erstarrt. Sie lässt die Piroggen mit den verschiedenen Füllungen durch die Hände gleiten. Kartoffeln, Erbsen, Fleisch. Ei und Lauch. Aprikosenkonfitüre. Verdammt.
Sie schaut ihn hilflos an.
„Hören Sie mal“, flüstert sie und fällt damit ihr eigenes Urteil, „was sind Sie denn für ein Mann, wenn Sie schon an der Wahl einer Pirogge scheitern?!“

Shanna hat eine dunkle Gardine vors Fenster gezogen. Sie sitzt auf dem Bett und hat die Hände in den Schoß gelegt. Durch das Fenster dringt nichts herein.

„Shanna“, sagt Gott, „ich brauche kein Fenster, um zu dir zu kommen. Ich bin allgegenwärtig.“
„Ich versteck mich ja gar nicht, Gott. Ich will dich einfach nicht sehen.“

4

Es wird immer heißer. Shanna kleidet sich für die Arbeit immer luftiger und heller. Sie hat einen Sonnenbrand im Gesicht, und die Haut schält sich.
„Du siehst aus wie ein Affe, Shanna“, bemerkt Irma Iwaniwna im Scherz, obwohl ihre Witze selten gut ankommen.
„Hör auf, mich zu beleidigen, Irma, ich hab eine Geschäftsidee für dich.“
Shanna verstummt vielsagend.
„Eine Geschäftsidee?“
„Du hast mir doch neulich erzählt, dass du was Eigenes aufmachen willst. Mit Dienstleistungen. Weißt du noch?“
„Ja.“
„Und ich hab mir was für dich überlegt.“
Irma Iwaniwna setzt sich neben Shanna auf die Bank.
„Und was?“
„Also“, beginnt Shanna, „vor ein paar Wochen, da war ich zufällig mal in der Bibliothek. Ich wusste nicht, was ich machen soll, also habe ich mir ein Buch geschnappt. Und weißt du, dann kommt's manchmal von selbst.“
„Was?“
„Das, was man sucht. Genau das, verstehst du?“
„Nicht so richtig. Was für ein Buch war das denn?“
„Eine Schmetterlingsenzyklopädie.“
Stille. In Irmas Kopf ratterts es.
„Jetzt setz mir mal keine Flausen in den Arsch, Shanna“, sagt sie

schließlich. „Enzyklopädien verkaufen, das ist ein totgeborenes Kind. So was braucht in Myroniwka kein Mensch."
„Du hast mich nicht verstanden", ruft Shanna, „ich mein doch nicht, dass du Enzyklopädien verkaufen sollst. Ich rede von Schmetterlingen. Verkauf doch Schmetterlinge."
„Und wie soll das gehen?"
„Na, eben Schmetterlinge. Schmetterlinge für jeden Anlass."
Irma Iwaniwna bekommt vor Erstaunen runde Augen und wischt sich die verschwitzte Stirn.
„Hab ich ja noch nie gehört."
„Ich auch nicht. Aber anderswo läuft das Geschäft super. Anderswo gibt es extra Läden … für … Wegwerfschmetterlinge."
„Wegwerfschmetterlinge, was soll das heißen, Shanna?"
„Na, das sind doch sowieso Wegwerftiere, die Schmetterlinge, Irma. Sie leben höchstens zwei, drei Tage, das ist also kein großer Verlust."
Irma Iwaniwna denkt nach.
„Und wo soll ich die hernehmen? Und wer will die überhaupt haben, die Schmetterlinge?"
„Ganz einfach, Irma. In Kiew gibt es professionelle Schmetterlingszuchtfarmen. Fürs Erste kannst du dir die Schmetterlingslarven dort holen, und dann lernst du, wie man sie züchtet. Und wer sie haben will? Na, alle. Die Menschen sehnen sich doch nach etwas Schönem. Sie wollen was Schönes in den Händen halten. Stell dir mal vor: Jemand heiratet, du bringst auf Bestellung eine Kiste Schmetterlinge, öffnest sie vor allen Gästen, und eine Wolke weißer Schmetterlinge steigt empor. Das ist doch schön, oder?"
„Ich weiß nicht, Shanna, hört sich alles so kompliziert an."
„Ist es aber nicht. Ist alles ganz simpel. Du hast praktisch keine Kosten, das Wichtigste ist eine gute Werbung. Und die Haltung der Schmetterlinge ist ganz billig: die brauchen nur Zuckerwasser."

Ich fange noch mal ganz von vorne an, denkt Shanna, als sie zusammenpackt. Ich bin noch nicht so alt, eigentlich bin ich gerade in der

Blüte meiner Jahre. Bald ist Sommer. Ich fahre auf die Krim, ans Meer. Mache Urlaub. Ich bin erschöpft. Ich muss mich mal richtig erholen, und dann fange ich noch mal von vorn an. Ganz von null.
Oma Sorjana fegt den leeren Bahnsteig von Myroniwka.
„Oma Sorjana, wollen Sie vielleicht eine Pirogge?“, fragt Shanna. „Es ist gerade noch eine übrig, die schleppe ich nicht wieder mit heim. Die wird mir nur schlecht.“
„*Ich* möchte die Pirogge.“
Shanna dreht sich um.
Er.
Steht da.
Schaut sie lachend an.
Shanna schweigt verwirrt.
„Was ist drin?“
„Erbsen.“
„Ich nehme sie.“
„Einen Hrywnia fünfzig“, kommt es von Shanna wie aus der Pistole geschossen. Er kramt in seinen Taschen nach Kleingeld.
„Wissen Sie was, nehmen Sie die Pirogge gratis“, sagt Shanna. „Es ist die letzte. Ich mach das immer so, die letzte gebe ich gratis. Ist so Tradition.“
Er sieht sie lächelnd an. Shanna bekommt Gänsehaut. Dieser Blick ist eindeutig. Er flirtet mit mir, denkt Shanna, mein Gott, er flirtet mit mir!
„Gut“, sagt er, „ich nehme die Pirogge gratis, aber dafür helfe ich Ihnen, den Karton nach Hause zu bringen.“
„Den Karton?“ Shanna schaut auf den leeren, ölverschmierten, stinkenden Piroggenkarton.
„Das ist doch eine angemessene Bezahlung für eine so wunderbare Pirogge, oder?“
Shanna widerspricht nicht. Shanna kann gar nichts sagen.
Gemeinsam gehen sie Richtung Stadt.
Er hält in der einen Hand die Erbsenpirogge, und in der anderen Hand trägt er den Karton. Shanna trottet nebenher.

„Das war gemein von Ihnen, Shanna, als Sie gesagt haben, ich würde schon an der Auswahl einer Pirogge scheitern."
„Ich … also … ich war … durcheinander."
„Die Piroggen sind so lecker, da wär's ein Verbrechen, sich zu entscheiden."
Sie kommen am Eisenwarengeschäft vorbei.
„Ich heiße übrigens Iwan."
„Shanna."
„Ich weiß."
Schweigen.
Wir schweigen, denkt Shanna, ich könnte in dieser Stille sterben.
„Sie verkaufen wohl noch nicht so lange Piroggen hier auf dem Bahnhof?"
„Ja, so kann man es auch sagen."
„Sicher noch nicht lange. Sonst wären Sie mir doch schon aufgefallen."
„Sind Sie sicher?"
„Absolut."

Sie kommen zu ihrem Hauseingang.
Shanna sagt:
„Danke, dass Sie mir mit dem Karton geholfen haben. Wäre aber gar nicht nötig gewesen. Er ist ganz leicht."
„Ach was!", ruft er, als würde er in sein Megafon sprechen. „Hab ich doch gern gemacht."
Shanna schaut ihn nicht an. Er schaut Shanna nicht an.
Hast du das wirklich gemacht, Gott?, denkt Shanna. So ist das also, mein Körper ist wie Watte, mein Herz pocht, und leben, ach, Gott, wie gern ich weiter leben möchte!
„Vielleicht", sagt Iwan schüchtern, „gehen Sie mal mit mir ins Café, Shanna?"
„Ins Café?"
„Ja. Dann können wir richtig miteinander reden. Und einen schönen Sakarpattja-Kognak trinken."

„Ich weiß nicht."
„Arbeiten Sie morgen?"
„Ja."
„Dann sehen wir uns morgen. Und heben Sie Ihre leckerste Pirogge für mich auf."
„Meine Piroggen sind alle lecker."
Er will gehen. Er fühlt sich unbehaglich.
Wie schüchtern er ist, denkt Shanna. So attraktiv und so schüchtern. Das gibt's selten: Schönheit, die sich nicht aufplustert.
„Ah, hier wohnen Sie", brummelt er.
„Ja. Schon lange."
„Nettes Viertel."
„Nicht weit vom Bahnhof."
Shanna weiß nicht, was sie noch sagen soll.
„Sind Sie verheiratet?", fragt sie plötzlich aus heiterem Himmel.
„Ich? Nein!"
„Gut."
„Ich weiß nicht, ob das gut ist" – er sieht irgendwie traurig aus – „manchmal wäre es schön, wenn jemand fragen würde, was ich denke."
„Und was denken Sie?"
„Trau ich mich nicht zu sagen."
Shanna glüht, ist sich aber nicht sicher, ob sie seine Anspielung richtig verstanden hat.
Gut. Für heute ist es genug.
„Bis morgen, Iwan."
„Bis morgen, Shanna."

Oma Vika öffnet nicht. Shanna drückt zum dritten Mal auf den Klingelknopf. Hinter der Tür ist es verdächtig still.
„Viktoria Viktoriwna!", schreit Shanna, „sind Sie da? Viktoria Viktoriwna?!"
Shanna drückt auf die Klinke, die Tür geht auf. Shanna betritt die Wohnung.

„Viktoria Viktoriwna!“

Oma Vika ist auf dem Balkon, sie sitzt, die Beine ausgestreckt, in ihrem Lieblingssessel, von dem aus sich herrlich beobachten lässt, wie der Mai vergeht.

„Viktoria Viktoriwna“, ruft Shanna leise.

Oma Vika reagiert nicht. Vielleicht schläft sie, denkt Shanna. Sie geht auf den Balkon. Oma Vikas Augen sind weit aufgerissen. Sie sind vorgequollen. Als wollten sie alles aufsaugen, was sie in dem Moment sehen.

Erst jetzt bemerkt Shanna, dass Oma Vikas linker Arm über der Stuhllehne hängt und unruhig zuckt.

„Viktoria Viktoriwna, geht es Ihnen nicht gut?“, fragt Shanna.

„Siehst du nicht, was los ist?“, flüstert Oma Vika kaum hörbar mit dem rechten Mundwinkel, „ich bin gelähmt.“

Ein paar Sekunden lang schaut Shanna hilflos auf die gelähmte Frau, dann fängt sie plötzlich an zu weinen.

„Oh Gott! Was soll denn jetzt werden? Viktoria Viktoriwna! Was soll denn jetzt nur werden?“

„Dumme Gans“, flüstert Oma Vika, „hör auf zu flennen. Setz dich zu mir.“

Shanna wischt sich mit ihrem Ärmel die Tränen weg, wie sie es als Kind immer gemacht hat. Brav setzt sie sich in den zweiten Sessel, das kommt ihr aber falsch, ja sogar etwas absurd vor.

„Rumsitzen ist falsch“, sagt Shanna, „wir müssen was tun! Den Notarzt rufen.“

„Dumme Gans!“, sagt Oma Vika wieder.

Shanna scheint es, als würde Oma Vikas Stimme schwächer werden, als käme sie aus einem tiefen Brunnen, der mit einer Geschwindigkeit von einem Spatenstich pro Wort ausgehöhlt wird.

„Shanna“, flüstert Oma Vika, „sie waren immer da, ich hab sie nur nicht gesehen.“

„Wer?“

„Sie.“

„Wer sie, Viktoria Viktoriwna?“
„Die Sonnenblumen.“
„Die Sonnenblumen?“
„Die Sonnenblumen.“
„Die Sonnenblumen.“
Mit aufgerissenen Augen blickt Oma Vika irgendwohin in die Ferne. Shanna kann da nichts Besonderes entdecken. Sie phantasiert, denkt Shanna. Ich sollte den Notarzt rufen. Wenn sie phantasiert, steht's nicht gut. Dann stirbt sie bald. Mein Gott, was soll nur werden?!
Wieder bricht Shanna in hilfloses Schluchzen aus. Die Umgebung tritt in scharfen, grellbunten Formen hervor, und Shanna sieht alles. Bis ins kleinste Detail. Sie sieht den glatzköpfigen Alten, der im ersten Stock im Haus gegenüber auf dem Balkon sitzt. Sie sieht den herrenlosen Hund auf dem Spielplatz im Hof und dass er … womit? … tatsächlich, mit einem Schlüpfer spielt. Sie sieht den blitzblank gefegten blauen Himmel zwischen den Pappelkronen.
Diesen Moment muss ich festhalten, diesen letzten Moment, denkt Shanna, ich habe immer gewusst, dass er früher oder später kommt und ich Zeuge werde.
„Sieh mal, wie schön sie blühen, Shanna.“
Shanna weint lautlos.
„Was blüht schön?“
„Die Sonnenblumen.“
„Wo sind Sonnenblumen?“
„Überall.“
Ihr Kopf gehört ihr schon nicht mehr, denkt Shanna. Besser, vor dem Tod blühende Sonnenblumen zu sehen als die schrecklichen Höllenungeheuer, die Shannas Mutter in der letzten Nacht heimgesucht haben.
„Nicht reden“, rät Shanna Oma Vika.
Oma Vika schweigt auch so. Ihr linker Arm zuckt nicht mehr.
Shanna steht auf, geht vorsichtig um Oma Vika herum und stürzt in den Flur zum Telefon.

„Hallo", schreit Shanna in den Hörer, „ich glaube, hier ist gerade jemand gestorben … in einem Sessel … auf dem Balkon …"
Adresse? Alter? Familienstand? Soziale Lage? Mögliche Todesursache?
„Ich weiß nicht, woran sie gestorben ist", schreit Shanna in den Hörer, „ihr letztes Wort war ‚überall' …"
Am anderen Ende der Leitung sagt jemand, der Notarztwagen sei bereits unterwegs, Shanna solle nicht in Panik verfallen und nicht nervös werden, ein paar Beruhigungstropfen schlucken, falls sie welche habe, tief ein- und ausatmen und an etwas Schönes denken.
„Der Tod ist bei weitem nicht das Schlimmste, was einem Menschen widerfahren kann", bekommt Shanna vom anderen Ende der Leitung zu hören.
„Ja. Weiß ich. Aber wissen Sie, Viktoria Viktoriwna war irgendwie immer besonders lebendig."
Vom anderen Ende kommt keine Antwort.
„Hören Sie mal", sagt Shanna, „es tut mir leid, aber ich muss jetzt zur Arbeit. Ich kann nicht warten, bis Sie hier sind, verstehen Sie, ich habe keine Zeit, ich muss schnell zur Arbeit. Sie werden schon alles richten, was nötig ist, nicht wahr? Sie liegt auf dem Balkon."
Shanna legt auf. Sie holt aus der Küche den von Oma Vika sorgfältig gepackten Karton mit den frischen Piroggen und geht zum Bahnhof. Vor dem Eingang zu Oma Vikas Fünfgeschosser sieht sie sich um.
„Sonnenblumen."
Tatsächlich.
Die Beete sind voller Hundeblumen.

Der Bahnsteig in Myroniwka ist belebt. Eben ist ein Zug aus Kiew angekommen.
Mit einem mustergültigen Lächeln verkauft Shanna ihre Piroggen, vielleicht die letzten ihres Lebens.
Heute muss ich die Piroggen besonders nett verkaufen, denkt

Shanna, damit die Leute diesen Tag im Gedächtnis behalten und die Piroggen und mich auch.
Shanna ist traurig. Der Karton mit den Piroggen leert sich zusehens.
Irma Iwaniwna zieht die Nase kraus.
„Deine Piroggen stinken heute irgendwie."
„Sie stinken?"
„Ja. Vielleicht war das Fleisch nicht frisch."
Zwei Frauen, die nach Piroggen anstanden, gehen langsam weg.
„Ganz und gar nicht, Irma, die Piroggen sind die besten und leckersten überhaupt. Heute kommt's dir auf einmal so vor, als würden sie stinken. Sieh her", Shanna hebt triumphierend eine Kartoffelpirogge hoch, „ist die nicht wunderbar, die Pirogge! So eine wird es nie mehr geben."
Irma Iwaniwna blickt Shanna schräg an. Sie hat schon immer vermutet, dass die Piroggenprinzessin nicht ganz dicht ist.
„Irma", sagt die Piroggenprinzessin, „ich überlege immer noch wegen der Geschäftsidee für dich. Die Schmetterlinge, erinnerst du dich?"
„Hmm."
„Also. Ich habe gelesen, dass es Tag- und Nachtfalter gibt. Du solltest dich auf Nachtfalter spezialisieren. Erstens sind die größer als die tagaktiven. Und wenn sie größer sind, sind sie auch teurer. Zweitens machen die meisten Leute ihre Feiern sowieso abends oder nachts. Deswegen müssen die Schmetterlinge abends und nachts lebendig wirken. Dass sie fliegen und nicht dösen. Die Tagfalter fliegen nachts nicht, da kannst du dich auf den Kopf stellen. Die Nachtfalter flattern, wie es sich gehört. Besser als Vögel. Du musst dich auf Nachtfalter spezialisieren. Hast du gehört?"
Irma Iwaniwna hört Shanna längst nicht mehr zu. Sie schaut dahin, wo der Bahnhofssvorsteher steht, 50 Meter von ihnen entfernt, mit dem Megafon auf dem Rücken, in einer neuen Sommeruniform, perfekt rasiert, „das blühende Leben", wie Irma Iwaniwna denken könnte.

Der Bahnhofsvorsteher kommt näher, aber Shanna sieht ihn nicht. „Irma", redet sie weiter, „da wird was draus, du wirst sehen. Schmetterlinge, die sind … irgendwie ganz anders als Menschen … Hunde und Katzen, die sind so ähnlich wie der Mensch, weißt du. Manchmal schaust du denen auf die Schnauze und denkst: ihr seid doch wirklich klug, habt Menschenaugen, aber mit den Schmetterlingen ist das ganz anders. Weißt du, was ich meine? Schmetterlingsaugen haben nichts Menschliches. Schmetterlinge sind anders als Menschen. Die sind aus einem anderen Reich. Wie aus einer anderen Welt. Die haben was Geheimnisvolles …"
Irma Iwaniwna wendet sich von Shanna ab und gibt ihr mit ihrem ganzen Körper zu verstehen, dass ein Huhn und ein Schwein nichts gemein haben, dass sie, Irma, Shanna nicht im Entferntesten kennt. Der Bahnhofsvorsteher bleibt einige Schritte vor ihr stehen und sagt etwas zu einer dicken Frau in Strohhut und weißen Breeches.
„Irma, hörst du mir überhaupt zu?"
„Ja, doch, Shanna, ja." Irma holt unter dem Ladentisch ihr Schminktäschchen hervor und zieht ein paar Mal ihre Lippen nach.
„Ich hab mich schon ein bisschen kundig gemacht mit den Nachtfaltern. Man nennt sie auch Eulenfalter. Schön, nicht? Die Nachtfalter haben schwarze Ringe auf den Flügeln, wie Eulenaugen. Deswegen heißen sie Eulenfalter. Der größte Nachtfalter hat eine Flügelspannweite von 30 Zentimetern. Er ist silberfarben und heißt Agrippina. Den brauchst du unbedingt. So könntest du auch deine Firma nennen. Agrippina."
„Hmm", brummt Irma Iwaniwna, und Shanna wiederholt noch einmal:
„Agrippina."
Der Bahnhofsvorsteher tritt leise hinter Shanna und flüstert ihr beinahe ins Ohr:
„Eine mit Aprikosenkonfitüre bitte."
Shanna zittert. Irma Iwaniwna auch. Irma registriert und ver-

steht alles. Solche Dinge durchschaut sie sofort. Sie kennt die Männer in- und auswendig. Er flirtet mit ihr! Gockelt mit dieser Aprikosen …, ach, nein, Piroggenprinzessin.

„Eins fünfzig", flüstert Shanna und schlägt genant die Augen nieder wie in einem Groschenroman.

„Ich dachte, für mich wär's gratis."

„Gratis ist nur die letzte."

„Dann nehme ich die letzte."

„Ich habe aber noch den ganzen Karton voll. Ich weiß nicht, welche am Ende übrig bleibt."

Er schweigt, aber Shanna spürt, dass er schneller atmet. Sein Atem kitzelt Shanna am Hals.

„Gehen wir heute ins Café, Shanna?"

„Weiß nicht."

„Na los, entscheide dich."

„Ich brauche immer viel Zeit zum Überlegen."

„Überleg nicht so lange, sonst überleg ich's mir anders."

„Dann überleg's dir doch anders, wenn du kannst."

Irma Iwaniwna spuckt angewidert auf das alte Bahnhofspflaster. Oma Sorjana, die gerade gefegt hat, wirft Irma Iwaniwna einen strafenden Blick zu. Igitt, denkt Oma Sorjana, eine Frau sollte sich schämen, so zu rotzen.

Ich bin so glücklich, denkt Shanna, verzeih mir, Gott, verzeihen Sie mir, Viktoria Viktoriwna, verzeiht mir alle, aber ich bin so glücklich.

„Ich warte heute um acht vor deinem Haus."

„Ich weiß nicht, ob ich komme", antwortet Shanna, lächelt aber selig.

„Du wirst mir das Herz brechen, und alle Züge in der Ukraine werden stehenbleiben und eine Trauerminute einlegen."

„Was kümmert's mich. Ich fahre ja nicht mit dem Zug."

„Mit mir wirst du fahren."

Verträumt schließt Shanna die Augen und stellt sich vor, wie sie zusammen Zug fahren, am Abteilfenster ziehen eine freundliche Sonne und endlose Sonnenblumenfelder vorbei.

„Dann bis acht.“ Fast berühren seine Lippen ihr Ohr.

Shanna gurrt etwas Unverständliches.

„Bis acht.“

Ich bin so glücklich, dass ich fast Angst habe, denkt Shanna, je mehr Glück du hast, umso größer ist die Angst, es zu verlieren. Gott, nimm ihn mir nicht weg. Hörst du?

„Gehst du?“ Irma Iwaniwna steht über Shanna, die Arme drohend über der Brust verschränkt.

„Wohin?“

„Zu deiner Verabredung.“

„Zu welcher Verabredung denn, Irma?“

„Hältst du mich für dämlich?“

Shanna will aufstehen, aber Irma Iwaniwna lässt sie nicht.

„Was willst du denn von mir, Irma?“

Erst jetzt merkt Shanna, was für einen grellroten Lippenstift die Eisverkäuferin aufgelegt hat.

„Dumme Kuh“, sagen die Lippen mit einem solchen Hass, wie Shanna ihn noch nie erlebt hat.

„Irma.“

„Blöde Kuh! Mir den Mann ausspannen! Ich brech dir jede Rippe einzeln. Und schlag dir deine letzten Zähne aus.“

Shanna hält sich den Mund zu, dann fällt ihr ein, dass sie den Zahnarzt doch wieder vergessen hat.

„Willst es mit mir aufnehmen, du Dreckstück, ja?! Sieh zu, dass du keine Gehirnerschütterung kriegst! Ich hab so viel Kraft, das glaubst du im Traum nicht!“ Zum Beweis führt sie den Bizeps an ihrem rechten Arm vor. „Ich schaffe 20 Liegestütze und zehn Klimmzüge! Kapiert?“

„Lass mich in Ruhe, Irma. Ich habe dir niemanden ausgespannt. Menschen lassen sich nicht ausspannen.“

„Du alte Fotze.“ Irma Iwaniwna versetzt dem Piroggenkarton einen kräftigen Fußtritt, der fliegt einen halben Meter weit. „Was soll das heißen, lassen sich nicht ausspannen? Die Männer beißen an, und

ob. Prinzessin Rührmichnichtan, hält mir stundenlang Vorträge über Biologie und ist dabei nichts als eine gewöhnliche Nutte."
„Irma, ich bitte dich, schrei nicht so, die Leute schauen schon auf uns."
„Na und, sollen sie doch. Sollen sie doch ruhig sehen, was für eine Bahnhofsnutte sie hier vor sich haben."
Irma Iwaniwna hebt den Piroggenkarton auf und schleudert ihn gegen Shanna.
„Nimm deine stinkenden Piroggen und hau ab!", schreit Irma Iwaniwna. „Wenn ich dich hier noch mal sehe, breche ich dir die Knochen."

5

Ich will mit niemandem um etwas kämpfen, denkt Shanna. Ich will nicht kämpfen, damit ich bekomme, wovon ich geträumt habe. Ich will nicht, dass es jemandem schlechter geht, nur weil sich mein Traum erfüllt hat.
Shanna sitzt zu Hause auf dem Fensterbrett, im dritten Stock, in ihrem Zimmer, an ihrem Fenster.
Es dämmert.
Vielleicht wartet er schon, denkt Shanna.
Sie trägt nur Unterwäsche. Ihr Kleid, das schönste, das sie hat, liegt samt Bügel ordentlich auf dem Bett ausgebreitet. Schwarze Seidenstrümpfe. Pumps, mit kleinen bunten Steinchen verziert, billig, aber glitzernd.
Shanna schaut mal auf den Hof, mal auf ihr Kleid.
Es tut nicht so weh, wie ich dachte, denkt sie.
Ich bin nicht aus Glas. Ich gehe nicht kaputt. Und überhaupt, wenn man will, braucht man gar nichts mehr zu fühlen. Man kann sich im Griff haben. Man muss sich im Griff haben. Ich bin doch schließlich ein Mensch.

Von draußen weht es kühl herein. Shanna wiederholt in Gedanken: „Ein Mensch, ich bin doch ein Mensch."
Je mehr ihr das eigene Menschsein bewusst wird, desto tiefer versinkt sie in Selbstmitleid.
Er kommt Punkt acht. Pünktlich, denkt Shanna. Hat sich richtig schick gemacht.
Shanna kann ihn gut sehen. Er steht da, mit dem Rücken an die Schaukel gelehnt, tut gelassen, ist aber in Wirklichkeit sehr aufgeregt. Dreht sich ständig um, knöpft den obersten Hemdknopf zu und im nächsten Moment wieder auf. Ist angespannt. Wartet. Hat Angst, dass ich nicht komme.
Vielleicht mache ich was falsch, denkt Shanna, und saugt gierig seine Gesten und Bewegungen in sich auf. Vielleicht sollte ich einfach mal an mich denken? Vielleicht ist das eine Versuchung?
Hastig schnappt sich Shanna ihr Kleid. Warte, flüstert sie, warte, ich komme gleich.
Sie hört Stimmen. Shanna schaut aus dem Fenster.
Er steht noch immer da, an die Schaukel gelehnt.
Neben ihm tritt Irma Iwaniwna von einem Bein aufs andere.
„Wanja?" ruft sie, „was machst du denn hier? So ein Zufall!"
„Ein Zufall", antwortet er und blickt sich verloren um. „Das ist ja nun wirklich ein Zufall, Irma."
„Ich wollte eigentlich zum Geburtstag von einer Freundin, aber da hatte mir doch neulich jemand versprochen, mich ins Café einzuladen … Ich wäre bereit, wenn die Einladung noch steht …"
Irma kokettiert mit ihrem ganzen durchtrainierten Körper, mit sämtlichen Bizepsen und Trizepsen.
Wanja schweigt.
Shanna weint.
„Ich warte hier auf jemanden", rechtfertigt sich Wanja unsicher.
„Auf eine Frau?" Irma Iwaniwna zieht einen Schmollmund.
Wanja schweigt.
Shanna weint.
„Wenn du auf Shanna wartest, dann muss ich dich enttäuschen.

Die habe ich vor einer halben Stunde noch im Park gesehen. Mit Stjopa, dem Schaffner."

Wanja schweigt.

„Ich will mich nicht aufdrängen, Wanja", sagt Irma Iwaniwna in barschem Ton, „ich war nie zweite Wahl, das hab ich nicht nötig. Adieu!"

Und sehr langsam, mit wiegenden Hüften geht sie davon. Wanja dreht sich noch ein letztes Mal um. Schaut auf die Uhr. Halb neun.

„Irma", ruft er. „Warte. Es ist so kompliziert, sich mit dir zu verabreden. Du bist so rätselhaft."

„Eine Frau muss geheimnisvoll sein."

„Irma …"

„Wanja …"

Sie verschwinden hinter der Hausecke, Shanna wischt sich das tränenüberströmte Gesicht ab.

„Schlampe! Verlogene Schlampe!", möchte sie schreien.

Aber sie bringt keinen Ton raus.

Shanna zieht das Kleid aus. Sie setzt sich wieder auf das Fensterbrett und seufzt. Atmet nur.

Es wird dunkler und dunkler. Die Nachbarhäuser versinken im Zwielicht.

Sie ist nicht böse, denkt Shanna, sie liebt ihn einfach, warum sollte sie sonst so gemein sein.

Die Wut, die ihr Inneres zu zerreißen drohte, löst sich in stillem Kummer auf.

Sie liebt ihn, denkt Shanna. Soll es ihr besser gehen.

Über den Pappelkronen taucht Gottes bärtiger Kopf auf.

„Shanna", sagt Gott feierlich, „du hast das Himmelreich verdient."

Shanna wundert sich nicht. Sie fühlt sich auf einmal unglaublich leicht.

„Du hast das Himmelreich verdient", wiederholt Gott, wahrscheinlich damit sich Shanna nicht bei ihm bedanken kann.

„Danke, Gott", flüstert Shanna, „aber …"
Ihr Körper wird zusehends schmaler, kleiner, zierlicher, winziger. Aus dem Rücken wachsen silbergraue Flügel – und plötzlich steigt ein riesiger Nachtfalter vom Fensterbrett in den Himmel. Er fliegt über den Hof, über die Pappeln von Myroniwka und über den Bahnhof hinweg. Der Flug ist mühsam, denn die Flügel sind übergroß und hauchdünn. Man könnte denken, es sei eine Fledermaus oder gar eine Eule, aber keinesfalls ein Schmetterling.
„Danke, Gott", flüstert Shanna schon von dort irgendwo, „aber ich hatte nicht um das Himmelreich gebeten. Du hast mir zu viel gegeben. Ich wollte nur IHN."

Das ukrainische Original dieses Buches erschien 2009 unter dem Titel *Sviroslov* bei Folio, Charkiw

Diese Paperback-Ausgabe folgt der deutschen Originalausgabe in der *edition*.fotoTAPETA aus dem Jahr 2014.

ISBN 978-3-949262-18-0

Umschlaggestaltung: Gisela Kirschberg Berlin
Satz und Gestaltung: Gisela Kirschberg Berlin
Druck: GGP Media GmbH, Pößneck
Gesetzt aus der Minion und der Frutiger

Die Arbeit an diesem Buch wurde gefördert durch den Deutschen Übersetzerfonds. Die Übersetzerin dankt der Autorin Tanja Maljartschuk und Ganna Braungardt für ihre wertvollen Hinweise zum Text und zur Übersetzung.